加拿大
自驾游宝典

潘维克　编著

中国广播影视出版社

图书在版编目（CIP）数据

加拿大自驾游宝典 / 潘维克编著.—北京：中国
广播影视出版社，2023.1

ISBN 978-7-5043-8928-2

Ⅰ.①加… Ⅱ.①潘… Ⅲ.①旅游指南—加拿大
Ⅳ.①K971.19

中国版本图书馆CIP数据核字（2022）第195797号

加拿大自驾游宝典

潘维克　编著

责任编辑	王　波　谭修齐	
责任校对	张　哲	

出版发行	中国广播影视出版社	
电　　话	010-86093580　　010-86093583	
社　　址	北京市西城区真武庙二条9号	
邮　　编	100045	
网　　址	www.crtp.com.cn	
电子信箱	crtp8@sina.com	

经　　销	全国各地新华书店	
印　　刷	天津格美印务有限公司	

开　　本	710毫米×1000毫米　　1/16	
字　　数	405（千）字	
印　　张	16.25	
版　　次	2023年1月第1版　　2023年1月第1次印刷	

书　　号	ISBN 978-7-5043-8928-2	
定　　价	128.00元	

卷首语

我们所居住的这个蓝色的地球是瑰丽的。

哥伦布发现的新大陆分南美和北美。北美洲由加拿大、美国和墨西哥三个国家组成。逶迤连绵几千公里的落基山脉，北起加拿大不列颠哥伦比亚省，往南延宕到美国的新墨西哥州。是它们拦挡了滚滚太平洋。遍布山脉的大林莽，澄明的湖泊在星空下，它们更是千奇百怪的珍禽异兽的独立王国。

加拿大这个国家，疆域之大，世界有名。它西起的地标在温哥华岛。岛上有仙山琼阁式的小街，集世界名花的植物园，以及原住民生活的原生态，即在地上的活化石。

加拿大的温哥华，是北美大地大洋上的第一个码头。横贯北美大地、头枕两洋的太平铁路就从这里铺起第一轨，铁路上的最后一颗钉，也是在温哥华东去不远的大林莽中。

温哥华这座城市，森林中的城市，城市又有森林。这里雨水充沛，阳光和煦，曾多次被评为"最宜居的城市"。

要问我加拿大最美的景点在哪里？论狂放和旷达，当首推加拿大东部多伦多附近的五大湖区和尼亚加拉大瀑布——那里不单有雷鸣般的水声，还夹杂着《红河谷》旋律：美丽的姑娘就要离开故乡，不要离别得这样匆忙……

加拿大最美的景点当首推班芙，它的美当媲比英国女王王冠上明珠……明亮如碧的湖水，让人难辨山林在湖水中，还是在天上。那些酣梦万年的冰山，总是在那里泛着肉眼看不到的蓝紫色的光，汇成一条条涓涓细流，伴着维瓦尔第的《四季·春》的旋律流淌……

英国女王曾君临班芙小镇，伴驾的总督向女王骄傲地介绍：我们的美景虽然不能出口，但可以招徕天下游客。

> 珍馐玉馔可餐，以慰肚腹；
> 美景更为可餐，以慰灵府。

本书作者冠君（潘维克）是我客居温哥华17年的好友。他的爱人王琳是温哥华华人油画俱乐部的重要成员之一，我作为该油画俱乐部的艺术审美顾问，对她的出色作品多加关注。日久天长，我们便自然地成为好友。

冠君沉迷陶醉在天地大化的自然美之中，成为温哥华华人中从事旅游行业20余年的优秀导游。

祝贺老弟的生花妙笔和会说话的镜头，给热爱大自然的人们送来了这丰盛的乡宴……

是为序。

赵鹤翔

（赵鹤翔，一级作家，文学评论家，书法家。原《大众日报》丰收副刊编辑，《泉城》副主编，济南市文联文学艺术创作研究室主任。刘勰文艺评论奖获得者。）

人生总结，行业贡献

"人生总结，行业贡献"，这是我在与好友潘维克先生讨论星环系列丛书与旅游版块相关的部分时，与他共勉的话。

潘维克先生从事旅游业三十多年，是名副其实的旅游界"老炮儿"。其中，仅班芙线路，他就带团跑了200多次，对加拿大的风土人情的了解既有专业视角，也有个人情怀。他是一个浪漫、儒雅和坚毅的人，是旅游业宝藏级专家，是资深导游，更是走遍加拿大的骨灰级游客。

加拿大是一个旅游资源极其丰富的国家，是一个低调而幸福的国度，加拿大人沉浸其中，迷恋其间。无论是鬼斧神工的自然风光，还是从原住民时代就别具一格的人文景观，加拿大之美可以说是磅礴壮观、惊世骇俗。然而，遗憾的是，多年以来，这些独特之美尚未能很好地展现和传播到全球。

加拿大是全球面积第二大国家，值得打卡的美景不计其数。每一个来到加拿大的旅行者，如果有对本地足够了解的朋友或专业导游的陪伴，势必有机会看到许多奇迹并为之震撼。游历加拿大，最便捷、最高性价比的方式是"自驾游"。不过，目前为止，市场上还没有系统介绍"加拿大自驾"相关的手册类读物。因此，这本书及后续丛书的出版，将会是一个重要的行业贡献，能够迅速帮助游客精准计划加拿大自驾游路径，省时、省力、省钱、省心，又能在旅游过程中大开眼界，乐在其中。

帮助游客DIY行程，感受定制化"加拿大自驾游"及"小众之旅"的妙趣横生，这正是我和潘维克先生共创"星环冠君旅游"的初衷。

本书可谓呕心沥血、拳拳诚意之作。潘维克先生将自己在旅游界多年的经验，融入本书之中，帮助大家足不出户，就能迅速了解加拿大的主要景点和推荐行程。

　　衷心感谢潘维克先生的全心付出，祝贺本书的出版。每一个来加拿大的游客，都是这片土地的贵宾，希望在本书助力下，大家开心而来，尽兴而归，不虚此行，不负美意！

　　千里之行，始于足下。加拿大之行，始于本书。

　　我们在加拿大，欢迎每一个爱旅行、看世界、享生活的你！

袁鸿Christian Yuan

星环集团董事长

2022年7月18日于温哥华

序

　　加拿大地广人稀，物产丰饶，风光秀丽，有10个省份3个地区，人口不到4000万，具有非常丰富的风土人情及历史遗迹。

　　这里每一座城市、每一处乡村、每一个公园里，都可能隐藏着设计精巧、馆藏别致的博物馆，还有风味独特、待客热情的小餐厅，小巧可爱、依山傍水的避世酒店……

　　为了寻找这些神奇的宝藏，领略它们非凡的魅力，来自加拿大本地以及世界各地的旅游爱好者，在这块广袤的土地上，慢慢探寻，细细品味，就像拿着一本巨著，饶有趣味地阅读那一行行的文字和那一页页的插图。

　　现在的旅游爱好者已经不完全满足于跟团游，可能选择更为灵活的自驾游，在一望无际的草原、蜿蜒曲折的山路或者高楼林立的城市中穿行，自由自在地选择自己喜爱的景点，心满意足地品尝自己喜爱的美食，不受限制地入住自己喜爱的酒店……

　　作为一个居住在加拿大的华人，喜欢自驾出行的我特别希望有一本中文手册，可供方便快捷地查阅，从而按图索骥，轻松愉快地找到我想要去的地方，并且解决好相关的行程安排和衣食住行问题。潘维克先生撰写的《加拿大自驾游宝典》就是这样一本寻宝秘籍。

　　潘维克先生是温哥华著名的旅游专家，从事旅游事业33年，几乎走遍了加拿大的山山水水，目睹了那些被自然创造出的湖光山色；他还经常走进那些人文荟萃的城市和历史悠久的建筑，亲身体会那些被历史洗礼过的文化景观。

　　他用30多年的时间，从这些繁多的体验中，日积月累，分门别类，精心策划，认真挑选，萃取最核心的精华，浓缩成这本图文并茂的《加拿大自驾游宝典》。

　　这是一个旅者的梦，承载着一段美好而难忘的岁月，也寄托了一种深切而炙热的情怀，更是一颗诚挚热爱旅游事业的拳拳之心！

肖礼斌
清华大学博士，教授级高级建筑师

自　序

　　看见加拿大，走进加拿大，体验加拿大。旅行加拿大的方式可以有很多种，但自驾旅行应该是最放飞自我的一种。驾车驰骋在加拿大的公路上，您可以尽情地饱览见证城市和乡村美妙的景色；您可以慕名而来领略大洋沿岸的风光，皑皑的白雪，雄伟的山峰，冰川和湖泊等大自然鬼斧神工的杰作；您可以探索北美原住民的文化习俗，体验加拿大人的日常生活；您还可以走进原始生态的保护区，近距离观察野生动物的迁徙和习性。

　　我编著的这本《加拿大自驾游宝典》，秉承"用眼观看，用嘴品尝，用手触摸，用鼻嗅闻，用耳聆听，用心体验"的宗旨，为自驾者提供"好吃、好玩、好舒服、好体验"游历加拿大的一根拐杖；利用我在旅游行业浸淫三十多年的心得，按照加拿大十个省三个地区，从太平洋西岸至北冰洋北岸再到大西洋东岸的顺序，分门别类，精选提炼出当地的必看景点、必尝美食、博物馆藏、历史遗址、避世酒店以及心动行程，并尝试用自驾者的视角和经验提供诸如交通法规、租车须知、人情世故、官网和APP等实用信息，使之成为自驾者在体验加拿大自驾游时可行的解决方案指南。

　　我编著这本《加拿大自驾游宝典》的初衷，用一位好友的话来形容，"对职业生涯的总结"，我深以为是。能够为旅游这个古老的行业添砖加瓦，是一种情怀，因为旅行不仅仅是观赏，还是经历。波斯诗人萨迪（Sadi）曾说："旅行有好多益处：新鲜满怀；见闻大开；观赏新都市的欢悦；与陌生朋友的相遇；能学到各种高雅的举止。"有人说："大众之旅叫旅游，小众之旅才是真正的旅行。"借着这部《加拿大自驾游宝典》，希望您会是下一位践行者。

目　录

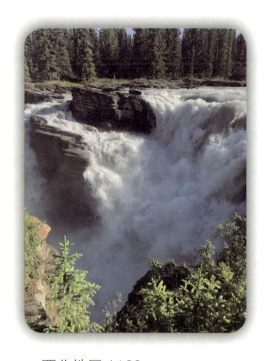

Canada 加拿大简介

　　Canada来自于圣劳伦斯易洛魁语中的Kanata一词，意为"村"或"聚居地"。1535年，居住在现今魁北克市的原住民将法国探险者雅克·卡迪亚（Jacques Cartier）带到斯塔达科纳村，并称那村为Kanata，后来雅克·卡迪亚便用Canada指多纳科纳（即斯塔达科纳的首领）统治的地区。1545年，欧洲的书籍和地图都开始用Canada代表这片区域。

　　加拿大地处北美洲，是北美三国之一。国土面积9,984,670平方千米，为世界领土面积第二大的国家。

　　加拿大西临太平洋，东濒大西洋，北邻北冰洋，南及西北与美国接壤，两国边境线长达8892千米，为全世界最长的不设防国境线。加拿大是世界上海岸线最长的国家，海岸线约长24000多千米，素有"枫叶之国"的美誉，首都是渥太华。

　　15世纪末，英国和法国殖民者开始探索北美洲的东岸。1763年，英法七年战争以法国战败而结束，法国被迫将其几乎所有的北美殖民地割让予英国。

　　1867年7月1日，英属北美法令通过，加拿大省、新不伦瑞克、新斯科舍三个英属北美殖民地组成加拿大联邦，其中加拿大省分裂为安大略和魁北克。在随后的100多年里，其他英属北美殖民地陆续加入联邦，组成现代加拿大，7月1日成为加拿大日（Canada Day）。

　　加拿大行政区划为10个省（Province）和3个地区（Territory），由西往东排列，10个省分别是英属不列颠哥伦比亚British Columbia（简称卑斯省或BC），阿尔伯塔Alberta（简称阿省或AB），萨斯喀彻温Saskatchwan（简称萨省或SK），曼尼托巴Manitoba（简称曼省或MT），安大略Ontatio（简称安省或ON），魁北克Quebec（简称魁省或QB），新不伦瑞克New Brunswick（简称新省或NB），新斯科舍Nova Scotia（简称诺省或NS），爱德华王子岛Prince Edward Island（简称PEI）和纽芬兰拉布拉多Newfoundland and Labrador（简称纽省或NL）。由西往东3个地区分别是育空地区Yukon、西北地区Northwest Territories和奴纳武特地区Nunavut。

加拿大时区

加拿大幅员辽阔，由大西洋东岸往太平洋西岸的方向，分为六个时区，相邻时区的时差为一个小时，纽芬兰和大西洋时差为半小时。在加拿大境内跨时区旅行时，须注意及时调整时间，以免误事。

太平洋时区：卑诗省和育空地区，比北京时间慢15小时；

山地时区：主要是阿尔伯塔省和西北地区，比北京时间慢14小时；

中部时区：主要是萨斯喀彻温和曼尼托巴省使用，比北京时间慢13小时；

东部时区：安大略，魁北克和部分努纳武特地区，比北京时间慢12小时；

大西洋时区：新不伦瑞克，新斯科舍，爱德华王子岛，比北京时间慢11小时；

纽芬兰时区：纽芬兰省，比北京时间慢10.5小时；

2007年开始，加拿大从每年3月的第二个星期日凌晨2点会开始实施日光节约时，俗称夏令时，将时钟拨快一小时，在11月的第一个星期日凌晨2点恢复正常。

货币

加拿大元（简称"加元"CAD）为官方流通货币，现行纸币有5、10、20、50、100元五种面额。另有2元（被称为toonie）、1元（loonie）、25分（quater）、10分（dime）、5分（5 cents）五种硬币。为方便计算，加元和人民币汇率约为1:5。

主要信用卡有VISA、Master Card、Amex、JCB等普及率较高的国际卡。游客也可以在银行或外汇兑换中心将其本国货币兑换成加元现金。

联邦货劳税和省销售税

大部分商品和服务须缴纳5%的货劳税（GST）；

省销售税（PST）各省的税率不同，介乎7%～8%之间。

小费

在加拿大付小费并非是强制性的，但是约定俗成顾客需要付小费。小费并不包括在账单中，餐厅、酒吧、酒楼、发廊、水疗中心小费收取标准是账单（税前）的15%～20%。出租车司机通常收取10%的小费。酒店房间服务员及行李搬运员，每房每晚或每件行李收取1至2加元的服务小费。

一般商店营业时间：星期一至星期六10:00—18:00，星期日休息

超市或商场营业时间：星期一至五10:00—20:00或21:00，星期六10:00—18:00，星期日大多为10:00—17:00

餐馆营业时间：11:00—22:00

夜总会营业时间：20:00—02:00

银行营业时间：星期一至星期六09:30—16:30，星期日休息

吸烟

加拿大法律规定在电梯、银行、学校、商店等大多数公共场合抽烟皆属违法，大楼外距门5米内不准吸烟，吸烟时请确认在吸烟区。买烟则需年满19岁，查验身份证件。贩售香烟的食杂店或超市设有专柜，烟草产品必须放置于有门的柜子里。

饮酒

餐厅、酒吧等的酒类出售时间多在11:00至次日01:00间，一般可饮酒处挂有酒牌，在规定地方以外饮酒属于违法，一般餐厅和酒吧以外的公共场合皆不可饮酒。各省对饮酒年龄和出售酒类有不同限制。

酒类由专卖店贩售，分为公营和私营两种，营业时间：10:00—19:00。

贴心小贴士

购买加拿大出产的葡萄酒可查看酒标上的VQA标志：VQA是"Vintners Quality Alliance（葡萄酒商质量协会）"的缩写。加拿大的VQA标准严格，要求必须85%的制酒葡萄为本地产，85%的葡萄成分必须为同品种葡萄，85%的葡萄生产年份必须相同，以确保加拿大生产的葡萄酒质量。见VQA标志可放心购买。

行李

国际航班经济舱每人限免费托运两件行李，重量不超过23公斤。行李的三边之和不得超过158厘米。国内段航班经济舱按照各航空公司规定不同而有差异。超重或超标行李费用请自付（费用标准详见各航空公司官网）；

托运行李上请清楚注明本人的中英文姓名、地址、联系方式等，以便遗失后寻回；

为了安全，某些物品严禁被带上飞机，也不可放入托运行李内，如电解液电池、电池容量超过160瓦时的干电池和锂电池或备用电池、动物类产品等（如需了解更多信息，请查阅各航空公司官网）；

部分国家对随身携带的液体、乳霜、喷雾剂和凝胶类产品有限制规定，加拿大限定为100毫升。建议尽可能将所有液体物品放入托运行李内；

请将贵重物品（如钥匙、手机、身份证

明文件、重要资料、现金、高价物品、首饰等）、必需品（如药物等）、易损坏的物品（相机、信息技术类产品等）及随身要取用的物品随身携带；

进入机舱：按照相关规定，严禁携带易燃易爆等危险品，以及目的地国家严禁入境物品上机；

指甲刀、刮胡刀等刀和任何尖锐物体等严禁被携带进入机舱，如有需要请务必放入托运行李；

由于加拿大境内飞行时托运行李要经过超强X光检查，因此请不要将有磁性的物品放在托运的行李中，包括胶卷、磁盘、磁卡等，以免消磁或曝光；

经济舱每人限携带一件不超过5公斤的行李。规格尺寸不得超过56厘米（22英寸）×35厘米（14英寸）×23厘米（9英寸），且三边之和不得超过115厘米。

加拿大海关出入境注意事项

年满21岁的旅客可免税携带入境1公升啤酒、葡萄酒、白酒等酒精饮料，超过上述数量的酒精饮料将被征收海关税和货劳税；

旅客可以免税带入一条香烟（200支），或50支雪茄烟，或2公升（4.4磅）烟草，或按比例的上述各类物品。超过上述数量的烟草制品将被征收海关税和货劳税；

其他日用品、旅行用电器及个人物品出入境时不需缴税；

加拿大海关检查非常严格，严禁携带新

鲜水果、蔬菜、肉类（包括腊肉、火腿）、有馅糕点、中草药和违禁品、动植物；

生物制品：未经消毒的人类和动物组织（包括血液、人或动植物排泄物）、活体细菌培养基、病毒或类似有机体、被怀疑感染人畜共患疾病的动物、昆虫、蜗牛和蝙蝠等的进口须从加拿大疾病控制中心取得进口许可证。

书籍、音像资料、电脑程序和磁带：盗版书籍、电脑程序及音像制品不得进入加拿大，盗版制品会被没收销毁。

水果、蔬菜和植物：许多水果、蔬菜、植物、枝条、种子、未经处理的植物产品、特定濒危物种等一般都禁止进口或是须持有许可证才能进口。所有植物、植物产品、水果或蔬菜都必须向海关官员申报并接受检查。

肉类、牲畜和禽类：肉类、牲畜、禽类及其副产品一般都禁止入境，或是根据原产国的动物疾病状况进行限制。

对于罐头装的肉类产品，如检验官员能够确认该产品系熟制、已经商业封装，则允许入境。

其他罐装及腌制的肉类产品及干肉产品均严格限制入境。

货币：携带入境的货币工具（包括加拿大或其他国家的硬币及货币、旅行支票、现金汇票和可流通证券等）金额超过一万美元，应填妥加拿大海关4790表（Custom Form 4790），主动向海关申报。

未如实申报者可能导致被追究民事及刑事责任，包括没收所持货币及货币工具。

其他：野生濒危物种和由此制造的产品

禁止进出口。象牙或象牙制品一般禁止进出口。

气候与衣着

加拿大幅员辽阔，气候多变，早晚温差较大，建议随身携带折叠雨伞或雨衣。在衣着准备上，可参考中国内地气候，以保暖、舒适、方便为原则。内衣裤要多带，夏季也要带长袖衬衫、夹克衫，以防冷暖变化；冬季或者上雪山的行程请游客带好滑雪衫、毛衣、大衣等防寒衣物。鞋子以平底轻便为宜。登山请选择适宜的着装，如防滑旅游鞋，不建议穿裙子、高跟鞋等。

加拿大酒店内一般不提供牙膏、牙刷、梳子、拖鞋、剃须刀等个人物品，请自备上述物品。如果确实忘记，可向酒店前台咨询，部分酒店前台可以有偿提供。

酒店冷水龙头的自来水可直接饮用，水龙头的热水不能直接饮用。

加拿大使用的是电压为110伏特60赫兹交流电，三眼插座也与中国不同，需使用转换插座，请在出行前自行准备。使用大功率电器，如吹风机、电饭锅的时候，要注意不要超过变压器的额定功率。

(A)美国　　(B)美国

加拿大的酒店没有国家级的星评，酒店星评机构是汽车协会或旅游网，通常分为：Tourist（普通级），Moderate（中等级），Deluxe（豪华级）的网评标准作为参考。

手机：加拿大各电信运营商都有75加元含话费的SIM卡，话费0.25加元/分钟。

中国的手机在加拿大可漫游，适用GSM 900单频、GSM 900/1800双频或GSM 900/1800/1900三频手机。若没有这样的手机，可在商店里买预付话费手机。费用一般不会超过100加元，且包含一些已付费的通话时间，不需要身份证，但话费较高。

拨打方式：国内拨加拿大座机和手机：001+电话号码。

紧急联系

若受到抢劫、失火、严重车祸、身体受伤，均可打911电话；

常用电话急救电话：911（提供中文语音服务）；报警电话：911；火警电话：911

灭罪专线：（1）800 2228477

中毒资讯中心电话：（1）800 2689017

儿童求助电话：（1）800 6686868

电话故障修理热线：611

电话查询：411

若护照遗失或被偷抢，请与中国大使馆或领事馆联系：

中国驻加拿大大使馆（渥太华）

地址：515 St. Patrick Street, Ottawa, Ont. K1N 5H3

电话：（613）789 3434

中国驻卡尔加里总领事馆

地址：1011 6th Ave. S.W., Suite 100，Calgary，AB T2P 0W1

电话：（403）264 3322

中国驻多伦多总领事馆

地址：240 St. George Street, Toronto Ontario M5R 2P4

电话：（416）964 7260

中国驻温哥华总领事馆

地址：3380 Granville Street, Vancouver, BC V6H 3K3

电话：（604）734 7492

网络

加拿大各城市市区内有很多咖啡店、甜品店和美食店都提供免费无线网络，网速一般。酒店和旅馆一般都有免费的网络。

邮局

邮局通常带有红白相间的加拿大邮政标志，营业时间通常是周一至周五9:00—17:00。一些药店，如Shopper's Drug Mart、Jean Coutu、Uniprix等也提供全面的邮政服务,这些服务点通常营业时间较长，且在双休日也营业。加拿大邮政Canada Post寄送一张普通的国际明信片邮资费用为1.8加元，寄往美国为1.05加元。

彩蛋小贴士

下载一些实用的APP。信息时代，一款APP，就能让我们的旅行更加如鱼得水！例如Yelp，被称为北美神器，北美版的大众点评，它的查看"附近一切"功能非常好用，人生地不熟的情况下，这个功能可以瞬间帮你了解到附近都有什么，并且定位非常准确。其他在加拿大很实用的APP还有Go Explore Canada、Canada Country Guide、Wild Canada等。

社交礼仪

加拿大的基本国情是地广人稀。特殊的环境对加拿大人的待人接物有一定影响。一

这之前最好给驾照做一份英文翻译公证，如果在加拿大做此公证，需要25—30加元。

一般而言，在交际应酬中，加拿大人最大的特点是既讲究礼貌，又无拘无束。加拿大国民的主体是由英法两国移民的后裔所构成的。一般而言，英裔加拿大人大多信奉基督教，讲英语，性格上相对保守内向一些。而法裔加拿大人则大都信奉天主教，讲法语，性格较为开朗奔放。与加拿大人打交道要了解对方情况，然后再有所区别地对待。

服饰礼仪

在日常生活中，加拿大人着装以欧式为主。上班的时间，他们一般要穿西服、套裙。参加社交活动时往往要穿礼服或时装。在休闲场合则讲究自由穿着，只要自我感觉良好即可。

餐饮礼仪

加拿大人对法式菜肴比较偏爱，并以面包、牛肉、鸡肉、土豆、西红柿等物为日常之食。从总体上讲他们以肉食为主，特别爱吃奶酪和黄油。加拿大人重视晚餐。他们有邀请亲朋好友到自己家中共进晚餐的习惯。受到这种邀请应是主人主动显示友好之意。

租车

1. 护照和驾照

提供护照和有效的驾照。中国游客可以直接用中国驾照在加拿大开车6个月，但是在

驾驶员本人的驾照必不可少，另外还需要提供一份帮助当地警察或当地租车公司读懂驾照的翻译件，这个翻译件必须是经过认证的（Certified Translation）。在驾照翻译方面需要注意的是，如果你使用国内公证处的公正翻译件，请提醒他们注意国内外机动车的分类及与之相对应的翻译。建议大家还是尽量找正规的国际翻译认证机构。比如赫兹（Hertz）这样比较大的租车公司也可以提供免费的驾照翻译认证。

2. 租车年龄

年满25岁可以任意租车；法定年龄18岁可以租车，但租车公司可能会收取额外的费用，对车的限制也很大（一般比较贵的名车不会租给18岁的顾客）。

3. 加拿大租车公司

·AVIS（www.avis.ca）

连锁的租车公司，任何地方可以租车，可异地还车，不限制公里数。

·National（www.nationalcar.ca）

连锁的租车公司，任何地方可以租车，可异地还车，不限制公里数。会员有5％的优惠，并送air mile积分；

· Alamo www.alamo.com

连锁的租车公司，任何地方可以租车，可异地还车，不限制公里数。还会提供GPS导航服务。

· Enterprise（www.enterpriserentacar.ca）

连锁的租车公司，任何地方可以租车，租车价格较低，有一天不超过200公里的限制。

· Discount Car（www.discountcar.com）

温哥华的租车公司，租车价格较低，有一天不得超过200公里的限制。

其他租车公司（包括含租车服务的旅游服务网站）：

www.hertz.ca

www.dollarcanada.ca

www.budget.ca

www.thrifty.com

www.hotwire.ca

www.expedia.ca

www.priceline.com

4. 租车公司车辆分类习惯

经济型（Economy）：大约可容纳五人，并放一大件及两小件行李。车型如现代（Hyundai）Accent，分两门或四门。

小型车（Compact）：大约可容纳五人，并放一大件及四小件行李。车型如 Ford Focus，分两门或四门。

中型车（Mid-Size）：大约可容纳五人，并放一大件及四小件行李。车型如 Pontiac Grand AM，四门。

大型车（Full-Size）：大约可容纳五人，并放两大件及四小件行李。车型如 Ford Taurus，四门。

中型运动型多功能车（Mid-Size SUV）：大约可容纳五人，并放一大件及五小件行李。车型如 Ford Escape，四门。

高级车（Premium）：大约可容纳五人，并放三大件及五小件行李。车型如 Mercury Grand Marquis，四门。

面包车（Van）：大约可容纳七人，并放三大件及六小件行李。车型如 Ford Windstar，四门。

5. 预订

建议旅行出发前提前一两周预订租车，用护照驾照和信用卡预订，价格和前两天预订相差很大。当确定下来行程之后，最好提前在网上预约，这样可以大大节约取车的时间，同时也给自己留出足够的时间考虑需要的车型。在网上提前预约好之后，只需要拿着预约单和相关材料（驾照、驾照翻译件、信用卡）来刷卡交押金，就可以拿钥匙上路了。即使是大型的租车公司，可能也会有很划算的折扣，预订之前一定在官网上搜索一下有没有couple Code或Promo Code。

6. 保险

大部分租车公司的报价都只包含租金和税费，不包含保险的费用。但是在加拿大，无论你是租车还是开自己的车，保险都是强制的。下面是几个比较常见的险种：

第三者责任险（Third Party Liability）；

车损盗抢险（Loss Damage Waiver-LDW）；

车损盗抢不计免赔（Super Collision Damage Waiver –Super CDW）；

个人事故保险（Personal Accident

Insurance-PAI）；

个人财产保险（Personal Effect Coverage-PEC）；

A. 购买租车的公司提供的LIS第三者责任险（liability insurance supplement）和CDW/LDW保险（Collision Damage Waiver/Loss damage waive），即避免意外赔偿责任全险，包括车祸和被盗等。其实他们卖给你的并不是保险，而是某种意义上租车公司在你出事后放弃向你索赔的权利。比如你买了CDW，出了事故，车有损坏，那么你不用赔，租车公司会负责修理。一般一天至少要20—30加元。

B. 使用可用于包含租车保险的信用卡租车，这是唯一不用你付钱又能有租车保险的办法，但前提条件是你必须是用信用卡去支付租车费用。因为不是所有信用卡都包含租车保险，所以一定要确认你的信用卡是包含租车保险的。还有一点要特别注意：一定要确认你的信用卡是主要保险（primary coverage），而不是次级保险（secondary coverage）。Primary coverage表示，出了事故，你的信用卡公司是第一理赔责任人，直到超过最大理赔金额时才会向你或别的保险公司索赔。Secondary coverage表示，出了事故，你的信用卡公司不是第一理赔责任人，你或别的保险公司是第一理赔责任人并会被索赔，直到超过最大理赔金额时才会向

信用卡公司索赔。两者意义完全不一样。另外还要注意的是，要使用此等信用卡租车，在取车时一定要拒绝所有租车公司向你推销的服务项目，否则出了事故信用卡公司不负责理赔。

C. 第二驾驶（Second driver）。如果租车将会有第二司机，建议将他/她的名字加上，每天的费用会有所增加。这样可以保证车辆有适合的保险。

7. 还车

在机场还车你一般可以顺着RENTAL CAR RETURN的标志走，有些租车公司比如HERTZ和AVIS提供24小时服务，所以你赶早班飞机也不成问题，即使没有24小时服务，也会有车匙投递箱（Drop off box），你可以在租车合同上记录下你的行驶里程，连同钥匙一起放进去，还车前须加满油，在机场附近10公里之内加满就行了，除非你在租车时买了燃料选项（Fuel option）。燃料选项指的是租车公司用指定的价格帮你加满油。

租车时需要注意是在原地还车还是异地还车，异地还车需要提前告知并支付额外费用。

另外还车时请务必记得询问清楚还车之前是否需要将油箱加满；按时还车，太早或太晚都可能会要求支付费用；不要遗落个人财物在车上，还车前仔细检查；验车时请务必和工作人员同时在场，离开时需要确认好自己预交的押金已经退回信用卡。

8. 租车贴心小提示

A. 建议购买租车全保险（bumper to bumper），取车时拿了钥匙就走，还车时把钥匙放投递箱就好，不需要检查车的状况；

B. 车永远不要给别人开，除非他的名字出现在你的保单（或租车合同）上；

C. 问清楚租车的保险有没有包含第三方保险，如果没有，千万不要租；

D. 大多数的信用卡租车都只是次级保险（secondary coverage）。

9. 交通规则

A. 靠右行驶，和中国相同；

B. 行人有绝对的先行权，车必须礼让行人；

C. 日光灯：由于加拿大冬季漫长，能见度低，所有车辆只要发动引擎，车头灯会自动开启，白天是让人看见你，晚上则是让你看见人；

D. 安全带：司机和乘客，包括后排都要系上安全带，体重少于18公斤或6岁以下的儿童须使用合适的儿童椅且必须坐在后排；

E. 鸣笛：加拿大大多数城市禁止按喇叭，催促其他车辆而按喇叭是一种不礼貌的行为；

F. 礼让特殊车辆：行驶过程中，只要听到或看到鸣笛和闪灯的车辆如警车、救护车、消防车，不管是对面或是同侧，都必须迅速靠右停车，待鸣笛的车辆通过后才能继续行驶；

G. 路权：加拿大非常注重路权。其要点为：转弯车让直行车，辅道车让主道车，未进入环岛车让已进入环岛车，左转车让右转车（交通灯路口以红绿灯为准）；

H. 如果汽车没有配备日间行车灯，请打开前车灯，特别是在黎明和日落时；

I. 多数城市遇红灯可右转，但魁北克省的部分地区禁止此类转弯，行车时需注意指示牌；

J. 交通信号灯在各省的含义并非完全一样，需事先查询清楚；

K. 很多省均禁止使用雷达探测器；

L. 行人绝对优先，遇警车、救护车、消防车、小校车须让道，此条法规强制执行；

M. 大多数加拿大高速公路限速100—110公里（62英里/小时），此条法规同样强

制执行；

N. 高速路上尽量靠右，避免长时间占用超车道（加拿大仅有安大略省407高速需要收费，产生的费用会直接寄给车行，而它们则会加收一些手续费，您可以改用401或403高速）；

10. 重要交通标志

A. 停车标志：在道路上看到STOP标志，所有车辆都必须停车三秒，即便道路上无车无人也要停车，观察安全后才可通过。若是十字路口，四个方向均有STOP标志，则以抵达路口的顺序，先到先通过。一车一停，严禁跟随前车直接通过路口。

B. 让行标志：出现在辅路进入主路或者环岛的路口，须减速并做好停车准备，让其他车辆优先通过，确定安全后方可通行，如有行人在前方，须完全停定，不能边行边让。

C. 限速标志：此为最高速度。不同道路限速不同，通常城市道路50公里/小时，后巷，学校区域，运动场区域30公里/小时，高速公路100公里/小时。

D. 学校巴士停车标志：加拿大校车车身为黄色。校车在道路上停车上下学生时都会从车身侧面伸出"STOP"标志牌，此时位于校车前后左右所有方向的车辆都必须完全停住，直至停车标志收起。

E. 红灯禁止右转标志：加拿大多数城市允许红灯在前方无车的情况下右转，但要停几秒，礼让行人，自行车和转入车道的车辆。但是，魁北克省的部分城市禁止红灯右转。

11. 加油

在加拿大比较常见的油站有 Esso，Shell，Chevron，Petro Canada，Husky，Mohwak。加拿大汽油品种分为 87（Regular，unleaded），89（Plus，mid-grade），91（Supreme Premier），93（V-power）和 97（Supreme premier plus）等。油品数字越大，品质越高，价格也越贵。多数汽车加 87 号油即可，通常油盖上有提示；

柴油车会有醒目的Diesel 字样，油枪的嘴较粗；

加拿大加油站分为自助，半自助和人工加油；

人工加油和中国国内相似，费用稍贵于前两者；

自助加油：插入信用卡—按要求输入信息—取出信用卡—选汽油标号—开始加油—打印收据；

半自助加油：记住油枪号—店内柜台刷卡或现金付款—选汽油标号—开始加油—店内柜台取收据；

12. 停车

公共停车场：购物中心、大型超市都会有专属的公共停车场，有时间限制，一般可泊车1～4小时不等。部分商场规定仅供顾客使用，没有消费而泊车可能会收到违例泊车罚单；

景区和繁华市区：设有停车场和地下停车场，按指示和时长缴费；

街道：路边泊车请注意标志牌上的信息，如泊车区域限制，泊车时间限制；

公交车站、消防栓旁、建筑工地出入口、残疾人车位等不能泊车。

13. 泊车缴费

加拿大泊车缴费大约有四种方式。

街道计时：投币，有最长可泊车时间限制；

停车场：刷信用卡付费，将收据摆放在方向盘前方的挡风玻璃处；

人工收费：有工作人员收费；

电话收费：拨打指定电话，按提示语音提供信息；

14. 违章交通罚单缴纳

A.大部分租车公司会提供自动代缴违章交通罚款服务，然后从顾客的信用卡内扣除；

B.如租车公司不提供代缴服务，顾客收到罚单后，依据罚单上的信息缴费；

15. 停车小妙招

在多伦多和温哥华这样的大城市，在繁华市区泊车费用非常昂贵，建议事先规划好行程，可以在谷歌上搜寻做好攻略再出行；

泊车后，在无人看管的情况下，切记不要将物品和行李留在车内，以免被砸窗盗窃。

16. 交通事故

A.发生交通事故时，应保持镇静，不要惊慌，首先查看车内有无人员受伤，并及时自救，拨打"911"电话，如果英语无法沟通，可说："CHINESE"，立刻会有懂中文的人接听电话然后即可报告事故情况；

B. 剐蹭事故：确保安全，下车拍照，将剐蹭位置和对方车牌拍照或录像，然后将车辆移至路边不妨碍交通，和对方司机交换驾照信息，寻找现场目击证人，记录他/她的联

系方式，拨打"911"电话，待警察到场处理后，保存好事故记录和案件号码，报告租车公司换车，如车辆已无法安全驾驶；

C.车窗被砸被盗：拨打"911"报警，警察到场做记录，保存好事故记录和案件号码，报告租车公司换车，如车辆已无法安全驾驶；

D.抛锚/爆胎：第一时间报告租车公司，寻求指示，请他们就近派遣维修人员拖车或路边紧急支援服务；

17. 加拿大开车小贴士

A. 开车打手机——分心驾驶的祸首

现在许多司机都安装了免提装置以备驾车时使用。但是新研究发现，驾车时使用免提装置，并不比使用手提电话更为安全，尤其在左转时危险性最高。另外，交通法规定，司机在驾车时可使用免提装置与人通话，但只限于手机响起时接通电话，或在通话完毕后收线。司机若在驾车时致电他人，就算是用免提装置亦属违法。司机若在使用手提电子产品期间涉及分心酿成交通意外，有可能被控分心驾驶或不小心驾驶罪名，此项罪名属刑事罪行；若意外涉及人命伤亡，可能被控以刑事疏忽导致他人受伤或死亡罪名，有可能会被判监禁。

B. 酒后驾驶——害人害己的行为

自2010年9月开始实施的严打醉驾法例规定，司机如果测出体内酒精浓度达0.08毫克或以上，可立即被吊销驾照90天、扣押车辆30天，还得面对最高可达500元的罚款以及由此衍生出的相关各项费用，包括：拖车费80元或以上、车辆保管费19.95元/日、为期一年强制性在车辆上安装酒测制动器1500元、入读安全驾驶课程880元等。另外，司机体内酒精测试结果如果在0.05至0.08毫克之间，属于警告范围，按在过去5年内首犯、再犯及第三次犯法来区分，可分别处以吊销驾

照3天、7天及30天，罚金分别为200元、300元及400元。

C. 超速驾驶—— 一时之快的恶果

警方资料显示，驾驶人在不同车速下对停车所需的"反应距离"各有不同。例如一辆时速30公里的汽车，前方若遇正停靠的汽车或过马路的行人而必须停车时，察觉所需距离约为6米，反应时间6米，开始刹车到停止约6米，总计18米。时速50公里的汽车则需37米，时速110公里的汽车，更需要126米的停车距离。在不良或湿滑路况下，所需的距离需要更长。通常，超速汽车有两大特定区域易被疏忽，提醒大家提起十二万分注意力：

（1）校区在早上8时至下午5时期间均限速：交通法规定，在学校开放的日子里，凡学校区域内，从早上8时至下午5时的9个小时，驾驶人均应严格遵守30公里/小时的限速。司机即使减慢了车速，但如果未严格控制车速在30公里/小时，譬如车速40公里/小时，仍会接到警方罚单。

（2）施工路段亦限速：春夏季，温哥华各道路都出现加紧赶工现象。当遇到道路工程时的限速为时速30公里，必须遵守避免超速，警方亦会在近期加强在工地路段的执法。

D. 如遇警车闪灯鸣笛拦截——打右方向灯慢慢靠边停车，摇下车窗，双手放在方向盘上，等待警察走近，保持镇静和诚恳的态度，按照警察的指示动作：取驾照，车辆保险单等。

附件： 机动车交通违规、扣分和罚款细则

条例	描述	罚款	扣分
220（2）	驾驶车辆没有安全带	$167	0
220（3）	驾驶时使用无效安全带	$167	0
220（4）	驾驶时不系安全带	$167	0
220（6）	乘客不系安全带	$167	0
73（1）	不给警察让路	$138	3
121	不安全驾驶维修或施工车辆	$109	2
123	不听从警察指挥	$109	2
125	不遵守交通管制设备	$121	2
127（1）（a）（ii）	不让行人	$167	2
127（1）（a）（iii）	不让绿灯车辆	$167	2
128（1）（a）	闯十字路口黄灯	$167	2
128（2）（a）	闯黄灯（非路口）	$109	2
129（1）	闯十字路口红灯	$167	2
129（3）	红灯时不让右转车辆	$167	2
129（4）（b）	红灯时不让左转车辆	$167	2
129（5）（a）	闯红灯（非路口）	$167	2
130（1）（a）	不服从绿色箭头指示灯	$167	2
130（2）（a）（i）	不服从黄色箭头指示灯（交叉路口）	$167	2
130（2）（a）（ii）	不服从黄色箭头指示灯（路口）	$167	2
130（2）（b）	不服从黄色箭头指示灯（人行道口）	$167	2
131（1）（a）	不服从红色闪灯（路口）	$167	2
131（2）（a）	不服从红色闪灯（非路口）	$138	2
131（3）（a）	不服从黄色闪灯（路口）	$167	2
131（4）（a）	不服从黄色闪灯（非路口）	$138	2
131（5）（a）	绿色闪灯时不让路权车	$167	2
134	不服从交通控制信号	$121	2
140	不服从施工标志	$196–$253	3
141	不服从举旗人员	$196	3
143	驾驶压过新画道路线	$109	2
144（1）（a）	分心驾驶	$368	6
144（1）（b）	疏忽驾驶	$196	6
144（1）（c）	不按规定行驶速度	$167	3
145（1）	速度过慢	$121	3
146（1）	超速	$138–$196	3
146（3）	行驶速度与高速路指示牌不符	$138–$196	3
146（5）	行驶速度与地区指示牌不符	$138–$196	3
146（7）	行驶速度与市政指示牌不符	$138–$196	3
146（11）	在城市道路超速	$138	3

条例	描述	罚款	扣分
147（1）	在学校区超速	$196–$253	3
147（2）	在游乐场区超速	$196–253	3
148（1）	车速过快	$368–483	3
149	不让校车	$167	3
150（1）	不靠右行驶	$109	3
150（2）	速度慢的车不在右道行驶	$109	3
150（3）	在交通岛不右行	$109	3
151（a）	不安全换车道	$109	2
151（b）	在实线路换车道	$109	2
151（c）	换车道不打转向灯	$109	2
151（d）	从错误的车道上左转	$109	2
151（e）	从错误的车道上右转	$109	2
151（f）	非法通过巷道	$109	2
151（g）	在错误的道上慢行	$109	2
154	在遇到交通堵塞时强行通过	$109	3
155（1）（a）	越双实线	$109	3
155（1）（b）（i）	未能保持双虚线/实线右行	$109	3
155（1）（b）（ii）	越实虚线	$109	3
155（1）（c）	未能保持单实线/单虚线右行	$109	3
157（1）（a）	在安全距离里没有成功超车	$109	3
157（1）（b）	不安全超车	$109	3
157（2）（a）	不让超车	$109	3
157（2）（b）	超车时加速	$109	3
158（1）	右侧超车	$109	2
158（2）（a）	右侧不安全超车	$109	2
158（2）（b）	在右侧关闭道路超车	$109	2
159	左侧不安全超车	$109	3
160	视野不清晰情况下超车	$109	3
161	不遵守交通标志	$121	2
162（1）	离前车过近	$109	3
162（2）	商用车离前车过近	$109	3
162（3）	没有留足够车距给超车车辆	$109	3
163（a）	穿过高速路分隔栏	$109	3
163（b）	在分道高速路上，没有靠右行驶	$109	3
164（1）	从限行高速路口进入	$109	3
164（2）	从限行高速路口驶出	$109	3
165（5）	在路口不恰当转弯	$109	3
166	不恰当左转（非路口）	$121	2

条例	描述	罚款	扣分
167	不恰当右转（非路口）	$121	2
168（a）	不安全掉头	$121	2
168（b）（iii）	被禁止的掉头	$121	2
168（b）（iv）	掉头（路口）	$167	2
168（b）（v）	掉头（商业区）	$121	2
169	不安全启动车辆	$109	2
170（1）	转弯无提示	$121	2
170（2）	转弯提示不够	$121	2
170（3）	不给停止或减速信号	$121	2
171（2）	驾驶无信号灯的车辆	$109	2
172（2）	右舵车没有恰当标志	$109	2
173（1）	在无控制路口，不安全让车	$167	2
174	不让左转车	$167	2
175（1）	停车后不让车	$167	2
175（2）	不让离开停车线的车	$167	2
176（1）	不为紧急救援车停车	$121	2
176（2）	紧急救援车不让行	$121	2
177	不让紧急救援车	$109	3
179（1）	不让行人	$167	3
179（3）	对让行人的车进行超车	$167	3
179（4）	有服从学校区的交通指挥	$167	3
181	对行人安全不负责行为	$138	2
185（1）	在铁道路口，不安全停车或离开	$109	2
185（2）	开车经过关闭的铁道口	$109	2
185（4）（e）	商业用车在铁道口不停车	$109	2
185（5）	在铁路道口未能谨慎通过	$109	2
186	不服从停止标志	$167	3
191（2）（a）	驾驶不安全的车辆	$81	0
193	反向进入路口	$121	2
193	不安全的反向行驶	$109	2
196	车辆在峡谷、隘路、山路操作不当	$109	2
197	非法海岸下坡	$121	2
198	行车离救火车过近/停车离救火车过近	$81	2
199	驾车通过着火的房子	$81	2
200	在人行道行车	$81	2
203（1）	不安全地打开车门	$81	2
214.2（1）	开车时使用电子设备	$167	0
214.2（2）	开车时发短信或邮件	$167	3

加拿大和美国被称为汽车轮子上的国家，而且两国的各省/州之间有一个约定俗成的规矩，就是在车牌上除了字母和数字之外还有两行小字：上面一行是省/州的名字，下面一行是一句标语，这是非常给力的宣传方式。

不列颠哥伦比亚省（British Columbia），简称：卑斯省缩写BC。

车牌标语：Beautiful British Columbia，即"美丽的不列颠哥伦比亚"。车牌中央的省旗—米字加蓝色的海洋点明和英国的渊源。

旅游局官网：www.hellobc.com
http://www.hellobc.com.cn/
温哥华国际机场APP：yvr airport

卑诗省：19世纪五六十年代淘金潮席卷北美时，不少人都抱着一夜致富的梦想来到卑诗，其中以英国人为主。1858年卑诗正式成为英国的殖民地，维多利亚女王赐名为英属哥伦比亚殖民地（Colony of British Columbia），因为哥伦比亚河（Columbia River）是卑诗的一条主要河流。1871年卑诗加入加拿大联邦后将British Columbia作为省名至今。

温哥华

Vancouver

Vancouver，British Columbia
官网：https://vancouver.ca/
　　　https://www.destinationvancouver.com

温哥华是卑诗省最大的城市，为纪念1792年为找寻西北通道而来到此地的英国船长乔治·温哥华（George Vancouver）而命名。温哥华市有114.97平方千米，63万人口，而大温哥华"Greater Vancouver"（或称"Metro Vancouver"）土地面积为2883平方千米，人口近246万。大温哥华"Metro Vancouver"指的是1966年建立的"大温哥华区域局"（Greater Vancouver Regional District），它是一个有法律地位的机构，负责协调各市之间的交通、环境保护等事宜。大温哥华由21个市镇组成。 主要包括：温哥华市（Vancouver）、西温哥华市（West Vancouver）、北温哥华市（City of North Vancouver）、北温哥华区（District of North Vancouver）、里士满（又译列治文）市（Richmond）、本拿比市（Burnaby）、素里市（Surrey）、三角洲市（Delta）、新西敏市（又译二埠）（New Westminster）、高贵林市（Coquitlam）、高贵林港市

（Port Coquitlam）、安摩尔（Anmore）、穆迪港（Port Moody）、兰里市（City of Langley）、兰里区（Township of Langley）、匹特草原（Pitt Meadows）、枫树岭（Maple Ridge）、白石镇（White Rock）、鲍文岛（Bowen Island）、米逊（Misson）和 UBC 大学区（University of British Columbia）。

温哥华是加拿大的第三大城市，最大港口和旅游中心，有"太平洋门户"之称。在这座背山面海、美丽时尚的国际大都市里，居民由全世界移民所组成。在这里多元文化与传统习俗相互融合，美食与美景相得益彰。鉴于其怡人的气候和高水准的生活，温哥华已连续多年被联合国评为全球最宜居的城市之一，也是四季皆宜的旅行胜地。温哥华电影制片业发达，是北美洲继洛杉矶、纽约之后的第三大制片中心，素有"北方好莱坞"之称。

温哥华和惠斯勒（Whistler）联合举办了2010年冬季奥运会和冬季残奥会。

温哥华市大致分为东区（Vancouver East）和西区（Vancouver West），市中心（Downtown）和大学租借地（University Endowment Lands Ecological）。东西两个区以安大略街（Ontario Street）为分界线。

东区有东端（Eastside），快乐山（Mt Pleasant），东温哥华（East Vancouver），南缅因（South Main），德肯（Dechens），日落（Sunset），肯辛顿—雪松村（Kensington- Cedar Cottage），莱利公园—小山（Riley Park–Little Mountain），乃（Knight），维多利亚—菲沙围（Victoria–Fraserview），格兰德维尤—伍德兰（Grandview–Woodland），喜士定—日出（Hastings–Sunrise），基拉尼（Killarney），

伦弗鲁高地（Renfrew Heights），伦弗鲁—科林伍德（Renfrew-Collingwood），香普兰高地（Champlain Heights）等社区；

西区有费尔维尤（Fairview），南甘比（South Cambie），渥列治（Oakridge, South Vancouver），基斯兰奴（Kitsilano），阿巴塔斯岭（Arbutus Ridge），桑那斯（Shaughnessy），西端（WestSide），西灰点（West Point Grey），丹巴—南田（Dunbar–Southlands）等社区和大学租借地（University Endowment Lands Ecological）。

温哥华的街道为井字形，其划分南北向为街（street），由人名、植物名来命名；东西向为大道（Avenue），大部分以数字来命名，由第一大道至七十大道。

❤ 温馨小贴士 ❤

抬头见到山，恭喜您，找到北！

温哥华国际机场（Vancouver International Airport）

地址：3211 Grant McConachie Way, Richmond，BC V7B 0A4

官网：www.yvr.ca

机场代码：YVR

温哥华国际机场是加拿大第二繁忙的国际机场，位于列治文市（Richmond）的海岛（Sea Island）上，距离温哥华市中心约15千米。机场拥有直飞亚洲、欧洲、大洋洲、美国和加拿大其他主要机场的客货运航班。温哥华国际机场的国际航站楼和国内航站楼是一座相连但被分成两部分的大型建筑物，其中飞往美国的航班集中使用国际航站楼内的专用美国境外入境审查柜台，温哥华国际机场是加拿大八个由美国移民局官员驻场直接办理入境手续的机场之一。

好 玩 景 点

温哥华市中心
（Downtown Vancouver）

温哥华市中心位于温哥华市北端的半岛上，三面环海，北临巴拉德湾（Burrard Inlet），西临英吉利湾（English Bay），东临福溪（False Creek），紧邻温哥华最大的市内斯坦利公园（Stanley Park）。这里是卑斯省的金融、商业和旅游中心。市中心分为五大区域：高豪港（Coal Harbour），西端（West End），中城（Central Downtown），耶鲁镇（Yaletown）和福溪北（False Creek North）。

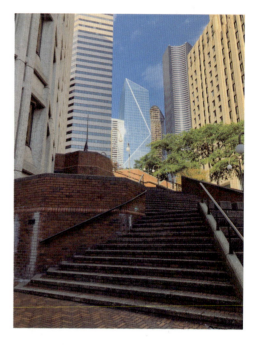

加拿大广场
（Canada Place）

地址：999 Canada Pl, Vancouver, BC V6C 3T4。

官网：https://www.canadaplace.ca。

停车：街边计时，有最长停车时限或室内收费停车场。

加拿大广场为1986年世界博览会（Vancouver Expo1986）的主办国展览场馆。整个建筑以5支白色巨形风帆来做外墙，内有温哥华会议中心（Vancouver Convention and Exhibition Centre）、泛太平洋酒店（Pan Pacific Hotel）、温哥华世贸中心（Vancouver World Trade Centre）。它

也是座邮轮码头，由温哥华前往阿拉斯加的邮轮皆从此处出发，共有三个邮轮泊位。而加拿大广场对面西北处是温哥华会议展览中心新翼的所在，于2009年4月竣工。2010年冬季奥运会的国际媒体中心位于新翼以内。

会议中心是一座独特的世界级第一个双LEED（能源与环境领导设计）白金认证会议中心。

它有47万平方英尺的迎宾、活动、会议、展览和宴会厅空间，可同时举办多项大型活动，能容纳16000多名代表。该中心设有加拿大最大的海滨宴会厅，五层高的天花板、开放式露台和落地窗，包括六英亩的绿色草坪屋顶，一览无余的山景和海港景观，多次获得国际最佳会议中心的称号。

飞越加拿大
（FlyOver Canada）

地址：201-999 Canada Place, Vancouver, BC V6C 3E1

官网：flyovercanada.com

门票：见官网

停车：街边计时，有最长停车时限或室内收费停车场

2013年6月29号，温哥华加拿大广场（Canada Place）迎来了全新的模拟飞行电影"飞越加拿大"（FlyOver Canada）。电影院使用20米高的半球形屏幕播放以最新电子技术制造的超高清风光片，观众会经历从大西洋东岸一路飞越整个加拿大到达太平洋西岸的模拟飞行体验。整个过程呈现出震撼的4D视听效果，座位也会跟着画面飞行，从而感受到飞遍加拿大的快感

和这个国家的壮美。并且模拟穿云破雾的体验，效果逼真，利用水雾、风和香味让观众们更加融入这个飞行经历。

❤温馨小贴士❤

"飞越加拿大"是一个30分钟的体验，共分为3段，每段时间均为10分钟。第一段观众会站在一个特殊设计的房间里观看一部叫作"鼓舞"（UpLift）的预备片，先带大家感受一些加拿大的人文风情，影片在四面墙上播放，每个角度的视觉都有所不同。第二段在影院前排队，播放一段安全视频，教大家如何系上安全带和影院须知。第三段进入FlyOver Canada影院，它共有3层，可容纳60名观众。待大家坐下系好安全带后，座位就会向前方的荧屏移动，开始10分钟的飞行体验。

温哥华观景塔
（Vancouver Lookout）

地址：555 W Hastings St, Vancouver, BC V6B 4N6

官网：https://vancouverlookout.com

门票：见官网

停车：街边计时，有最长停车时限或室内收费停车场

温哥华观景塔位于市中心，高130米（430英尺），您可以360°全方位俯瞰温哥华，将北岸海岸山脉、海港、市区高楼大厦尽收眼底。工作人员乐于为游客提供免费的导游服务。对于那些喜欢独自游览的游客来说，无论是盖士镇（Gastown）的历史典故还是唐人街的古老建筑，且听他们娓娓道来。

💕 **温馨小贴士** 💕

如果选择在塔顶的旋转餐厅用餐，可以免电梯票。

温哥华海洋大厦
（Marine Building）

地址：355 Burrard Street, Vancouver, BC V6C 2G8

官网：https://www.oxfordproperties.com/lease/office/marine-building

海洋大厦坐落在温哥华市中心的布拉德大街（Burrad Street）355号，楼高97.8米，22层，于1930年10月落成，是曾经的温哥华第一高楼，以其华丽的装饰艺术而闻名。设计师麦克卡特（McCarter）和雷尔尼（Nairne）的设计思路是：大楼依偎着海洋并散发着海水的碧绿色彩，墙壁上镶嵌着金色海底岩石从水中升起。

盖士镇
（Gastown）

地址：Neighbourhood in Vancouver, BC

官网：https://gastown.org/

停车：街边计时，有最长停车时限或室内收费停车场

温哥华的发源地，是整个城市最古老的街区。盖士镇因一位酒吧老板的绰号"Gassy Jack"而得名，有人音译成"煤气镇"。1867年，有一位来自英格兰的名叫约翰·但顿（John Deighton）的船长来到此地，在盖士镇的水街（water street），盖了一个木质的酒吧供四面八方来的拓荒者聚集喝威士忌。此人热情好客，爱吹牛讲故事，人称"Gassy Jack"。1886年，温哥华正式成为城市，大家公推杰克为第一任市长，这个街区被命名为"Gassy's Town"，后缩写为"Gastown"。他站在橡木威士忌酒桶上的雕像耸立在盖士镇的广场上(雕像于2022年2月，在由原住民发起的"孩子的命也是命"示威抗议活动中被掀翻毁坏)。徒步走在盖士镇街道，可饱览两边的维多利亚末期和爱德华时代常见的商业风格建筑大楼，还可以逛逛街边艺术气息浓厚的古董店、纪念品店、画廊，或光顾镇上各类餐馆和酒吧。

蒸汽钟
（Steam clock）

地址：305 Water Street, Vancouver, BC V6B 1B9

这是盖士镇的地标，坐落在甘比街（Cambie Street）和水街（Water Street）交叉路口。1977年，钟表匠雷蒙桑德斯（Raymond Saunders）仿照19世纪款式，利用地下供暖管道的蒸汽为动力，制造了世界上第一座蒸汽钟。蒸汽钟顶部五只汽笛每隔十五分钟就会冒出蒸汽，合奏伦敦威斯敏斯特编钟（Westminster Chimes）的音乐。

欧洲酒店
（Hotel Europe）

地址：43 Powell Street, Vancouver, BC V6A 1E9

这是一间造型很特别的酒店，坐落在盖仙杰克（Gassy Jack）雕像的对面，它建成于1908年，外观有着意大利式风情特征和铅制玻璃窗，是世界上三角形建筑物的典范之一。

洛逊街
（Robson Street）

停车：街边计时，有最长停车时限或室内收费停车场

洛逊街是温哥华市中心一条主要街道，各种商店、精品店、奢侈品店、餐馆、酒吧和酒店、旅馆布满整条街，是温哥华著名的购物街，它东面起自卑诗体育馆，往西经温哥华公共图书馆、洛逊广场和温哥华美术馆等地标建筑，到史丹利公园旁的洛斯特（Lost Lagoon）止。洛逊街是以19世纪八九十年代先后出任不列颠哥伦比亚省财政厅长和省长的约翰·洛逊命名。

斯坦利公园
（Stanley Park）

地址：Vancouver, BC V6G 1Z4
官网：http://www.stanleypark.com/
https://vancouver.ca.stanley-park
门票：免费
停车：收费停车场，按小时计，园内所有停车场通用

斯坦利公园位于温哥华的市中心，它是一个半岛。公园面积约405公顷（1000英亩），是加拿大最大、北美第三大市内公园。一条8.8公里（5.5英里）长的海边步道（Sea Wall）环绕整个公园，供人们健走、骑单车或玩直排轮滑；公园内大部分地带保留为原始森林，有约50万棵树，有些树木高达76米。斯坦利公园曾经是多个不同原住民的传统聚居地。

斯坦利公园于1888年9月27日对外开放，用时任加拿大总督斯坦利伯爵的名字命名，当年他主持公园的正式开幕礼时，将他的手臂伸向天空宣布："我将此处命名为斯坦利公园，将它奉献给所有人，不分肤色、信仰和贫富。"在公园入口处后的山丘上矗立着他的铜像。

加拿大自驾游宝典

史丹利公园有三个大沙滩、图腾园（Totem Poles）、水族馆、小小高尔夫球场、玫瑰花园、观光马车和小火车乐园。公园内还有一座由全温哥华市的小朋友集体捐出糖果募集的资金而建成的维多利亚女王喷泉。

❤ **暖心推荐景点** ❤

图腾柱（Totem poles）

美洲原住民对于动物神灵的崇拜，衍生出了图腾崇拜的信仰，他们以冷杉木雕刻图腾柱。

印第安人不仅敬畏神明，也敬畏大自然中的一草一木，相信即使是植物，也拥有自己的灵魂，因此值得受到人的尊重。印第安木雕图腾柱，不仅是印第安人文化艺术的体现，也为斯坦利公园增添了一处历史景观。他们的图腾多以动物为代表，常见有鸠、鹰、乌鸦、雷鸟、狼、熊、青蛙、鲨鱼、海狸、鲸鱼，最基调的颜色为红、黑、绿。他

们用图腾柱来记载家谱、纪念氏族祖先或首领以及描述神话故事等。这些图腾雕刻的形象造型夸张生动。在印第安人文化里，人形代表死去的家长或氏族酋长，雷鸟代表造物之神是世界最高主宰，老鹰象征天空，杀人鲸象征海洋，熊象征大地，而青蛙则是大地的守护神。在公园内的图腾柱是由原住民艺术家按照原物1:1复制，原件保存于温哥华人类学博物馆（Museum of Anthropology）。

公园内设有礼品店和卫生间。

哈利路亚点（Hallelujah Point）

哈利路亚角位于斯坦利公园图腾园东南侧的草地上，为纪念一百多年前救世军先驱在温哥华无私的奉献工作。当时救世军在此设立了一个避难所和野餐桌，正是在这块空地上，人们演唱歌曲《哈利路亚》（Hallelujah, Hallelujah!），甚至在海对面的温哥华港口水域都能被清楚地听到，因此被命名为"哈利路亚点"。哈利路亚点（Hallelujah Point）的牌匾于1982年5月1日揭幕。

9点钟大炮（9 Oclock Gun）

大炮于1816年由英国制造，在1894年被安置在斯坦利公园的岸边，于1898年10月15日响了第一炮。后来，这炮开始在每天晚上9点响一声，目的是提醒渔民收渔回港，把船绑好。现在这门大炮每天晚上都会自动电子点火打响一炮，在炮响前有黄色闪灯警示。9点钟炮还有自己的推特账号（https://twitter.

022

com/the9oclockgun），每天晚上太平洋时间9点整就会发个"Boom！"。

布洛克顿角灯塔（Brockton Point Lighthouse）

灯塔建于1855年。布洛克顿角灯塔和导航站曾经有一位灯塔守护者，他在此服役了25年，救过溺水者16人。现在灯塔的自动光源建于1914年，由英国景观设计师托马斯·海顿·莫森（Thomas Hayton Mawson）设计。

潜水少女（Girl in a Wet Suit）

2743 Stanley Park Dr，Vancouver，BC V6G 3E2

潜水少女雕像是斯坦利公园标志性的雕像之一，她是雕塑家埃莱克·莫雷（Elek Imredy）作品，头戴潜水镜脚穿鸭蹼鞋的潜水衣少女雕像于1972年6月10日被安放在一块大岩石上。当年潜水在温哥华很受欢迎，艺术家以他朋友为模特，创作一座真人大小的潜水少女坐在那里，她代表温哥华对大海的拥抱与依赖。有人说这是温哥华的美人鱼，与丹麦哥本哈根港安徒生童话里小美人鱼的雕像相似，常有海鸥停留她头上。

日本邮船女皇号船头（S.S. Empress of Japan Figurehead）

地址：2639-2743 Stanley Park Dr，Vancouver，BC V6G 3E2

1930年，日本邮船女皇号开始了太平洋航线的服务。同年8月7日，她的首次横跨太平洋航行，从横滨至温哥华的航线创下了10天抵达的航行纪录。她是一艘非常豪华的邮船，内部空间宏大舒适，在接下来的9年中，日本女皇号从温哥华，经过檀香山到横滨和上海共进行了58次往返，她是跨太平洋服务的旗舰。展示在这里的船头部分是日本送给加拿大的礼物，用作纪念她的服务。

展望点（Prospect point lookout）

地址：Prospect Point Trail，Vancouver，BC V6G 3E2

展望点是位于斯坦利公园的海拔最高点，在观景台上可以眺望西温哥华、布拉德内湾、北岸海岸山脉和狮门大桥的壮观全景。桥下的第一海峡口（First Narrow）是轮船进出温哥华港的必经航道。展望点的位置在印第安原住民语（Squamish）中，被称为"Chay-thoos"，意思是"高岸"。

此处设有礼品店、餐厅、咖啡店、冰淇淋店和卫生间。

站立的巨石人（skalsh或SLHXi7lsh）

位于第三海滩（Third Beach）和狮门大桥（Lions Gate Bridge）之间海岸步道（Sea Wall）边的玄武岩巨石，高约18米，大约3200万年前由在沉积岩中形成的火山岩浆通过地球地壳中的一个裂缝被挤压到地表后叠加形成，形状像保龄球瓶，它被水手们称为"保龄球瓶岩石"。skalsh或SLHXi7lsh来自原住民斯阔米什族（The Squamish）的传说，"站立的巨石人"是一位充满父爱的无私的男人，正在为他即将出生的孩子做准备，突然他被超自然的力量转化为巨石，站立于此教导下一代如何做一个好人。

茶室餐厅（Teahouse Restaurant）

7501 Stanley Park Dr，Vancouver，BC V6G 1Z4

茶室餐厅以提供精致的西海岸美食和周到的服务而著名。在此用餐可观赏英吉利湾和北岸的壮丽景色，是享受温哥华最美日落的绝佳之处。

香港影视名人张国荣（Leslie Cheung）生前很喜欢这里，常来此用餐赏夕阳。他去世后，歌迷影迷们特别以他的名字捐给公园局一张长椅，把他的英文名字铜牌镶嵌在椅背上，这把长椅放置于餐厅前的草坪上，每年需付公园局加币400，后来歌迷影迷们集资一次性支付加币4000，长椅可永久放置于此。

斯坦利公园马车游（Stanley Park Horse-Drawn Tours）

735 Stanley Park Drive

官网：tours@stanleypark.com

登上老式马车，舒适地漫步在温哥华千亩仙境斯坦利公园的自然美景中。马车夫兼导游会一路详细讲述，重点介绍戴德曼岛（Deadman Island）、温哥华的海港（Port of Vancouver）、狮门大桥（Lion Gates Bridge）、沿海的红雪松森林（Red Cedar Forest）、图腾柱（Totom Poles）、潜水少女（Girl in a Wet Suit）雕像、日本邮船女皇号船头（S.S. Empress of Japan Figurehead）和玫瑰园（Rose Garden）。

营业时间为每年3月13日至11月22日。行程大约1小时，每辆马车可载26名乘客。

温哥华水族馆
（Vancouver Aquarium）

地址：845 Avison Way, Vancouver, BC V6G 3E2

官网：www.vanaqua.org

门票：见官网

温哥华水族馆位于斯坦利公园内，成立于1956年，占地约2英亩，水族馆的落地鱼缸和露天水池内养有30多个种类、约65000只从北极到热带的海洋生物，每天固定的喂食时间也是海狮、海豚、白鲸等的表演时间。馆内还有热带雨林区可以观赏热带雨林里的生物和植物，4D影院播放的4D电影非常

值得一看。温哥华水族馆除了是一个老少咸宜的著名旅游景点，同时也是一个海洋研究中心，具备海洋文化教育、海洋生物保护和海洋动物康复的功能。温哥华水族馆是北美洲第三大水族馆。

狮门大桥
（Lion Gate Bridge）

地址：Lions Gate Bridge Road, Vancouver, BC

狮门大桥是一条悬索吊桥，横跨布拉德内湾（Burrard Inlet）的第一海峡口，连接温哥华市中心及北岸市镇，是温哥华的地标之一。大桥于1937年3月31日动工，1938年11月14日启用。正式的开幕礼于1939年5月29日举行，由正在访问加拿大的英王乔治六世和王后主持。全桥总长1517.3米，连同北岸引道则长1823米。主桥跨为472米，桥塔高度为111米，离海面高度则为61米，双向共3条行车线。当时造价六百万加币，由爱尔兰的吉尼斯家族（Guinness）出资六百万加元兴建（健力士黑啤酒和吉尼斯世界纪录东主），目的是为了开发他们位于西温哥华的4700英亩土地，建成后是一座收费桥。大桥的所有权于1955年出售给了BC省政府，1963年起取消了过桥费。狮门大桥和美国旧金山的金门大桥是由同一位设计师所设计。金门大桥更早更长，它是褐红色，而狮门大桥是墨绿色。

温哥华唐人街
（Chinatown）

停车：街边计时，有最长停车时限或室内收费停车场

温哥华的唐人街是北美洲第二大华埠，仅次于美国的旧金山（San Fransisco）。它始建于19世纪中，是从旧金山北上淘金的华人和修建太平洋铁路（Canadian Pacific Railway）的华工的聚居地。2011年温哥华唐人街被评定为加拿大国家历史遗迹。

❤️ 暖心推荐景点 ❤️

森记大厦（Sam Kee Building）

地址：8 W Pender St，Vancouver，BC V6B 1R3

唐人街中最为传奇的建筑之一。位于片打西街（West Pender Street）和卡路街（Carrall Street）交叉路口。1912年温哥华拓宽片打西街，这座最初宽9.1米的建筑，一楼仅剩4尺11寸（1.5米）宽，二楼连窗台也只有6尺（1.83米）宽，被吉尼斯世界纪录大全列为全世界最窄的商用建筑物。大楼于1986年完成重修，现为一间保险公司周永职燕梳（Jack Chow Insurance）办公楼。

中山公园（Dr. Sun Yat-Sen Park）

地址：578 Carrall St，Vancouver，BC V6B 5K2

门票：外园免费，内园收费

中山公园1986年4月建成，坐落在温哥华唐人街，是一座苏州特色花园。这座公园是为纪念国父孙中山先生而建，中山公园牌匾上的"中山公园"四字，是宋庆龄亲笔题写。中山公园分为两部分，免费的部分是"中山公园"（Dr. Sun Yat-Sen Park），为中式园林设计，使用本地建材建成。收费的部分是"中山古典花园"（Dr. Sun Yat-Sen Classical Chinese Garden），属于中式明朝苏州古典园林设计，建筑材料由中国运来。中山公园被国家地理杂志评为2011年全球最佳都市花园。

千禧门牌坊（Chinatown Millennium Gate）

地址：26 West Pender Street，Vancouver，BC V6B 1R3

温哥华唐人街的标志之一，位于片打西街（West Pender Street），为华埠的西端门廊。它融合了古代和现代中国的建筑元素，牌匾的"继往开来"四字表述了建造千禧门的寓意。牌坊于2002年8月1日正式揭幕，工程耗资105万加元，部分款项由加拿大联邦政府、卑诗省政府和温哥华市政府提供，而余下约30万元则由市民众筹募集。

华人先侨纪念碑（Monument to the Overseas Chinese）

地址：135-137 Keefer Street, Vancouver, BC V6A 1X3

纪念碑坐落在温哥华唐人街的凯弗尔街（Keefer Street）和哥伦比亚街（Columbia Street）交界的华埠纪念广场（Chinatown Memorial Plaza）上，于2003年11月2日落成揭幕。纪念碑由华裔雕塑家程树人负责设计和雕刻，大连造船厂华南铸造厂铸造。纪念碑有中、英文碑记，前面为：此纪念碑是雕塑家程树人先生之创作。纪念碑以"中"字为主柱，碑体前后刻有"加华丰功光昭日月，先贤伟业志壮山河"。碑体两旁铜像，为艰苦建筑铁路的华工及华裔军人英勇卫国之雄姿，以表彰当年先贤之辛劳及光荣事迹。

太平洋购物中心
（CF Pacific Centre）

地址：701 W Georgia St, Vancouver, BC V7Y 1G5

官网：https://www.cfshops.com

停车：室内地下停车场收费停车

太平洋中心是一个位于温哥华市中心最大的购物中心，于1973年开张营业。商场的产品包括数百家名牌商店、餐馆和娱乐场所。太平洋中心在地下横跨数条街道地段，大楼地底通道连接海湾百货公司（Hudson's Bay）的温哥华旗舰店、诺德斯特龙百货（Nordstrom）的温哥华旗舰店、温哥华中心商场（City Centre）和温哥华四季酒店（Four Seasons Hotel Vancouver），并接驳两个架空列车车站（Sky Train Station），分别为世博线（Expo Line）的固兰湖站（Granville）和加拿大线（Canada Line）的温哥华市中心站（The City Centre）。

英吉利湾
（English Bay）

地址：West End residential neighbourhood, Vancouver, BC

停车：街边计时，有最长停车时限或室内收费停车场

英吉利湾海滩（English Bay Beach）也被叫作"第一海滩"，坐落在温哥华（Downtown Vancouver）的西端，沿着海滩大道（Beach Avenue）从吉尔福德（Gilford）街区延伸至比德韦尔（Bidwell）。每年盛夏的7月底、8月初在英吉利湾海滩都会举办焰火盛宴，观摩一场属于夏天的盛事是一种美好的体验。

中国艺术家岳敏君铜雕作品——迷人的大笑者（A-maze-ing Laughter）
Morton Park, 1800 Morton Avenue, Vancouver, BC

小知识

岳敏君，生于中国黑龙江，目前居住北京，是国际知名的艺术家。他的作品主要以自画像的男人，做出各种大笑的面部表情，配上不同的肢体动作，引发观众对社会现状的反思。2008年，为迎接2010年的冬奥会，温哥华公众双年展（Vancouver Biennale）在温歌华英吉利湾（English Bay）展出14座迷人的大笑者（A-maze-ing Laughter）铜雕，深受市民喜爱。冬奥会后，温哥华市政府有意将之作为永久展示艺术品，经与岳敏君商讨，他同意以150万加元出售，令这批铜雕可以继续留下来，供市民观赏。

基斯兰奴海滩
（Kitsilano Beach Park）

地址：1499 Arbutus Street, Vancouver, BC V6J 5N2

停车：景区免费停车场，有最长停车时限

基斯兰奴海滩离温哥华市中心（Downtown）很近，开车只要几分钟，从海滩向北看是白雪皑皑的壮美的海岸山脉（Coast Mountains），如果天气够好的话，还能看到西温哥华（West Vancouver）的灯塔公园（Lighthouse Park）；向东看，则是温哥华市中心（Downtown）的天际线，以及对面的英吉利湾（English Bay）、斯坦利公园（Stanley Park）。不同于温市的其他海滩，基斯兰奴海滩是南北向的，看日出和日落都很合适。海滩有餐车、西餐厅，周边有商业街围绕，有艺术家载歌载舞的广场，有网球场篮球场、儿童娱乐中心以及基斯兰奴海滨浴场（Kitsilano Pool），亲子体验感特别好。基斯兰奴海滩位于温哥华著名的基斯兰奴海滩（Kitsilano）社区，除了商铺林立外，人文历史气息也很浓厚，温哥华博物馆Museum of Vancouver就位于海滩附近，旁边还有温哥华著名的音乐学院（Vancouver Academy of Music）。

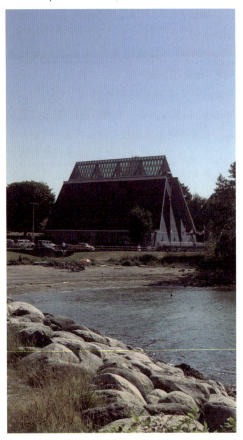

耶利哥沙滩公园
（Jericho Beach Park）

地址：3941 Point Grey Rd, Vancouver, BC V6R 1B5

停车：景区免费停车场，有最长停车时限

温哥华市第二大市内公园，面积为五十四公顷。这里拥有大片的沙滩，沙质细腻，是玩风帆冲浪（wind surf）的好地方，耶利哥帆船协会（Jericho Sailing Club）在此提供帆船和帆板的出租和教练课程。这里是野餐、放风筝、晒日光浴或游泳戏水的好去处。耶利哥海滩的名字来源于19世纪60年代在该地区经营伐木营地的耶利米·罗杰斯（Jeremiah Rogers）。每年从5月下旬到9月初，这里有海滩安全救生员值班。公园包括一个池塘，一个网球场和许多野餐区。耶利哥海滩公园（Jericho Beach Park）与洛迦诺海滩公园（Locarno Beach Park）连接在一起，秋冬季这里会有大量野鸟逗留，是市区赏鸟的好地方。

格兰维尔岛
（Granville Island）

地址：1689 Johnston Street, Vancouver，BC V6H 3R9

停车：街边计时，有最长停车时限或室内收费停车场

格兰维尔岛坐落在温哥华市中心格兰维尔桥的下方，它是与陆地相连的一个半岛，这里原是一片荒废的小型工厂和手工作坊，经过20世纪70年代开始的开发建设，逐渐改造成为如今集艺术、美食、创意、休闲之地。这里是加拿大的"798"，文艺青年的聚集地，到处是涂鸦、画廊、工作坊、街头表演的艺术家，处处洋溢着文化气息。岛上有大大小小几百家商铺、餐厅、工作坊。这里是电影《北京遇上西雅图》的取景地，曾被评为"北美最佳社区"（Best Neighborhood in North America）。

❤️ 暖心推荐景点 ❤️

格兰维尔岛的官方开放时间为每天早9点到晚7点，全年无休。

由于岛上停车位置有限，建议选择公共交通前往，步行或骑车上岛游玩。也可以选择在温哥华市区乘坐五彩缤纷的"水上巴士"（Aquabus），不但方便快捷，还能欣赏沿途福溪（False Creek）的美妙景色。

格兰维尔岛公共市场（Public Market）

地址：1689 Johnston St，Vancouver

格兰维尔岛公众市场（Public Market）可以说是岛上最大的亮点。公众市场由6间相邻的厂房改建而成，里面有超过50家摊位，供应的各种蔬菜、水果、鲜花、海鲜和肉食产品，不但新鲜，而且价格实惠。每年6月至9月的每周四上午10点至下午3点，公众市场还会开放温哥华历史最悠久的"农夫市场"（Farmers' Market），农人们会带来自己种植的最新鲜的蔬菜、水果、鲜花，以及本地酿造的上等精酿啤酒和葡萄酒来此贩卖。

格兰维尔岛酿酒厂（Granville Island Brewing）

地址：1441 Cartwright St, Vancouver

酿酒厂建于1984年，是加拿大第一家小型精酿酒厂。其时，市场上的啤酒种类有限、口味单一，难以满足消费者们对"好啤酒"越来越高的呼声。于是，格兰维尔岛酿酒厂成为加拿大精酿啤酒的先驱，坚持把新鲜、美味、独创的啤酒献给追求啤酒文化的爱好者们。

格兰维尔岛扫帚公司（Granville Island Broom Co.）

地址：1406 Old Bridge St, Vancouver

这家扫帚店的创始人Mary Schwieger和Sarah Schwieger姐妹俩，来自BC省Kootenay地区的制帚家族，专门制作独具艺术特色的手工扫帚，她们将传统的手艺升华成精美艺术品。走进店里但见各种造型奇特、尺寸不一的扫帚，就像走进了哈利·波特的魔法世界。在欧美国家的传统文化中，扫帚象征着幸福与好运，在婚礼上有这样的习俗：新郎和新娘手牵手跳过一把扫帚，预示着他们的结合会有好运和财富相伴。

伊丽莎白女皇公园
（Queen Elizabeth Park）

地址：4600 Cambie Street, Vancouver, BC V5Z 2Z1

官网：https://vancouver.ca–queen–elizabeth

门票：免费

停车：收费停车场，按小时计，园内所有停车场通用。

伊丽莎白女王公园，坐落于温哥华市区人口密度颇高的地段，占地52公顷，整座公园建于海拔150米的小山坡上，是温哥华的最高点。从公园可以俯瞰全城的景色。此公园曾经名叫小山丘公园（Little Hill Park），1939年，英王乔治六世与伊丽莎白皇后偕同当时的伊丽莎白公主访问温哥华，为此公园更名为"伊丽莎白女王公园"。公园内有两个花园，较大的那个花园于1954年完工，园内种有樱花、杜鹃、郁金香、水仙、木兰等各式各样的花卉，四季更新。这里还是温哥华最佳的结婚照户外拍摄场地之一，经常可以在花园见到穿着中西各式结婚礼服的新人。从大花园边的台阶拾级而上就来到了公园的制高点。站立于瞭望台上，北面的群山、温哥华港口以及市中心尽收眼底。天气晴好时，常有街头画家在此为游客现场画像，或艺术家奏乐表演。较小的玫瑰花园于1961年完工，花园一端可通斜坡下的小池塘，池塘中一群群悠闲的绿头鸭、美洲赤颈鸭和海鸥在嬉戏。1951年10月20日，当时还是公主的伊丽莎白二世故地重游，曾在这个池塘畔，种植一棵从家乡温莎园（Windsor Great Park）移来的英国橡树（English Oak）作为留念。公园内还有各种其他设施，如网球场、高尔夫球场、草地保龄球场，以及飞碟竞技场。

布洛德温室（Bloedel Conservatory）

这个半球形的植物温室是由布洛德家族于1969年捐赠的，20多尺高的三极真空管园顶，有1490个树脂玻璃园盖。温室内有五百多种沙漠、雨林或热带生长的奇花异草，植物花卉，全年盛开。里面还有飞满一百多种鸟类的热带园等。温室西面的日本木拱桥，桥边有颗"世纪岩"，下面埋了个铜制的1954年时间锦囊，由100年以后即2054年的人类开封。

四季餐厅（Seasons in the Park）

四季餐厅位于突出的峭壁上，视野绝佳，尤其是晚餐时还可欣赏到温哥华万家灯火的迷人夜景。餐厅是1961年为庆祝温哥华市建市75周年而建立的，至今已经半个多世纪，餐厅因1993年温哥华主办美俄高峰会时，时任美国总统克林顿和俄罗斯总统叶利钦在此举行午餐会而名噪一时。

铜雕刀锋（The Edge）

英国现代派雕塑家亨利·摩尔（Henry Moore）的作品，名字叫作"刀锋"。这座铜雕，由现代艺术收藏家布鲁代尔·普伦蒂斯（Brudel Prentice）捐献。"刀锋"之所以称之为现代派雕塑，因为它是用抽象的表现形式来呈现艺术。

范度森植物园
（VanDusen Botanical Garden）

地址：5251 Oak Street，Vancouver BC V6M 4H1

官网：https://vandusengarden.org/

门票：见官网

停车：收费停车场，按小时计费

位于温哥华橡树街（Oak Street）和西37大道（West 37th Avenue）的范杜森植物园，占地55英亩（22公顷），植物园的名称来自于当地的伐木工人和慈善家怀特福·R.范度森（Whiteford R. VanDusen）。1975年这里向公众开放，是温哥华市区中一个面积较大的收费植物园。园内除了加拿大和本地的植物外，植物园里还有来自世界各地，包括南非、喜马拉雅山、南美和地中海的植物。植物园内分为几个不同主题的花园，如喜马拉雅山中式花园和杜鹃园，还有用3000棵小柏树建成的迷宫，更是老少咸宜游览项目。于2011年10月投入使用的新建游客中心，整座建筑仿如植物一般，能收集和循环所有水分的同时，还能从土地和太阳里吸收光和热量用于空调的运作，是世界上第4个获得"生态建筑"认证殊荣的建筑。植物园每年圣诞期间的夜晚都会举行圣诞灯节（Festival of Lights），园内布满美丽的圣诞灯饰，仿佛仙境一般。其中一个重点灯饰展就在植物。每晚园内的利文斯通湖（Livingstone Lake）于指定时间内表演灯光秀"舞动圣诞灯"（Dancing Lights），湖周边的圣诞灯饰会随着圣诞歌曲跳动闪烁，非常漂亮。

沉船滩
（Wreck Beach）

地址：SW Marine Drive, Vancouver, BC V6T 1Z4

停车：收费停车场，按小时计费

沉船滩位于不列颠哥伦比亚大学（University of British Columbia）校区西南不远处。温哥华的沉船滩是国际上著名的"天体海滩"，全长7.8公里。沉船滩有树林作屏障，相当隐秘，加上其原始未受污染

的自然风光，被视为世界上最好的天体海滩之一。沉船滩虽然被称作"天体海滩"，它官方名称是"着装自选海滩"（clothing-optional beaches），指的是在海滩上可以穿衣服，也可以不穿衣服。裸体主义者认为，不裸体的人有好多海滩可以去，"着装自选"海滩应该主要供裸体者使用，这样他们才能放松地享受自己选择的生活方式。

贴心小贴士

沉船滩入口位于大学6号门（Trail 6）附近，需通过一条下坡482级的石阶方到达。

请尊重裸体主义者的生活方式，并遵守有关在裸体海滩上应有的礼仪规定。例如不要近距离盯着裸体看，不要对着裸体拍照和录像等。

人类学博物馆
（Museum of Anthropology）

地址：6393 NW Marine Drive, Vancouver, BC V6T 1Z2

官网：moa.ubc.ca

门票：见官网

停车：街边计时，有最长停车时限或室内收费停车场

人类学博物馆位于加拿大温哥华的不列颠哥伦比亚大学（University of British Columbia）校区内，建于1947年，由加拿大知名建筑师Arthur Erickson设计，以水泥和玻璃为主要的建筑材料，外形仿照加拿大西北海岸原住民的房屋结构，后方临海的广场，被图腾柱环绕。数千年来，海岸赛利希（Coast Salish）族人一直定居在温哥华地区，有其独特的语言和文化。馆内主要收藏有第一民族原住民的文物和藏品16000件。它不仅仅是一座博物馆，还是相关领域的教学和学术研究所。

人类学博物馆的镇馆之宝是当地最著名的原住民雕刻家比尔·里德的木雕作品——"渡鸦与人类的诞生"（The Raven and the First Men）。木雕叙说着一个古老的海达族神话——人类的起源：一天，大渡鸦看到了一只非常特别的大蛤蚌，有许多小小的人类从蛤蚌里往外探头探脑。于是，渡鸦上前又哄又劝，诱导人类离开蛤蚌加入它的世界。起初一些人并不愿意离开，但好奇心驱使着他们，使他们最终还是离开了半张开的巨大蛤蚌，走了出来。他们就是最早的海达人。

不列颠哥伦比亚大学
（University of British Columbia，UBC）

地址：2329 West Mall， Vancouver，BC V6T 1Z4

官网：https://www.ubc.ca

不列颠哥伦比亚大学，又译为英属哥伦比亚大学等，简称卑诗大学或卑大，是一所位于加拿大卑斯省的公立大学，也是U15大学联盟、英联邦大学协会、环太平洋大学联盟和Universitas 21成员之一。截至目前，不列颠哥伦比亚大学共培养了8位诺贝尔奖得主，在校学生 66747人。不列颠哥伦比亚大学成立于1908年，当年是为满足不列颠哥伦比亚省民众对高等教育的需求而通过《不列颠哥伦比亚省大学法案》创立的，最初为麦吉尔大学不列颠哥伦比亚学院（McGill University College of British Columbia），一直到1915年，学位皆通过麦吉尔大学授予。大学的校区最终在1910年被定在温哥华西端一块向原住民租来的土地（University Endorsment）上，随后开始建设校园。大学现有11个学部（Faculty）， 3所书院（College），13所学院（School），1 所成人教育学院和位于基隆拿市（Kwlowna）成立于2005年的新校区，称为英属哥伦比亚大学奥肯拿根分校（UBC Okanagan campus），取代原奥肯拿根大学学院。

校训： Tuum est（拉丁文）

It is yours It is up to you（靠你自己）

温哥华美术馆
（The Vancouver Art Gallery）

地址：750 Hornby Street, Vancouver, BC V6Z 2H7

官网：vanartgallery.bc.ca

门票：见官网

停车：街边计时，有最长停车时限或室内收费停车场

温哥华美术馆位于温哥华市中心，这栋建筑曾经是卑斯省高等法院，一共四层。一楼是各种服务设施和纪念品商店；二楼经常举办各类大型的世界著名画作展览；三楼是著名的已故本土艺术家艾米丽·卡尔（Emily Carr）作品收藏馆；四楼的长廊，可以欣赏到圆拱顶和碧雕等精美的图案。美术馆门外前广场是重大聚会、露天音乐会的举办处，美术馆大楼亦是众多电影的取景地。

温哥华博物馆
（Museum of Vancouver – MOV）

地址：1100 Chestnut St, Vancouver, BC V6J 3J9

官网：https://museumofvancouver.ca

门票：见官网

停车：街边计时，有最长停车时限或收费停车场

温哥华博物馆坐落于温哥华西端原住民海岸萨里什族（Coast Salish）的传统的居住地上，位于基斯兰奴（Kitsilano）附近的凡尼尔公园（Vanier Park）。整座建筑像一只太空飞碟。该博物馆成立于1894年，作为加拿大最大的市政博物馆，也是温哥华最古老的博物馆，博物馆展示BC省发展史，早期的历史文物、原住民的艺术作品、早期城镇的照片、考古资料等。这里通过展品将温哥华人连接起来，将城市与世界连接起来。虽说展品陈列的都是那些在生活中可能并不起眼的东西，但这些简单的物品聚集在一起，形成了城市发展的脉络，仿佛一条时光隧道，置身其中，犹如亲身经历了这座城市的成长。温哥华博物馆与温哥华海事博物馆（Vancouver Maritime Museum）、巴德海滩（Bard on the Beach）、温哥华档案馆（Vancouver Police Museum & Archives）和温哥华音乐学院（Vancouver Academy of Music）共享一座公园。

温哥华科学世界
（Vancouver Science World）

地址：1455 Quebec Street, Vancouver, BC V6A 3Z7

官网：www.scienceworld.ca

门票：见官网

停车：收费停车场

温哥华科学世界这个巨大的网格球顶建筑毗邻福溪（False Creek）海湾而建，是温哥华的地标之一，它曾经是1986年温哥华世博会（Vancouver Expo 1986）的加拿大馆，世博会结束后经改造成为温哥华科学世界。这里是一个将实践科学与自然展览馆相结合的科学世界，里面还有一个IMAX电影院和科学剧场，每天都会上演和科学相关的电影和演出，是个寓教于乐的好地方。每当夜幕降临、华灯初上，通体闪耀着灯光的球体倒映水中，视觉体验极其壮观。

本拿比
Burnaby

地址：Great Vancouver，BC
官网：https://www.burnaby.ca

本拿比位于大温哥华的中心位置，占地约99平方千米，人口约24万。本拿比于1892年成立，于100年后升级为"市"，它是大温哥华区域局的成员之一，并且是区域局行政总部的所在地。本拿比是以当时的省督查德·穆迪（Richard C.Moody）上校的私人秘书罗伯特·本拿比（Robert Burnaby）命名。本拿比的地势由海平面一直升高到海拔370米，最高处位于本那比山（Burnaby Mountain）上。本拿比市中心发展迅速，它是大温哥华第三大城市。市民大部分是世界各国的移民，根据2016年人口普查报告显示，本拿比市有超过54%的人的母语不是英语或法语。很多科技公司、高技术研究、电影和电视演播室都设置在本拿比。西门菲莎大学（Simon Fraser University）和不列颠哥伦比亚理工学院（British Columbia Institute of Technology）均位于本拿比。

好 玩 景 点

本拿比中央公园
（Central Park）

地址：3856 Imperial St，Burnaby，BC V5J 1A2

门票：免费

停车：收费停车场，按小时计费

公园位于温哥华—本拿比边界，建于1891年，占地90公顷，是本拿比的一座城市公园。中央公园的大部分土地是一个保存完好的温带雨林生态系统，公园中的木材曾经是皇家海军船舰木制桅杆的来源地。林中有众多的步道。园内还有儿童游乐场，高尔夫球场，室外游泳池，草坪保龄球场，网球场，多个野餐区和一双鸭池塘。温哥华体育场—温哥华白帽足球队的训练场，位于中央公园的西北角。公园里有灰松鼠和土狼等野生动物。

本拿比山公园
（Burnaby Mountain Park）

地址：800 Burnaby Mountain Pkwy，Burnaby，BC V5A 1G9

停车：收费停车场，按小时计费。

本拿比山位于西蒙·菲沙大学（Simon Fraser University）西侧，海拔370米，俯瞰着布拉德内湾（Burrard Inlet）。 1995年11月，BC省政府和西蒙·菲沙大学达成协议，将330公顷的大学土地转让给本拿比市，纳入本拿比山保护区，山上有鹿、浣熊、郊狼和黑熊等野生动物。本拿比山公园内收藏有图腾柱，本拿比与日本钏路市结为姊妹城市的纪念碑和玫瑰花园。

❤️暖心推荐景点❤️

地平线餐厅（Horizons Restaurant）

地平线餐厅可以让顾客一边用餐一边欣赏大温哥华东面和北面的印第安湾（Indian Inlet）的壮美风光。

山地自行车道

本拿比山以其山地自行车道和越野障碍车道而闻名。这里海拔比较高，如果有兴趣，您可以在此一显身手。

冬季雪橇运动

冬季本拿比山较高的地方常会下雪，每年在山上百年纪念公园举行的雪橇运动是一种老少咸宜的消遣运动。

本拿比湖公园
（Burnaby Lake Regional Park）

地址：4519 Piper Ave，Burnaby，BC V5A 3B5

官网：https://www.burnaby.ca

停车：收费停车场，按小时计费

本拿比湖是一个冰川湖，位于本拿比市中心，建立于1977年，大约在1.2万年前地球的最后一个冰河期结束时形成，占地3.11平方千米。一个世纪以前，这里是繁忙的锯木厂所在地，今天，这里成为一处野生动物保护区。湖岸边建有一座观景塔，在那里观鸟者经常会看到大蓝鹭（great blue heron）、秃鹰(bald eagle)、翠鸟(kingfisher)和鱼鹰(fish kawk)。您还可以划独木舟或皮划艇观赏湖光掠影，近距离观察沼泽中的海狸（beaver）、潜水鸭（diving duck）和乌龟(turtle)。公园内种植有400多种植物，70种鸟类以湖泊及周边地区为家园，全年约有214种鸟类造访本拿比湖。

贴心小贴士

绕着整个湖泊有一条19千米长的步行和远足道，供市民健走。

本拿比马术中心就在湖边，沿湖的南侧和东侧有一条6千米的骑马路。

本拿比独木舟和皮划艇俱乐部和本拿比湖划船俱乐部位于湖西端的本拿比湖馆。

鹿湖公园
（Deer Lake Park）

地址：5435 Sperling Ave，Burnaby，BC V5E 2T2

官网：https://www.burnaby.ca

停车：收费停车场，按小时计费

鹿湖是位于本拿比中部的一个湖泊，园区内有多条步道，这些小径将湖泊及其周围的小船下水码头、野餐场地、游乐场、本那比艺术画廊（Burnaby Art Gallery）、Shadbolt艺术中心（Shadbolt Centre）、本拿比村博物馆（Burnaby Village Museum）和世纪花园（Century Gardens）连接起来。鹿湖是各种动植物的家园。

❤️暖心推荐景点❤️

本拿比艺术画廊（Burnaby Art Gallery）

本拿比艺术画廊（Burnaby Art Gallery）

地址：6344 Deer Lake Avenue, Burnaby, BC V5G 2J3

官网：https://www.burnaby.ca/recreation-and-arts/arts-and-culture-facilities/burnaby-art-gallery

门票：接受捐献

本拿比艺术画廊位于Fairacres Mansion（Ceperley House大厦）内，于1967年设立，永久馆藏有历代和当代艺术家的6000多件艺术作品。画廊展览会每年选取多样化内容的展品，包括代表社区的作品，展示不同文化

的艺术家们运用多种艺术语言，为多元文化的生活经历贡献的才华。

夏伯特艺术中心（Shadbolt Centre for Arts）

地址：6450 Deer Lake Ave，Burnaby，BC V5G 2J3

官网：https://www.burnaby.ca/recreation-and-arts/arts-and-culture-facilities/shadbolt-centre-for-the-arts

夏博尔特艺术中心位于风景如画的鹿湖公园，是一个多用途设施。该中心提供现场表演，为所有年龄段的人提供艺术节目，举办社区活动、节日庆典和各类艺术课程。每年会在此举办露天音乐会和夏季音乐节。

本拿比村博物馆（Burnaby Village Museum）

地址：6501 Deer Lake Ave，Burnaby，BC V5G 3T6

官网：https://www.burnabyvillage-museum.ca/

门票：免费

本拿比村博物馆是一座民俗文化村，位于鹿湖公园（Deer Lake Park）内的露天博物馆。馆内展示的是1890至1925年间大温低陆平原的建筑与市容，来到这里您可以了解当年的生活情景。博物馆占地面积10英亩，包括31栋完整的大型建筑，村内的街道两边是当时的邮局、银行、教堂、店铺、铁器作坊、印刷车间以及剧院、学校等，虽然都是仿造的建筑，但无论建筑风格还是房屋内的陈设都保持着原始的风貌。村内有身着传统服饰的讲解员负责讲解和导览。

历史古迹原件包括一栋原来就坐落在村内原址的接近百年的农宅，古朴典雅的有轨电车Interurban 1223号。

您可以在一台武利策管风琴（Wurlitzer Band Organ）奏出的美妙音乐陪伴下，乘坐古老的1912年帕克旋转木马（1912 CW Parker Carousel），体验个中乐趣。

博物馆内的设施包括野餐桌、礼品店和一个提供简餐及小吃的冷饮店。

铁道镇大都会商场
（Metropolis at Metrotown）

4700 Kingsway #604，Burnaby，BC V5H 4N2

官网：https://metropolisatmetrotown.com/

停车：3小时室外或地下免费停车，提供8500个停车位。

铁道镇大都会商场是位于本那比市高架快速公交系统（Skytrain）铁道镇站（Metrotown）附近的三层大型购物中心，于1986年开业，是不列颠哥伦比亚省最大的购物中心，也是加拿大第三大购物中心，仅次于艾伯塔省的西埃德蒙顿购物中心（Edmonton Western Mall）和安大略省的一号广场购物中心（Square One Shopping Centre）。这里在1992年添加了一个扩展翼，中心内有超过450家商店，包括一些大型百货公司和一家有6间大荧幕影厅的电影院Cineplex Cinemas Metropolis。亚洲主题的水晶商城（Crystal Mall）于2000年在铁道镇商场附近开业。

西蒙弗雷泽大学/西门菲沙大学
（Simon Fraser University，SFU）

地址：8888 University Dr，Burnaby，BC V5A 1S6

官网：https://www.sfu.ca

校训：Nous sommes prêts
　　　我们已经准备好了

西蒙弗雷泽大学，或称西门菲沙大学、西蒙菲莎大学，是加拿大一所公立大学，主校园坐落于不列颠哥伦比亚省本那比（Buranby），另有两座分别位于温哥华市中心（Vancouver Downtown）及素里（Surrey）的附属校园。西蒙菲莎大学于1965年创立，以探索温哥华地区的英国探险家西门·菲沙的名字命名。该校是唯一一所参与美国全国大学体育协会的加拿大大学。它也是加拿大名校之一，在国内外都享有良好的声誉，多次在麦克林的年度大学排名榜上被评为加拿大最佳综合学府。此外，学校在人机交互（human computer interaction，HCI）、计算机科学和商科领域均位居世界前列。在50余年的办学历程中，共产生出1位普立兹奖得主和43位加拿大皇家科学院院士。

学校有8所学院，分别为应用科学院，人文与社会学院，工商管理学院，传理、艺术与科技学院，教育学院，环境学院，健康科学院及理学院。本科以及研究生课程均采用三学期制，在校学生30000人。

列治文
Richmond

地址：Great Vancouver A，BC
官网：https://www.richmond.ca
　　　www.visitrichmondbc.com

　　列治文，又称为"里士满"，位于太平洋沿岸，占地约130平方千米，人口约22万，是大温哥华区域局的成员之一，其中鲁鲁岛（Lulu Island）面积最大、人口最稠密，海岛（Sea Island）为第二大岛，是温哥华国际机场（YVR）的所在地。列治文于1990年12月3日正式升级为市（city）。由于列治文市的所有土地都是属于冲积平原，使得这地区拥有大量肥沃的土壤，因此这里成为19世纪欧洲人在卑斯省首个被开垦的地区之一。列治文的渔业于19世纪80年代发展，来自日本的渔民、被遣散的铁路华工和原住民陆续到列治文的渔工场和船厂工作。

鲁鲁岛（LuLu Island）西南部的渔村史提夫斯顿（Stevenston Village）发展成区内的渔业重镇，现在此处仍然有一个渔人码头（Fisherman's Wharf），是多个博物馆和历史遗迹的所在地。列治文虽然不是大温哥华地区华人绝对人口最多的城市，却是华人居民比例最高的城市，也是北美地区唯一一个华人人口比例超过50%的城市。市内密布各色风味的中式饭馆、中式购物中心、商店、超市和中药店，街道两旁汉字招牌比比皆是，有时甚至会让人产生错觉，自己仿佛置身在中国国内的某个城市。

史提夫斯顿渔村历史遗址
（Steveston Historic Fishing Village）

位于列治文菲沙河（Fraser River）河口，又称为史提夫斯顿，坐落于鲁鲁岛的西南角。

当W.H.史提夫斯在1886年购买土地并开始规划史提夫斯顿时，他想象着建设一个可以与温哥华匹敌的城镇。随后罐头厂、商店、农场和住宅都建立起来了。人们从世界各地迁徙过来，小镇在19世纪90年代到20世纪10年代蓬勃发展。然而从1913年起，三文鱼业开始衰落，经过1918年的一场毁灭性大火和1930年的大萧条，到1942年，史提夫斯顿已失去了一半以上的人口和企业，二战时期日本人后裔被遣送至拘留营。这个城镇幸存了下来。如今，史提夫斯顿以其渔村氛围、滨水美景、海鲜和历史遗址而成为世界闻名的旅游胜地。

史提夫斯顿博物馆
（Steveston Historical Society）

地址：3811 Moncton Street，Richmond，BC V7E 3A7

官网：https://www.visitrichmondbc.com

门票：自愿捐献

停车：街道计时，收费停车场

史提夫斯顿博物馆位于加拿大不列颠哥伦比亚省史提夫斯顿村中心的蒙克顿街（Moncton Street）3811号，由史提夫斯顿历史协会（Steveston Historical Society）运营。该建筑建于1905年，是史提夫斯顿（Steveston）的第一家银行所在地。当时是鱼罐头制造业的繁荣时期，博物馆的展品还原了这个位于列治文东南角的渔农村——史提夫斯顿的故事。主楼层陈列的是当年银行经理办公室，里面有20世纪早期的家具、办公用品和其他陈列品。楼上是一间银行工作人员的办公室、会议室和起居室，他们还须兼任值班员和保安员的工作。博物馆还有日本人和中国人的文物，反映了当时他们和史提夫斯顿之间的联系。墙上的旧照片展示了加拿大西海岸最古老渔港之一的历史风貌。

乔治亚海湾罐头厂
（Gulf of Georgia Cannery National Historic Site）

地址：12138 Fourth Ave，Richmond，BC V7E 3J1

官网：https://gulfofgeorgiacannery.org

门票：见官网

停车：街道计时，收费停车场

乔治亚海湾罐头厂是加拿大的国家历史遗址，位于列治文的史提夫斯顿村。19世纪90年代，随着菲沙河的三文鱼罐头厂陆续在此开设，史提夫斯顿村成为菲沙河下游的渔产品加工业重镇，开启了它的繁荣岁月。乔治亚海湾罐头厂建于1894年，19世纪末大量日本移民群聚于此，在三文鱼罐头厂打工。二战后区内的罐头厂相继停业。今天，它是一个博物馆，通过实物、影片和照片，展现了罐头厂当年在加拿大西海岸捕鱼业历史中的重要作用。乔治亚海湾罐头厂被定为国家历史古迹，并从1994年起对外开放。

渔人码头

地址：Steveston，BC

官网：https://stevestonharbour.com/

停车：街道计时，收费停车场

渔人码头，每日都有新鲜捕捞的各种虾、蟹、鱼、贝等售卖，分量足，价格便宜。如果赶在三文鱼洄游，斑点虾或龙虾季，则可以买到一手的三文鱼、斑点虾和大龙虾，肉质鲜美至极。码头有多家餐馆专做海鲜，每家都是用当日出产海鲜做出各种菜式，是喜爱海鲜的游客必到之地。您还可以从这里出海观鲸。史提夫斯顿三文鱼节从1945年起，在每年加拿大国庆日7月1日举行。

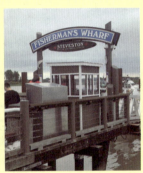

不列颠造船厂国家历史遗迹
（ Britannia Shipyards National Historic Site ）

地址：5180 Westwater Dr，Richmond，BC V7E 6P3

官网：https://britanniashipyard.ca

门票：见官网

停车：街道计时，收费停车场

不列颠造船厂建筑最初是作为罐头厂建造的，始建于1889年，后被改建为ABC包装公司的造船厂和渔船的海上修理厂。遗迹里许多建筑可追溯到1885年。当年不列颠罐头厂和不列颠造船厂有多民族居民和工人工作和生活在这里，包括中国人、欧洲人、原住民和日本人。这批建筑具有历史价值，1992年被加拿大国家历史遗迹委员会评定为国家历史遗迹。

加里角公园
（ Garry Point Park ）

地址：12011 Seventh Ave，Richmond，BC V7E 4X2

停车：街道计时，收费停车场

加利角公园位于列治文市史提夫斯顿社区。公园占地0.30平方千米（75英亩），园内有约2.6千米长的步行小径、史提夫斯顿渔人纪念碑、日式风格的工野花园（Kuno Garden）和苏格兰池塘（Scotland Pond）；有放置原木的海滩，宽大的露天野餐区和放风筝的区域，而公园的地标渔夫针（Fisherman's Needle）雕塑在公园的南侧。这里是列治文看日落最好的地方之一。

爱奥那海滩地区公园
（ Iona Beach Regional Park ）

地址：900 Ferguson Road，Richmond，BC V7B 1W7

官网：metrovancouver.org

停车：免费，有最长时间限制

爱奥那海滩地区公园位于列治文温哥华国际机场（Vancouver International Airport）的西北部。这是一个陆地和海洋的交界处，是观赏飞机起降、来往船泊和海浪的绝佳场所。沿着4公里长的防波堤走向夕阳，是一种愉快的感受。

伦敦遗址农场
（London Heritage Farm）

地址：6511 Dyke Rd，Richmond，BC V7E 3R3

官网：https://www.visitrichmondbc.com

门票：自愿捐献

停车：免费，有最长时间限制

伦敦遗址农场（London Heritage Farm）是一个占地4.06英亩的历史遗迹，其中包括19世纪80年代的伦敦家庭农舍和一个可以俯瞰弗雷泽河南岸的公园。农舍设有茶室，礼品店和六个展示室。

伦敦遗产农场是里士满最早的农场之一。1898年，查尔斯和亨丽埃塔·伦敦（Charles and Henrietta London）在这片土地上建造了一座小农舍，后经过扩建，他们的房子越来越大，可以容纳他们的八个孩子、亲戚和农场工人。二层楼的白色农舍（Farm House）建于1906年，楼内六个房间展示了那个时代的家具、照片、衣服、被子和日常用品，房子里挂着许多伦敦一家的照片，从中可以一窥他们的生活。楼下的客厅改成茶室（Tea Room），到了周末的下午开放让游客参观，并可在此享用英式下午茶。1978年列治文市购买了房子和土地的所有权，并将其指定为列市遗址，交由伦敦遗产农场协会经营。

列治文自然公园
（Richmond Nature Park）

地址：11851 Westminster Hwy，Richmond，BC V6X 1B4

官网：https://www.visitrichmondbc.com

门票：见官网

停车：免费，有最长时间限制

列治文自然公园位于列治文市的沼泽森林自然公园，占地200英亩（81公顷），于1968年设立。公园有四条健行步道，蜿蜒的小径总长约5千米，游客可以在泥炭沼泽、森林和池塘之间行走，探索沼泽、森林内动植物和野生动物。自然公园由非营利组织自然公园协会管理和运营。

列治文中心
（CF Richmond Centre）

地址：6551 No. 3 Rd，Richmond，BC V6Y 2B6

官网：https://www.cfshops.com

停车：免费，有最长时间限制

列治文中心（CF Richmond Center）是列治文的大型购物中心，商场面积：71201.5平方米（766,407平方英尺），有250间零售店、百货公司、餐厅和美食广场，落成于1980年。它的街道地址在3号路（No.3 Road），向西一直延伸到明纳鲁大道（Minoru Blvd），向南延伸到格兰威尔大道（Granville Avenue）。列治文市政厅（Richmond City Hall）就在购物中心的南面。整个购物中心呈一个大长方形布局，北端是海湾百货公司（Hudson's Bay）。南端是体育用品零售商（SportChek）。

温哥华机场奥特莱斯
（McArthurGlen Designer Outlet）

地址：1000-7899 Templeton Station Rd，Richmond，BC V7B 0B7

官网：https://www.mcarthurglen.com

停车：免费，有最长时间限制

温哥华机场奥特莱斯购物中心位于温哥华国际机场附近。目前，该中心已完成两期扩建，约有145家零售商，面积超过34万平方英尺。奥特莱斯汇集了很多欧洲和北美著名品牌的时装、鞋帽、珠宝首饰、家居用品等。奥特莱斯和机场之间的轻轨交通是免费的，离加拿大线的Templeton天车站只有数步之遥。

列治文奥林匹克椭圆速滑馆
（**Richmond Olympic Oval**）

地址：6111 River Rd，Richmond，BC
V7C 0A2

官网：https://richmondoval.ca

停车：收费停车场

列治文奥林匹克椭圆速滑馆位于列治文，是2010年温哥华冬季奥运会（2010 Vancouver Winter Olympic Games）的速度滑冰比赛场馆以及禁药化验中心所在。场馆于2006年11月17日动工，并于2008年12月12日正式开幕。整项工程耗资1亿7800万加元。它是一个32000平方米的多用途设施，能够举办各种各样的夏季和冬季运动、娱乐、健身、文化和社区活动。在2010年冬奥会上，场地内有一条400米长的速滑跑道，并可容纳约8000名观众。椭圆速滑馆现已经成为列治文的活动中心，其建筑曾获得结构工程师学会颁发的体育/休闲建筑最高奖。

贴心小贴士

列治文盛产蓝莓（blue berry）、樱桃（cherry）、黑莓（black berry）、树莓（raspberry）。每到收获季节，很多果园农场欢迎自采，这已成为一家大小全体出动的亲子活动之一。

史提夫斯顿村每年于加拿大日（7月1日）都会举行三文鱼节。届时在史提夫斯顿社区中心外面会摆卖烤三文鱼和举行嘉年华会。各级政府的民意代表都以参加加拿大日游行或派发加拿大国旗的形式出席这项社区盛事，与民同乐。

渔人码头购买海鲜贴士

官网：https://stevestonharbour.com/fishermans-wharf/

直接向渔船上购买，没有销售税，渔船星期六回港的数量较多。以下为一年中不同月份可以买到的海鲜（供参考）：

大比目鱼（Halibut）	2月至11月
长鳍金枪鱼（Albacore tuna）	6月至10月
银鲑鱼（Coho Salmon）	渔获非常有限，每年不同，有可能无货
粉红三文鱼（Pink salmon）	7月至8月
红鲑鱼（Sockeye salmon）	7月至9月
狗鲑（Chum salmon）	7月至11月
珍宝蟹（Dungeness crab）	全年按海域轮流捕捞，无固定日期
石斑鱼（Rockfish）	全年按海域轮流捕捞，无固定日期
剑鱼/黑鳕鱼（Sablefish / black cod）	全年
海胆（Sea urchin）	全年
虾（Shrimp）	全年按海域轮流捕捞，无固定日期
斑点虾（Spot prawns）	5至6月
鳎鱼（Sole）	全年

史提夫斯顿比萨（Steveston Pizza Company）
地址：3400 Moncton St #100，Richmond，BC V7E 3A2
官网：https://www.stevestonpizza.com
网红比萨店，最贵的一款盛惠加元850，有机会可以一试。
850加元比萨的配料：虎虾、法式龙虾、烟熏虹鳟鱼、俄罗斯Osetra鱼子酱、意大利白松露

海达人之精神——碧玉独木舟雕塑
（The Spirit of Haida Wgii: The Jade Canoe）

地址：3211 Grant McConachie Way
官网：www.yvr.ca

海达人之精神——碧玉独木舟雕塑安放在温哥华机场的二楼国际线出境大厅。由加拿大国宝级艺术家比尔·里德（Bill Reid）创作。他在1920出生于温哥华岛的维多利亚（Victoria）。父亲是美国白人，母亲是海达部族原住民。比尔毕生致力于振兴西北海岸原住民传统文化艺术，于1998年逝世。在雕塑中，我们可以看到两个原住民与许多动物，包括鹰、狼、青蛙、渡鸦等共乘一船。整件作品以中央戴帽的人为中心，他奋力划桨，动物围绕船周，整件作品展现出人及动物为生存而奋力不懈的形象，强烈地呈现出BC省西北海岸群岛中的海达部族的艺术风格。"Haida Wgii"是"岛之居民"的意思。这件作品是由艺术家在1986年先以1/6的比例，由黏土制作模型，再于1988年完成真正比例：长约6米，高4米，宽3.5米。1991年，第一件浇注铜铸件诞生，他在铜铸件上用铜绿翠彩着色使整件作品有碧玉般的光泽，1996年海达人之精神——碧玉独木舟雕塑开始在机场二楼国际出境大厅作永久展出。该雕塑被用作加币20元纸钞的背景。

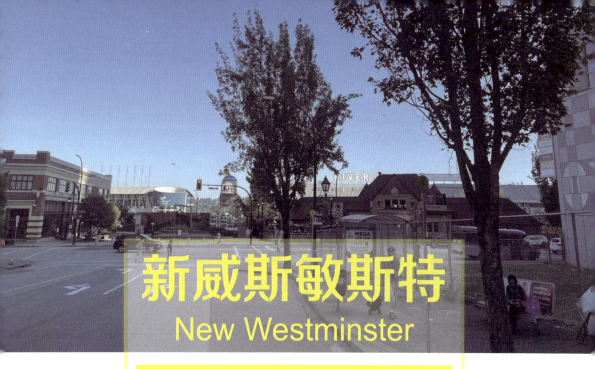

新威斯敏斯特
New Westminster

地址：New Westminster，BC
官网：https://www.newwestcity.ca

新威斯敏斯特（新西敏市），当地华人常称作"二埠"，是大不列颠哥伦比亚省大温哥华地区的历史名城，于1859年至1866年期间曾经是不列颠哥伦比亚殖民地的首府。英国维多利亚女王将其命名为新威斯敏斯特，城市获得了官方的绰号"皇家城市"（Royal City）。新威斯敏斯特市位于菲沙河北岸，占地15.63平方千米，人口约7.1万，是大温哥华区域局的成员之一。

和海滨组成。哥伦比亚街被称为"黄金一英里"（Golden mile），从独特的古董淘宝商店和屡获殊荣的现代美食餐厅，到流动餐车，新西敏市中心是弗雷泽山谷地区（Fraser Valley）的主要商业服务中心。

新西敏市中心
（Downtown New West）

地址：Columbia St，New Westminster，BC V3L 1B1

官网：https://www.downtownnewwest.ca/

停车：街边计时，有最长停车限制

新西敏市中心由历史建筑、风景公园

加拿大自驾游宝典

萨姆森五号博物馆
（Samson V Museum）

地址：880 Quayside Dr, New Westminster，BC V3M 6G1

官网：https://www.newwestcity.ca

门票：见官网

萨姆森五号于1937年下水，是联邦公共工程部为弗雷泽河建造的最后一艘蒸汽动力木制旋转尾桨轮船，排水量418吨，甲板高度115英尺，是一系列类似船只中的第五艘，这些船只用于清理残骸、测量、维护航标设备和政府码头。萨姆森五号于1980年退休，并以1美元的价格出售给新威斯敏斯特市，前提是该船将被博物馆保存。萨姆森五号至今仍然是北美唯一一艘完整的蒸汽动力木质旋转尾桨轮船。

菲沙河探索中心
（Fraser River Discovery Centre）

地址：788 Quayside Dr, New Westminster，BC V3M 6Z6

官网：https://fraserriverdiscovery.org

门票：见官网

停车：室内收费停车场

菲沙河（或称弗雷泽河）探索中心位于萨利什人海岸（Coast Salishi）的传统领地——菲沙河畔，它是一处探索菲沙河的展馆。来此参观可了解整个菲沙河区域的历史故事和相关发展，它展现了这条河对BC省人民的生活息息相关的历史和未来。2017年，中心推出了"工作河之旅"（Journey Through the Working River），通过可持续发展的视角来讲述鲜活的、进取的弗雷泽河的经济故事。

河畔市场
（River Market）

地址：810 Quayside Dr, New Westminster，BC V3M 6B9

官网：https://rivermarket.ca

河畔市场位于新威斯敏斯特市中心，弗雷泽河旁边。市场超过7万平方英尺的面积供您购物、就餐和娱乐，内有50多家各具特色的摊档和铺位，贩售从西海岸新鲜海鲜，到手工制作的巧克力，从原住民特色的手工艺品，到各式鲜花和蔬果。

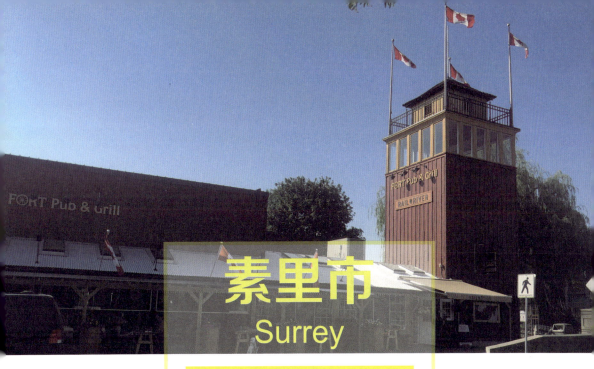

素里市
Surrey

地址：City in British Columbia
官网：https://www.surrey.ca

素里位于菲沙河（Fraser River）南岸，于1879年成立，并于1993年正式升级为市，面积317平方千米，人口约518万，南面和美国华盛顿州接壤。该市划分了6个社区：克洛弗代尔（Cloverdale）、弗利特伍德（Fleetwood）、吉尔福德（Guildford）、纽顿（Newton）、南素里（South Surry）和惠利（Whalley）。素里是卑诗省人口数量排第二的城市。素里市有"公园之城"的美誉，拥有超过5600英亩的公园面积，15个高尔夫球场以及12英亩的人造湖，还有19世纪早期拓荒者的红木公园（Redwood Park），Tynehead Regional Park，Bear Creek Park，Green Timbers Park，及Serpentine Fen等。

专业教育方面，西门菲沙大学、昆特仑理工大学和道格拉斯学院等院校皆于素里市设有校园。西门菲沙大学的素里分校位于素里中央城大楼。

泰恩海德区域公园
（Tynehead Regional Park）

地址：16689 96 Ave，Surrey，BC V4N 6G8

官网：http://www.metrovancouver.org/services/parks/parks-greenways-reserves/tynehead-regional-park

门票：免费

停车：景区停车场

泰恩海德区域公园位于素里（Surrey）的1号横加公路（HWY 1）旁，园内有260公顷的草地和森林，可以骑自行车、野餐、遛狗。上蛇纹石河（Upper Serpentine River）的河道上建有泰恩海德三文鱼孵化场（Serpentine Hatchery），这里是鳟鱼、三文鱼产卵和人工养殖孵化地，每年的10月至12月可在孵化场的观景台上观看三文鱼产卵。这个公园有很多野生动物，它是猫头鹰、老鹰和郊狼的栖息地。

加拿大自驾游宝典

贴心小贴士

泰恩黑德公园是全家外出游玩的理想场所，有野餐桌、公共卫生间等设施。公园有许多小径，建议您事先规划自己的路线。建议从泰恩黑德孵化场的停车场开始步行，沿着蜿蜒河岸上的桦树林小径前行。园内步道长2.5至4.6千米（1.6至2.9英里）不等，没有大坡度，属易行步道。

和平拱门国际公园
（Peace Arch Park）

地址：138 Peace Park Dr, Surrey, BC V3S 9N8

美国地址：19 A Street, Blaine, WA 9823

官网：https://bcparks.ca/explore/parkpgs/peace_arch/

https://parks.state.wa.us›Peace-Arch

门票：免费

停车：景区停车场免费停车

和平拱门公园由两个国家的两个公园组成。公园北半部约9公顷（22英亩）归不列颠

哥伦比亚省省级公园（Peace Arch Provincial Park）所有，南半部约20英亩（8.1公顷）以及和平拱门纪念碑归美国华盛顿州立公园（Peace Arch Historical State Park）所有。公园位于加美两国陆地边界的最西端，加拿大不列颠哥伦比亚省素里（Surrey, BC）和美国华盛顿州布莱恩（Blaine, WA）的和平拱门边检站（也称为道格拉斯边检站 Douglas Border Crossing）之间。不列颠哥伦比亚省99号公路（HWY 99）和华盛顿州5号州际公路（Interstate 5）在此交汇。公园中这座20.5米（67英尺）高的混凝土拱门——和平拱门纪念碑（Peace Arch monument）位于北纬49度的加美边界线上，由美国律师萨姆·希尔（Sam Hill）负责建造，于1921年正式揭幕，它是为纪念1812年英美战争后签订的1814年根特和平条约（Treaty of Ghent）一百周年而建造的，该条约在加拿大和美国之间建立了一个和平、不设防的边界。和平拱门纪念碑顶上插了加拿大和美国的国旗；在拱门两边的腰线分别刻了两句座右铭，加拿大这边是"同舟共济"（Brethren Dwelling Together in Unity），美国那边是"同一母亲的孩子们"（Children of A Common Mother）；拱门内侧亦有两幅闸门形的铁画，画上也刻了两句座右铭，东边刻了"1814开放一百年（1814 Open One Hundred Years 1914）"，西边刻了"希望这道门永不关闭"（May These Gates Never Be Closed）。

贴心小贴士

游客在和平拱门国际公园（包括加拿大和美国两部分）范围内游玩拍照不用通关，原路去原途返。切记不可以用公园来穿过边境去美国！如不小心穿过边境检查站之后就不可以再用对方公园的出入口离开公园返回

加拿大，而必须进入对方的领土，到美国边境检查站通关。建议随身带上您的护照和证件。

每年6月，和平拱门历史州立公园都会举办国际艺术和音乐节，游客可以在这里听乐队演奏，购买当地工艺品，品尝食物和饮料。

吉尔福德镇中心
（Guildford Town Centre）

地址：10355 152 Street, Surrey, BC V3R 7C1l

官网：https://www.guildfordtowncentre.com

停车：免费停车

吉尔福德镇中心（Guildford Town Center）是位于素里市的购物中心，于1966年开业，它是低陆平原（Lower Mainland）最大的购物中心，也是不列颠哥伦比亚省的第三大购物中心，仅次于本拿比的铁道镇大都会商场（Metropolis at Metrotown）和西温哥华的皇家公园购物中心（Park Royal Shopping Centre）。该购物中心拥有250多家零售商店、百货公司和餐厅，总面积为111816.6平方米（1203584平方英尺），包括哈德逊湾百货（Hudson's Bay）、沃尔玛（Walmart）、伦敦药品（London Drugs）和老海军（Old Navy）等。2016年购物中心成立50周年，曾试图挑战世界上最大胡萝卜蛋糕的吉尼斯世界纪录。

中心城
（Central City）

地址：10153 King George Blvd, surrey, BC V3T 2W1

官网：Centralcity.ca

停车：免费停车

中心城（原名素里广场购物中心）是一个多用途开发项目，位于素里市，由一个购物中心、一个大学校园和一个办公大楼组成。商场面积57370平方米（617500平方英尺），有152个零售店和餐厅。中心城的塔楼是西蒙·弗雷泽大学（Simon Fraser University）三个校区之一。整个建筑位于素里中心（Surrey Central）和乔治国王（King George）两个天车站（Skytrain）之间，是素里仅次于吉尔福德镇中心（Guildford Town Center）的第二大购物中心。

白石镇
（White Rock）

地址：15322 White Rock Promenade, White Rock, BC V4B

官网：https://www.whiterockcity.ca

停车：街边计时，收费停车场，有限时规定

白石镇位于大温哥华南部，南临森美亚姆湾（Semiahmoo Bay），其余三方则被素里（Surrey）包围，美加边境亦近在咫尺。占地5.13平方千米，人口约2万。大温哥华区域局成员之一。白石镇是以它在海边的地标白石（White Rock）命名的。这块巨大的白色石头是冰河时期遗留下来的冰川沉积物，渔民们将它作为航海的目标。为了在天气不佳时也能看得见，他们将石头漆成白色，有一节还添加了磷，以便在夜里也能看见。任何季节都是游览白石的最佳时机，您可以游览海滩，漫步码头，在精品店购物，参观画廊，于手工酿酒厂品酒，或欣赏日落美景。无论你是花几个小时还是几天时间，都能找到自己的乐趣。

码头
（The Pier）

码头最初建于1914年，当时是北方大铁路货运至沿海轮船的码头。这座标志性的码头有伸入大海470米/1542英尺的木头栈桥，走到栈桥的末端是一望无际的大海。海边的火车铁轨与栈桥形成九十度的漂亮几何直线，大海、栈桥与远处的帆船构成一幅美景。

白石
（White Rock）

白石是白石镇的地标，人们最喜欢的摄影地点。这块岩石高4米多，估重486吨，被塞米阿穆第一民族（Semiahmoo First Nation）称为P'Quals。传说印第安土著崇敬

的海神的儿子，与名叫考威强的印第安部落酋长的女儿一见钟情，但他们的爱情遭到双方家长的反对。他们不顾一切要走到一起，海神的儿子举起一块白石，决定石头扔到哪里，二人就在哪里安家。于是他将白石扔到了现在所在的地方。他们从此以后就在这里建立了自己的部落，一代一代繁衍生息。

白石博物馆
（White Rock Museum & Archives）

地址：14970 Marine Drive，White Rock，BC V4B 1C4

官网：www.whiterockmuseum.ca

门票：见官网

白石博物馆位于白石码头旁，这座建筑是1913年北方大铁路的旧火车站，馆藏有该地区的历史文物和照片，在这里你可以了解这个社区的历史和发展沿革。

兰里
（Langley）

官网：https://city.langley.bc.ca
　　　https://www.tol.ca

　　兰里离温哥华 40 多千米，位于菲沙河南岸，西邻素里，北面隔河与匹特草原和枫树岭对望，东临阿伯茨福德，南接加美边境。兰里分为兰里市（Langley City）和兰里区（Township of Langley）各自独立的两个地方行政区，均为大温哥华区域局成员。兰里市占地约11平方千米，人口约2.6万人；兰里区占地约 316平方千米，约12万名居民。兰里一带在欧裔人来之前一直是斯托罗（Stó:lô）原住民的居住地。首批于此定居的欧裔人为哈德逊海湾公司（Hudison Bay Company）的皮毛交易员（fir trader）。他们于1827年在菲沙河边修筑了兰里堡（Fort Langley），为该公司在北美西岸一系列皮毛交易站（Trading Post）之一。皮毛主要也是通过兰里堡运送往欧洲。菲沙河的内陆流域于1858年出现淘金热，吸引大批淘金者涌往卑诗内陆，亦使兰里堡成为淘金者的主要补给站之一。

兰里堡国家历史遗迹
（Fort Langley National Historic Site）

　　地址：23433 Mavis Ave，Langley，BC V1M 2R5

　　官网：https://www.pc.gc.ca

　　门票：见官网

　　停车：收费停车

兰里堡建立于1827年，是欧洲人的定居点和皮毛贸易站。1858年，英国殖民地"不列颠哥伦比亚"（Colony of British Columbia），就是今天的BC省前身建立，这里成为当时的非正式省会。兰里堡之所以成为国家级历史遗迹（National Historic Site），是因为它是卑诗省政府的发源地。如今古堡内的各个小屋里会有表演者向游人演示当时的工作和生活场景：箍桶工在箍桶，铁匠在打铁和制作工具，工人在装填腌制的三文鱼、制作皮毛、锯木等。古堡还有仓库、工人宿舍、管理大楼和大房子（Big House）等。1858年11月19日，英属不列颠哥伦比亚殖民地在这个大屋子的楼上正式宣告成立，并由道格拉斯（James Douglas）宣誓就任第一任总督。现在这里被当作加拿大人追根溯源的"教育基地"，一切维持旧貌，工作人员穿着当时的服装为游客讲解。在堡内的放映厅，可以观看一部15分钟的介绍片，了解这段历史。

贴心小贴士

古堡的旁边有农场博物馆（B.C. Farm Museum）和百年博物馆（Langley Centennial Museum），可以顺便参观国家铁路车站（CN station）。不远处有两个区域公园德比河湾区域公园（Derby Reach Regional Park）和布雷岛区域公园（Brae Island Regional Park），均在附近的菲沙河边，也可以顺带游玩。

西三一大学
（Trinity Western University，TWU）

地址：22500 University Dr, Langley, BC V2Y 1Y1

官网：https://www.twu.ca

校训：Turris Fortis Deus Noster
上帝是我们的力量之塔

西三一大学是一所位于不列颠哥伦比亚省兰利市（Langley）的私立基督教文科大学，成立于1962年，占地157英亩。西三一大学是加拿大最大的私人资助的基督教大学，拥有文科、科学和专业研究课程，提供45个本科专业和17个研究生课程。平均班级大小为20名学生，在校学生人数4000。西三一大学的历史可以追溯到1957年，当时美国自由福音会设立了一个委员会研究和考虑在北美洲太平洋海岸成立一所文科学院的可行性。1985年，卑诗省政府立法通过，把该学院的现在位置定为私立基督教大学并命名为西三一大学。它在卑诗省最古老的大学中，排名第三。大学目前由一个18人组成的理事会管理，校长向理事会报告。

北温哥华
North Vancouver

官网：https://www.cnv.org

　　北温哥华由两个行政区所组成，分别为：北温哥华市（City of North Vancouver），占地约12平方千米，人口约45000；北温哥华区（District of North Vancouver），占地约161平方千米，人口约85000。它们位于卑诗省大温哥华（Great Vancouver）地区内，布拉德内湾（Burrard Inlet）的北岸，都是大温哥华区域局成员之一。北温哥华是布拉德内湾沿岸最早开拓的地方，甚至还早于温哥华，仅次于新西敏市（New Westminster）。北温的居住环境优良，山多树林多，居民人口稀少，自然风景未被太多人为破坏，社区设施很完善。

好 玩 景 点

卡佩兰奴吊桥公园
（Capilano Suspension Bridge Park）

地址：3735 Capilano Road，North Vancouver，BC V7R 4J1

官网：www.capbridge.com

门票：见官网

停车：景区收费停车场

卡佩兰奴吊桥公园位于北温哥华区（North Vancouver District Municipal）内的西海岸热带雨林中（West Coast rainforest）。吊桥是以一座横越卡皮拉诺河的悬索桥为主，辅以"绝壁小道"和"树顶步道"的收费观光景点，长度为137公尺（450英尺），距离卡皮拉诺河（Capilano River）高度70公尺（230英尺）。走在摇晃的吊桥上可以看到桥下面的河流和茂密的森林。卡皮拉诺吊桥于1888年首次建成。一位名叫乔治·葛兰·麦基（George Grant Mackay）的人发现这片风景秀丽的地方，便和妻子定居于此。后来，他们在当地原住民的帮助下，开始了筑桥行动。初时他们以粗麻绳和香柏木（Cedar）为建材建成的简陋绳索桥。1914年此桥改建，加入混凝土巩固吊桥两端，后经过多次改建和重建，包括以混凝土浇筑桥墩、以钢索取代绳索等。现时吊桥建于1956年。

贴心小贴士

卡皮拉诺悬索桥公园为游客提供了一个独特的集冒险、历史和文化的主题，公园是大温哥华的网红打卡景点之一。除了悬索桥、绝壁小道和树顶步道，另有公园每小时提供的免费迷你导游的自然之旅，当专业导游带您漫步在雨林中，经过鳟鱼池塘和参天的常青树、图腾柱公园、原住民雕刻和儿童探险区，让您了解更真实的卑诗省。公园内有礼品店（曾经的贸易站Trading Post）和三家快餐厅。

峡谷灯光秀

在每年的圣诞和新年即11月至次年1月期间，您可以再次感受到节日的奇妙，公园内数十万五彩缤纷的灯泡和光源悬挂在吊桥、树梢探险、悬崖步道、雨林和峡谷上。

格劳斯山
（Grouse Mountain）

地址：6400 Nancy GreeneWay，North Vancouver，BC V7R 4K9

官网：www.grousemountain.com

门票：空中缆车费用见官网

停车：景区收费停车场

格劳斯山是温哥华北岸一个全年开放的山地游乐场，素有"温哥华之峰"（The

Peak of Vancouver）之美誉。格劳斯山就像一个巨大的指北针，无论你在城市的哪个角落，看到它即是朝正北方向。到了晚上，山顶滑雪场的点点灯光依旧给你指引着方向。格劳斯山山顶是观赏温哥华全景的绝佳之处，被称为度假胜地和打卡网红景点。晴天，布拉德湾（Burrard Inlet）和温哥华市区的风光一览无余呈现在眼前。从山脚下搭乘格劳斯山空中缆车（Grouse Mountain Skyride），这是北美最大的空中缆车，一次可搭载100人，全程仅需8分钟，便可将游客运载至海拔1128米（3700英尺）以上的山顶。随着缆车缓缓升高，凭窗俯瞰隔海的温哥华北岸和温哥华市区，天气晴朗时还可远眺远方的美国华盛顿州（Washington State），景色简直绝妙。

贴心小贴士

格劳斯山全年都可进行精彩的户外活动，从夏季游乐场转变为冬季滑雪天堂就在一夜之间。

夏季活动

格劳斯山上的夏天是远足的好时光，您可以在野生动物保护区（Wildlife Refuge）和灰熊（grizzly bears）格林德（Grinder）和库拉（Coola）打个招呼，玩山间滑索（ziplining）（速度80公里/小时），用绳索爬树顶探险（Mountain Ropes Adventure），骑登山电动单车（Scenic Mountain Biking），

观看猛禽捕食表演（Birds in Motion）和伐木谐剧表演（Lumber Jack Show），在天空剧场（Theatre in the Sky）中看场精彩的免费电影。

格劳斯山格林德登山径（Grouse Grind trail）带您穿过陡峭崎岖的山路，从北温哥华高地登上格劳斯山顶。这条登山径全长2.9公里，有2830个阶梯，海拔增高853米（2800英尺）落差的山道。登山径起点是格劳斯山脚停车场附近，终点是山上的缆车站台，非常具有挑战性。预计平均需要一个半小时至两个小时登顶，最快的纪录是乔纳森怀亚特（Jonathon Wyatt）在2004年6月12日创下的22分22秒。到山顶后可以乘坐缆车下山，也可以原路返回。

冬季活动

格劳斯山上的冬天是滑雪的天堂，这里有33条滑雪道（ski and snowboard runs），15条夜间滑雪道（night runs），4条滑雪缆椅（chairlift），6个滑雪板地形场（snowboard terrain park），大温哥华唯一的山顶户外溜冰场（mountaintop outdoor skate pond），9公里长的雪鞋健行小径（snowshe trail），2条雪橇道（lane for sledding），还有空中绳索探险（Aerial Ropes Adventure）。每年12月在山上举办多种圣诞主题的活动：山顶圣诞趴（Peak of Christmas），和圣诞老人共进早餐、合影等，温馨有趣。

餐饮和购物

山顶的法式餐厅（The Obervatory Restaurant），号称温哥华最浪漫的餐厅，环境典雅舒适，游客可以透过宽大的玻璃窗一边观赏无敌美景，一边享用美味大餐。

这里必须预订，用晚餐还可以免缆车票。

山上另外两间餐厅分别是 Altitudes Bistro 和 Cross Haus。

埃奇蒙特村
（Edgemont Village）

地址：Edgemont Blvd, North Vancouver, BC V7R 2N6

官网：https://www.vancouversnorthshore.com/neighbourhood/edgemont–village/

停车：街边计时，有最长停车时限

埃奇蒙特村位于北温哥华，距离1号横加公路（HWY 1）仅几分钟车程，沿着卡皮拉诺路（Capinalo Road）去往格劳斯山Grouse Mountain）的附近，埃奇蒙特村只有几个街区长，很像一处山地度假村。它悠闲的氛围吸引了来自世界各国的游客。村里有近100家私家商店、艺术作坊、咖啡店和餐馆。

网红店有：

Giftworks作坊：出售本省工匠制作的陶器、蜡烛和工艺品等。

BC Playthings：出售本地生产的玩具、木偶、游戏、拼图、关于卑斯的读物和儿童故事书等。

走走逛逛后，村里有很多地方可以坐下来喝咖啡，享用午餐或晚餐。或者拿杯饮料坐在一张长椅上，静静地浸泡在美丽山景中。

比约恩巴面包店（Bjornbar Bakery）

尼克利安蒂卡比萨店（Nicli Antica Pizzeria）

下朗斯代尔
（Lower Lonsdale）

地址：North Vancouver, BC V7L 3H1

停车：室内收费停车场

下朗斯代尔是北温哥华最古老的街区，以中心点即曾经的造船厂（the Ship Yard）为圆心，向朗斯代尔大道（Lonsdale Avenue）向北延伸四个街区，向东和向西延伸两个街区。这里商店、各种各样的餐馆、酒吧和咖啡馆以及精品店、特色食品店、画廊、古董店林立。往南是布拉德内湾（Burrad Inlet）和温哥华市中心高楼大厦等迷人的天际线，往北是白雪皑皑的高耸的海岸山脉（Coast Mountain尚）。

朗斯代尔码头市场
（Lonsdale Quay Market）

地址：123 Carrie Cates Ct, North Vancouver, BC V7M 3K7

官网：https://lonsdalequay.com

朗斯代尔码头市场于1986年温哥华世博会（Vancouver Expo）开幕之前开放，市场内有80多家各具特色摊档和铺位，包括食品零售商、餐馆、零售商店、工艺品店和精品酒店，贩售西海岸新鲜海鲜、手工制作的巧克力、原住民特色的手工艺品、各式鲜花和蔬果。

朗斯代尔码头市场里有一家鲜酿啤酒作坊绿叶（Green Leaf Brewery），您可以一次选6种啤酒试喝。

海上巴士（Sea bus）码头就在朗斯代尔码头市场隔壁，您可以搭乘温哥华的水上巴士渡轮横渡布拉德内湾（Burrad Inlet）去到温哥华市中心，可以沿途欣赏温哥华港（Port of Vancouver）、市中心（Downtown）和高豪港（Coal Harbour）的美景。

造船厂（The Ship Yard）：曾经的造船厂容纳了北岸的一些最新开发的休闲场地和旅游景点，其公共区域在夏天是泼水公园，冬天则变身为室外溜冰场。

Tap & Barrel 餐厅是卑斯省最大的露台餐厅之一，位于北温造船的这间是一家旗舰店。

布拉德干船坞码头（Burrard dry dock pier）：布拉德干船坞码头和较小的圣洛奇浮船坞（St.Roch）位于造船厂遗址上。干船坞码头伸入布拉德内湾（Burrad Inlet）700英尺长，站在上面可以360度俯瞰北岸和温哥华的天际线。

波林纲美术馆（The Polygon Gallery）位于朗斯代尔码头市场（Lonsdale Quay Market）和造船厂（The Ship Yard）之间。对于那些对艺术感兴趣的人来说，近年落成的波林纲美术馆是以摄影和多媒体为亮点的现代美术馆。

把车停下来或者搭乘海上巴士抵达，可以穿上你的步行鞋。下朗斯代尔是一个步行街区。沿着码头走，您可以看到温哥华市中心的最佳风景。穿过海滨公园，沿着朗斯代尔大街走，您可以找到很多美食和购物的地方。

卡皮拉诺鲑鱼孵化场
（Capilano River Hatchery）

地址：4500 Capilano Road, North Vancouver, BC V7R 4L3

官网：pac.dfo-mpo.gc.ca

门票：免费

停车：免费停车，有最长停车时限

卡皮拉诺鲑鱼孵化场位于卡皮拉诺河地区公园（Capilano River Regional Park）内的卡皮拉诺河上，占地160公顷，成立于1926年。1954年因为克里夫兰水坝（Cleveland Dam）在卡皮拉诺河（Capilano River）上游建成，阻断了鲑鱼洄游的路线，破坏了鲑鱼自然的生育方式，因此1971年联邦政府在此特别设计并兴建这座鲑鱼孵化场以增

产鲑鱼，这里成为一处可提供免费了解鲑鱼生态的景点。在这里赏鲑，主角是银鲑（Coho），最佳赏鲑时间是每年8月～10月下旬。在这里您可以沿着鱼类孵化展示中心做一次自助游。根据不同的季节，在玻璃观景廊里的"鱼道"旁看到不同品种的幼年鲑鱼和鳟鱼从低处奋力跃起，跳上更高一层的鱼梯。或在卡皮拉诺河的鱼梯中看到成年的鲑鱼，它们顺着水坝旁的人工鱼梯顺利游进养殖场，专业人员在此为鲑鱼取卵、受精、培育，让鱼苗在培养池安全地长大，最后再将小鲑鱼放回河中，流回大海。人工孵化所培育的鲑鱼比自然孵化成长的鲑鱼存活率高出50倍。

贴心小贴士

观赏各种鲑鱼的最佳时机：

全年	幼年银鲑（Coho Juveniles）
3～4月	北美红鳟（Steelhead Adults）
3～5月	幼年国王鲑（Chinook Juveniles）
6～11月	成年银鲑（Coho Adults）
10～11月	成年国王鲑（Chinook Adults）

克利夫兰大坝
（Cleveland Dam）

地址：Cleveland Dam，North Vancouver，BC V7R

官网：www.metrovancouver.org

停车：免费停车，有最长停车时限

克利夫兰大坝建于1954年，位于北温哥华卡皮拉诺河区域公园（Capilano River Regional Park）的顶部。大坝建在卡皮拉诺河的上游，它的五孔溢洪道高达300英尺。水坝里面形成的水库——670英亩的人造卡皮拉诺湖（Capilano Lake）为大温哥华地区和低陆平原的大部分地区提供纯净的饮用水，同时美丽的卡皮拉诺湖又是一道壮美的风景。

彩蛋小贴士：

沿着卡皮拉诺太平洋小道（Capilano Pacific Trail）可以从西温哥华的安布尔赛德公园（Ambleside）一路向北走5英里（8公里）直到卡皮拉诺湖（Capilano）。

西摩山省立公园
（Mt Seymour Provincial Park）

地址：North Vancouver, BC V7G 1L3
官网：bcparks.ca
停车：景区停车场，冬天有停车限制

西摩山省立公园位于北温哥华，于1936年设立，面积为35平方公里，以殖民地行政官弗雷德里克·西摩（Frederick Seymour）命名。公园的最高峰是海拔1509米高的主教峰（Bishop Peaks），其次是1449米高的西摩山（Mount Seymour）。公园里有面积最大的埃尔莎湖（Elsay Lake）、彭歇尔湖（Pencier Lake）、高菲湖（Gopher Lake）、高迪湖（Goldie Lake）和神秘湖（Mystery Lake）。大部分湖泊里的水流入公园以西的西摩河（Seymour River）。

贴心小提示

在晴朗的日子徒步登上西摩山，能见度极佳，穿过美丽的森林和小湖泊，在西摩山峰顶，可以远眺美国华盛顿州境内的贝克火山（Mt Baker），景色令人惊叹。

西摩山滑雪场
（Mt Seymour Resorts）

地址：1700 Mount Seymour Road
官网：www.mtseymour.ca
门票：见官网
停车：收费停车场

西摩山距离温哥华市中心仅30分钟车程。自1984年以来，温哥华本地伍德家族一直拥有并经营着西摩山，为本地人和游客提供轻松的太平洋西海岸滑雪体验。西摩山靠近太平洋，山峰海拔1265米，因其高海拔的缘故年平均降雪量超过1000厘米。西摩山滑雪场占地80公顷，其中40公顷为夜间照明滑雪场，垂直落差330米，滑雪场以缓坡为特色，特别适合初学者，他们的滑雪板和滑雪课程非常受欢迎。滑雪和滑雪板好手也能在这里找到大显身手的高难度滑雪道。

滑雪场

1. 23条滑雪道，其中40%为绿道，40%蓝道，20%黑道，最长滑道为1.6公里；

2. 每年12月中旬至3月下旬，12条夜间灯光照明滑雪道；

3. 4个自由式滑雪场、3条双人椅缆车、1条初学者传送带、1条儿童传送带；

4. 滑雪和滑雪板学校，提供单日、多日的私人课程；

5. 10公里以上有标记雪鞋小道、滑雪鞋导游；

6. 4条雪管道，垂直落差100米；

7. 8条雪橇道。

深湾
（Deep Cove）

地址：4360 Gallant Ave，North Vancouver, BC V7G 1L2

停车：街边和露天停车场免费停车，有最长停车时限

深湾，一座静静坐落在北温哥华东面的宁静海湾的小镇，就在西摩山（Mt. Seymour）脚下，正对着布拉德湾（Burrard Inlet）的分支印第安湾（Indian Arm）。该地区是原住民萨利希族（Coast Salish First Nations）的传统领地，是传统的捕捉贝类和捕鱼区，他们祖祖辈辈已在该地区居住生活了几千年。去深湾一次，您就会一直想再去！一条靠海边而修建的多勒顿公路（Dollarton HWY）成为小镇和外面世界的通道。深湾是一个广受欢迎的泛舟中心，镇上有划船俱乐部，独木舟和皮划艇出租和训练学校以及码头。您可以在深湾皮划艇中心（Deep Cove Canoe and Kayak Centre）租一条皮划艇，在印第安海湾（India Arm）里荡桨，饱览加拿大最南端峡湾的自然美景，从海平面上观看野生动物，或者干脆坐在沙滩上远望。东北面是通往观景点夸里巨岩（Quarry Rock）的巴登·鲍威尔步道（The Baden-Powell Trail）。深湾小镇满布画廊和小型剧院、独特的精品店和古色古香的小酒馆，早餐、午餐、晚餐或小吃应有尽有。

贴心小贴士

深湾有好几个停车场，但在夏天往往一大早就满了，需要有耐心。

彩蛋小贴士

甜甜圈（Honey Donuts）是小镇网红小吃，看到门口有人排起长队的店，就是它！值得每一试！

林恩峡谷悬索桥
（Lynn Canyon suspension bridge）

地址：3690 Park Rd, North Vancouver, BC V7J 3K2

官网：www.lynncanyon.ca

门票：免费

停车：景区收费停车场

林恩峡谷悬索桥和卡皮拉诺悬索桥（Capilano Suspension Bridge）的体验完全不一样。林恩峡谷悬索桥位于616英亩的温带雨林之中的林恩溪（Lynn Creek）那美丽清澈的河流上方约50米（167英尺），大约有40米（130英尺）长。悬索桥最初建于1912年，桥面宽度刚好让两个人互相通行。公园里有许多小径可走，短的十几、二十分钟就能走一圈，长的数十公里。这是一座社区公共公园，全年开放，由北温哥华区（District of North Vancouver）管理。

林恩峡谷生态中心
（lynn canyon ecology centre）

地址：3663 Park Road, North Vancouver, BC V7J 3G3

官网：lynncanyonecologycentre.ca

门票：见官网

停车：景区收费停车场

林恩峡谷生态中心展示了温带雨林动植物和环境问题之间相互影响的互动。你可以在大屏幕上观看关于大自然的影片，有80多部影片可供选择。孩子们可以在儿童探索中心，这里用轻松愉快的方式寓教于乐，从小培养孩子们保护大自然的责任心。生态中心礼品店出售以自然为主题的商品。

西温哥华
West Vancouver

地址：Municipality in West Vancouver，BC
官网：https://westvancouver.ca

西温哥华位于温哥华市西北部，英吉利湾（English Bay）北侧，豪湾（Howe Sound）东南，东面与北温哥华区（District of North Vancouver）毗邻。西温哥华占地87.26平方千米，人口约43000人，是大温哥华区域局成员市之一。西温哥华与北温哥华区和北温哥华市一起，被称为"北岸"（North Shore）。位于西温哥华的赛普里斯山（Cypress Mountain）是2010年冬奥会的举办地之一。西温哥华是加拿大第一个购物中心皇家公园购物中心（Park Royal shopping Centre）的所在地，也是卑斯渡轮（BC Ferries）马蹄湾轮渡码头（Horseshoe

Bay Foot Passenger & Administration））所在地。马蹄湾轮渡码头是卑斯省大陆和温哥华岛（Vancouver Island）之间的主要渡轮码头之一。

好玩景点

皇家公园购物中心
（Park Royal shopping Centre）

地址：2002 Park Royal S，West Vancouver，BC V7T 2W4

官网：https://www.shopparkroyal.com

停车：室内和屋顶免费停车，有最长时间限制

皇家公园购物中心，又称皇家公园位于加拿大不列颠哥伦比亚省西温哥华的大型购物中心，于1950年开业，中心与附近的吉尼斯家族（Guinness family）的不列颠物业（British Properties）地产开发项目同时间建设，并以伦敦郊区的皇家公园命名。皇家公园是加拿大第一家大型室内购物中心，占地约140万平方英尺，有200多间商店、超市、百货公司、餐厅、儿童乐园、美食广场。这里还有6个放映厅的贵宾电影院（Cineplex Cinemas Park Royal and VIP），北岸唯一的中式超市——大阪超市（Osaka Supermarket），卑诗省最大的酒类专卖店（BC Liquor Stores Park Royal）和卑诗省唯一的西蒙斯百货公司（La Maison Simons）。购物中心被西温的主要干道——海滨大道（Marine Drive）分为北商城和南商城，并通过天桥车道将之连接起来。

皇家公园村
（The Village at Park Royal）

地址：925 Main St，West Vancouver，BC V7T 2Z3

官网：http://shopparkroyal.com/village-park-royal

停车：免费停车，有最长时间限制。

皇家公园村位于西温哥华皇家公园购物中心南商城的西面。这个购物村就像一条乡村街，各类设计精良的商店，从五金店到高档鞋店、家居装饰店、服装精品店、著名餐厅、酒吧、有机超市、咖啡店等，应有尽有。您可以在这里消磨是一个下午的时间。

贴心小贴士

不建议在村内车行道繁忙时停车，你可能会被困在汽车和行人之间相当长的时间。皇家公园购物中心室内和屋顶有免费停车场。

邓达拉夫村
（Dundarave Village）

地址：West Vancuver, BC V7S 1S2

停车：街边计时，有最长停车时限

邓达拉夫村位于西温哥华市西端的海滨大道上。这是一个古色古香、适合步行和休闲的海滨村庄。村里有形形色色的本地餐馆、咖啡馆和面包店，您可以逛逛这里的精品店，挑选几块新鲜烘焙糕点，买上一杯拿铁咖啡；或者购买一些野餐的食材和用具，漫步去邓达拉夫海滨（Dundarave waterfront），在海边选一个自然环境优美的海滩，享用美食和美景。

邓达拉夫海滨
（Dundarave waterfront）

地址：25th Street, West Vancouver, BC

停车：免费停车，有最长停车时限

邓达拉夫海滨由风景优美的海滩和一个儿童游乐场组成。这里是西温哥百年海堤的西端，曾经的渡海轮码头。沿着海堤漫步大约3公里，就和西温哥华另一处著名的海滩安布尔赛德海滩（Ambleside Beach）相连。整条海堤平坦易行，您可以一路走去安布尔赛德（Ambleside Beach）。沿途您能欣赏狮门大桥（Lions Gate Bridge）和驶入温哥华港的巨船，还有海对面的斯坦利公园和温哥华西区的风景。海堤旁边甚至有一条给狗狗走的特别走道。

安布尔赛德海滩
（Ambleside Beach）

地址：Argyle Avenue, West Vancouver, BC

停车：免费停车，有最长停车时限

安布尔赛德海滩位于西温哥华的商业中心和创意中心区，也是当地居民休闲和举办社区活动及庆祝活动的场所。这个美丽的海滩社区，每年从5月到9月的每个星期天都有农贸集市，也是著名的"和谐艺术节（Harmony Arts Festival）"的举办地——每年8月，通过现场音乐、艺术展览、户外电影等形式，这里成为音乐、艺术、美食和文化的盛会。

安布尔赛德（Ambleside）社区由一条百年海堤和热闹的海滨大道与邓达拉夫社区（Dundarave）相连接。

马蹄湾
（Horseshoe Bay）

地址：6409 Bay Street, West Vancouver, BC V7W 3H5

停车：街边计时收费停车，有最长停车时限

马蹄湾是温哥华北岸西端的一个小社区，也是BC渡轮码头的所在地。小镇上有许多吸引人的商店和餐馆，还有艺术画廊和礼品店出售手工艺品。这里非常适合步行游览，您可以把车停下来，走几条街，在海边的躺椅上小憩，或是选择一家适合你口味的餐馆享用美食。这里的网红美食是炸鱼和薯条（fish and chip）。

贴心小贴士

如果您愿意，还可以在马蹄湾渡轮码头登上渡轮，在20分钟的航程后前往伯恩岛（Bowen Island）。您可以选择连人带车或步行上渡轮。伯恩岛临近豪湾（Howe Sound）岛上风景优美，码头附近的每一条小径路程都很短，你可以下船去散步，或者驾车去探险。

渡轮票：人和车都需买票，只需买单程票，回程免费。

怀特克里夫公园
（Whytecliff Park）

地址：7102 Marine Drive, West Vancouver, BC V7W 2T3

官网：www.westvancouver.ca

停车：免费停车，有最长停车时限

怀特克里夫公园位于马蹄湾的西边，豪湾（Howe Sound）风景优美的海岸线上，这个美丽的海角有崎岖的海岸线和壮观的景色，五彩缤纷的山脉和过往的船只，是一个天然的海洋保护区，也是一个很受欢迎的潜水场所，在这里可以看到海豹和其他海洋生物。公园占地15公顷。

贴心小贴士

游览怀特克里夫公园的最佳时间是在退潮时，此时您可以漫步海滩，也可登上怀特岛（Whyte Island），而怀特岛只有在退潮时才能到达。从岛的顶部，您可以欣赏豪湾和周围海域的迷人景色。

一定要注意潮水，如果遇上涨潮，通往怀特岛的小路会被海水淹没，这样就只能游泳回来了。

灯塔公园
（Lighthouse Park）

地址：4902 Beacon Ln, West Vancouver, BC V7W 1K5

官网：www.westvancouver.ca

停车：免费停车，有最长停车时限

灯塔公园位于温哥华西郊，这座占地75公顷（185英亩）的海滨公园自1874年以来一直是灯塔的所在地。现存灯塔建于1912年，是西温哥华的象征，国家历史遗址之一（National Historic Site）。公园内拥有低陆平原最大的未开垦雨林和温哥华最后一片最古老的道格拉斯冷（Douglas Fir）。这里是欣赏海浪拍岸、观赏星空以及在一条6英里长、四季风景各异的健行步道上远足的好去处。

赛普里斯山
（Cypress Mountain）

地址：6000 Cypress Bowl Road, West Vancouver, BC V0N 1G0

官网：www.cypressmountain.com

停车：景区收费停车场

赛普里斯山位于温哥华西部柏树省立公园（Cypress Provincial Park）内，距离温哥华市中心仅30分钟车程。赛普里斯山为户外活动爱好者提供了场地，可以进行包括滑雪、骑马、越野滑雪、雪上飞碟、雪鞋、徒步和山地自行车等户外活动。

赛普里斯山是2010年冬奥会的自由式滑雪和滑板比赛滑雪场地。这座山被升级改造成了一座世界级的休闲地，增加了一栋全新的综合服务大楼、一条新的高速升降椅、升级停车场。

赛普里斯山是当地最大的山，它比姊妹山格劳斯山和西摩山面积要大得多。赛普拉斯山有52条滑雪道、雪鞋径和16公里长的越野雪道。

温哥华赏樱时间为每年的3月至4月，温哥华春季的樱花期持续近两个月，有45个品种，4万多株樱花树。

❤️ **推荐赏樱地点** ❤️

每年的樱花节于4月3日至4月29日举行，您可赴一场粉色樱花雨

伊丽莎白女皇公园（Queen Elizabeth Park）4600 Cambie Street, Vancouver, BC V5Z 2Z1。

斯坦利公园（Stanley Park）Vancouver, BC V6G 1Z4。

范度森植物园（VanDusen Botanical Garden）5251 Oak Street, Vancouver BC V6M 4H1。

Arbutus街和Carnarvan街之间的西二十二大道（West 22nd Avenue, Vancouver），日落时尤为壮观。

西十六大道（West 16th Avenue, Vancouver），适合骑行观赏。

格雷夫利街和利卢埃特街（Graveley Street & Lillooet Street, Vancouver），安静住宅区，适合静静地观赏。

4月中旬至5月初"郁金香节"（Chilliwack Tulips of the Valley）

地址：41310 Yale Rd, Chilliwack

官网：https://chilliwacktulips.com/tickets/

门票：见官网

停车：景区免费停车场

奇利瓦克（Chilliwack）是卑诗省菲莎河谷中的一座城镇，位于温哥华以东100千米处。自驾东行沿横加1号公路（HWY 1）或卑诗省7号公路（HWY7）可抵达。每年4月中旬到5月初，山谷里开满鲜艳夺目的郁金香。

7月下旬至9月初"向日葵节"（Chilliwack Sunflower Festival）

地址：41310 Yale Rd, Chilliwack

官网：https://chilliwacksunflowerfest.com/chilliwack-sunflowers

门票：见官网

停车：景区免费停车场

向日葵节与奇利瓦克（Chilliwack）郁金香节由同一个机构在同一地点举办。郁金香节之后，在同一片土地上相隔4个月后，向日葵花海呈现出另一种灿烂。在整个片田野里，布满鲜花小径的三个花园里面种植有42种向日葵、50多种大丽花、8种唐菖蒲（gladiolas）和大片野花。

10—11月"赏枫"，温哥华秋季的红枫叶季持续近一个月。火红的枫叶点缀着温哥华的大街和小巷，美不胜收。

❤️ 推荐赏枫地点 ❤️

伊丽莎白女皇公园（Queen Elizabeth Park）4600 Cambie Street, Vancouver, BC V5Z 2Z1

斯坦利公园（Stanley Park）Vancouver, BC V6G 1Z4

鹿湖公园（Deer Lake Park）5435 Sperling Avenue, Burnaby, BC V5E 2L8

本拿比湖地生态公园（Burnaby Lake Regional Park）4519 Piper Avenure, Burnaby, BC V5A 3B5

11月至3月"滑雪"，冬季的温哥华变成滑雪胜地

❤️ 推荐滑雪地点 ❤️

格劳斯山（Grouse Mountain）6400 Nancy Greene Way, North Vancouver, BC V7R 4K9

赛普里斯山（Cypress Mountain）6000 Cypress Bowl Rd, West Vancouver, BC V0N 1G0

和西摩山（Mount Seymour）North Vancouver, BC V7G 1L3

以上都是双板和单板滑雪的胜地，还可进行雪鞋徒步等多种雪上活动。

春季赏花、秋季赏枫、冬天滑雪应该是温哥华最让人向往的旅游体验了。

阿伯茨福国际航展
（Abbotsford International Airshow）

地址：阿伯茨福德机场（Abbotsford International Airport）

30440 Liberator Ave, Abbotsford, BC V2T 6H5

机场代码：YXX

官网：https://abbotsfordairshow.com/

门票：见官网

停车：景区免费停车场

日期：8月上旬周末3天

有着50多年历史的阿伯茨福国际航空展于每年8月上旬的周末，一连3天（星期五至星期日）在阿伯茨福德机场举行。航空展被列为加拿大国家航空展（Canada's National Airshow），成为世界十大飞行展之一。历时三天的展览有飞机静态展览、空中花式飞行表演、美食车，展会还为喜欢飞机的小朋友们特设了儿童活动区。

温哥华岛
（Vancouver Island）

温哥华岛位于英属哥伦比亚省的西南面，与北美大陆之间隔着乔治亚海峡（Georgia Strait），和大温哥华相望。岛屿长约460千米（285英里），最宽约80千米（50英里），面积约3.2万平方千米，是北美大陆西海岸最大的岛屿。温哥华岛名字由英国船长乔治·温哥华（George Vancouver）命名，他率舰队于1791年到1794年考察了整个西北太平洋海岸。温哥华岛被中部的山脉分为东西两部分，最高峰为戈尔登辛德峰（Golden Hinde），海拔2200米，位于温哥华岛中央。东海岸面对北美大陆，地势较为崎岖，西海岸面对太平洋，地势较为平坦适宜作为海港。岛上有许多河流与湖泊，淡水资源相当丰富。温哥华岛总人口约为75万人，其中近一半居住在卑斯省府维多利亚市。岛上其他主要城市还包括纳奈莫（Nanaimo）、艾伯尼港（Port Alberni）、科特尼（Courtenay）和金宝河（Campbell River）等。

卑斯渡轮公司
（British Columbia Ferry Services Inc.）

官网：https://www.bcferries.com/

卑诗渡轮BC Ferries简称BCF，成立于1960年，是卑诗省的公营机构，为省内沿岸城镇和海岛的客运和车辆提供轮渡服务。船队约40艘渡轮，共营运25条航线，服务于省内47个港口。卑斯渡轮公司是全世界最具规模的渡轮公司之一。

维多利亚
Victoria

官网：https://TourismVictoria.com
www.vancouverisland.travel

　　维多利亚是不列颠哥伦比亚省（British Columbia）的省会，位于温哥华岛（Vancouver Island）的东南端，濒临太平洋，南面是胡安·德·富卡海峡（Strait of Juan de Fuca），西接埃斯奎莫尔特（Esquimalt），北临萨尼奇（Saanich），东邻橡树湾（Oak Bay）。面积19.47平方公里，维多利亚市区人口有8万多人，而大维多利亚区域人口则有近40万人。维多利亚市是加拿大距亚洲最近的港口，是天然不冻港。维多利亚由于气候较温和，风景优美，四季飘香，是一座花园城市，也是旅游度假的热门地点。维多利亚市中心以宏伟庄严的卑斯省议会大厦（LegislativeAssembly of British Columbia）为中心，四周围绕着拥有百年历史的费尔蒙特帝后饭店（Hotel Fairmont Empress）和卑斯皇家博物馆（Royal BC Museum）。

维多利亚国际机场
（Victoria International Airport）

地址：1640 Electra Blvd，Sidney，BC V8L 5V4

官网：https://www.victoriaairport.com

机场代码：YYJ

维多利亚国际机场服务于不列颠哥伦比亚省省会维多利亚，位于萨尼奇半岛（Saanich Peninsula）的悉尼（Sydney）。机场由维多利亚机场管理局运营，提供国际和国内的客运和货运航班。

内港
（Inner Harbor）

地址：790 Government Street，Victoria，BC V8W 1W5

停车：街边计时，有最长停车时限或收费停车场

内港位于维多利亚市中心，您不仅可以参观华丽的新巴洛克式建筑——卑斯省省议会大厦，或者去百年费尔蒙特帝后酒店品尝正宗的英式下午茶，参观卑斯省立皇家博物馆，可以乘坐古式马车市区观光，还可以选择水上飞机从空中体验。

卑斯省议会大厦
（LegislativeAssembly of British Columbia）

地址：501 Belleville Street，Victoria，BC V8V 2L8

官网：leg.bc.ca

门票：免费

停车：街边计时或收费停车场

卑斯省议会大厦位于省府维多利亚市，是卑斯省立法机构所在地。这是一座新巴洛克式建筑，面临内港，与费尔蒙特帝后酒店相对，由年仅25岁的英国人佛朗西斯·拉登贝利（Francis Rattenbury）设计。这位才华横溢的设计师还设计了维多利亚市中心的费尔蒙特帝后酒店（Hotel Fairmont Empress）、水晶花园（Crystal Garden）等地标建筑。议会大厦融汇了维多利亚、罗马、意大利文艺复兴等各种建筑风格，有梁柱雕刻、彩绘玻璃和高耸的青铜大圆拱顶。它分两期建造完成：第一期为1893—1897年，第二期为1912—1916年。共花费

100万加元，超过当初预算的两倍。大厦内部分为地下一楼、一楼和二楼，议事大厅庄严肃穆，充满英式风格。大厦内的墙上挂满艺术名作和历届省议员的名单的铜牌。大厦前面的草坪上是维多利亚女王铜雕像，象征权威；右侧一尊持枪士兵雕像，以纪念该省在第一次、第二次世界大战和韩战中阵亡的军人。大厦中央圆顶之上是乔治·温哥华（George Vancouver）雕像。大厦前草坪上的喷泉是为了纪念卑斯省建立100周年所建，西侧的联合广场陈设了加拿大10省3行政区的图腾徽章。入夜，超过3000个灯泡将大厦装饰得绚丽夺目。

彩蛋小贴士

这里在开放日特定时间提供免费专业导游导览，但仅限英语。

渔人码头
（Fisherman's Wharf）

地址：d12 Erie Street，Victoria，BC V8V 4X5

官网：fishermanswharfvictoria.com

停车：街边计时，有最长停车时限或收费停车场

渔人码头位于维多利亚内港（Inner Harbour）的西边，漫步其中，别有一番风味。这个独特的渔港有各式食品亭、独特的商店和水上人家。你可以观看海豹和其他海洋生物，还可以从船上买新鲜的海鲜。

政府街
（Government Street）

地址：Victoria，BC

政府街是维多利亚市中心最热闹的主要街道，它南北向横穿维多利亚市区，止于达拉斯街（Douglas Street）的交叉路口。许多商店、餐馆、旅游景点、酒店，如不列颠哥伦比亚省议会大厦、菲尔蒙特皇后酒店、皇家不列颠哥伦比亚省博物馆和内港，都位于沿途。政府街207号是加拿大国家历史遗址艾米莉卡尔之家所在地。

道格拉斯街
（Douglas Street）

地址：Victoria, BC

道格拉斯街是维多利亚市中心的一条街道，和政府街平行。它以温哥华岛殖民地第二任总督詹姆斯·道格拉斯爵士（james Douglas）的名字命名。道格拉斯街是横加公路（HWY 1）的其中一段，主要部分从乔治亚海峡（Georgia Strait）上的达拉斯路（Dallas Road）到萨尼奇路（Sannich Road）以北，全长约5千米（3英里），横加公路在那里向西北通向温哥华岛上的第二大城市乃磨市（Nanaimo）。

海湾中心
（The Bay Centre）

地址：1150 Douglas St, Victoria，BC V8W 3M9

官网：https://www.thebaycentre.ca

停车：室内收费停车

海湾中心（原维多利亚伊顿中心）是维多利亚市中心的一个大型购物中心。坐落与道格拉斯（Douglas Street）、政府街（Government Street）、堡垒街（Fort Street）和景观街（View Street）街道交界。它拥有39115平方米的零售空间。该购物中心于1989年开业，是维多利亚市中心的第一个大型购物中心。

蒙罗书店
（Munro's Books）

地址：1108 Government St, Victoria，BC V8W 1Y2

官网：https://www.munrobooks.com

蒙罗书店是维多利亚市的一家大型独立书店。这家书店由吉姆·蒙罗（Jim Munro）和他的第一任妻子爱丽丝·蒙罗（Alice Munro）于1963年创办，爱丽丝是2013年诺贝尔奖短篇小说作家。书店的初期卖的大多是平装书。据吉姆·蒙罗说，爱丽丝·蒙罗在读了书店的一些书后，愤怒地决定："我可以写比这更好的书！"书店自1984年搬入这座新古典主义建筑风格的大楼（曾经的皇家银行）内。这栋大楼于1909年由建筑师托马斯·霍珀（Thomas Hooper）设计，天花板高达24英尺（7.3米）。书店内的挂毯装饰由吉姆·蒙罗的第二任妻子、纺织艺术家卡罗尔·萨比斯顿设计。蒙罗书店有大量精选的儿童读物、当地历史、小说和诗歌集以及各式文具、日记、拼图和礼品供客人选购。2014年，吉姆·蒙罗退休后，他把这家书店赠送给了四名员工，但保留了这栋大楼的所有权。

维多利亚唐人街
（Victoria's Chinatown）

地址：500 Fisgard Street，Victoria，BC V8W 1R4

官网：https://chinatown.library.uvic.ca

停车：街道计时或收费停车场

维多利亚唐人街是加拿大最古老，也是最小的唐人街，它的牌楼"同济门"位于政府街（Governoment Street）和菲士格街（Fisgard Street）交叉路口。唐人街汇聚了19世纪的建筑和历史古迹，有正宗的中餐馆、特色小吃和杂货店。1996年加拿大国家遗产评审委员会指定维多利亚唐人街为受保护的历史文物区，并于1997年11月20日在菲斯格街上竖立了纪念铜牌，用英、法两种文字介绍了唐人街的历史。

贴心小贴士

位于Fisgard Street 和 Pandora Avenue 之间有一条名为番摊里（Fan Tan Alley）的加

拿大最窄小巷，两边开满了传统和时尚的商店，出售漂亮的装饰品、二手唱片和艺术品，值得一逛。

雷鸟公园
（Thunder bird Park）

地址：638 Douglas St，Victoria，BC V8V 2P8

门票：免费

停车：街边计时，有最长停车时限

雷鸟公园位于皇家卑斯博物馆（RoyalBC Museum）后方，是一处露天的印第安文化展示区。园内的印第安图腾柱由一位知名的印第安雕刻家蒙哥·马丁（Mungo Martin）雕刻，公园内有一排长型的木制矮屋，即印第安传统的"长屋"（the Indian long house）也出自他之手。雷鸟（thunder bird）是原住民想象出来的一种神鸟，并不真实存在，有点类似中国文化里的凤凰。

零公里
（Mile-0）

地址：18 Douglas St，Victoria，BC V8V 2N6

停车：街边免费，有最长停车时限

加拿大1号高速公路又称横加公路，是一条横贯加拿大东西的公路。主线西起英属哥伦比亚省（British Columbia）的维多利亚（Victoria）太平洋，东至纽芬兰拉布拉多省（Newfoundland and Labrador）的圣约翰斯（St.John's）大西洋，全长7800多公里。工程于1950年开始动工修建，1962年启用，1971年全线完工。在横加公路的东西起点，各有一座"零公里"木结构标志纪念碑。

泰瑞·福克斯雕像
（Terry Fox Statue）

18 Douglas St，Victoria，BC V8V 2N6

泰瑞·福克斯，"最伟大的加拿大人"之一，1958年出生于加拿大马尼托巴省（Manitoba）的温尼伯市（Winnpeg），后随父母迁居不列颠哥伦比亚省的高贵林港（Port Coquitlam）。他于1976年从高贵林港高中毕业后往西门菲莎大学（Simon Fraser University）攻读人体运动学，不幸于18岁时罹患骨癌，右腿做了截肢手术。在医院接受治疗的时候，因为看到患癌症的儿童所受的痛苦，他决心用横跨加拿大长跑的方式为癌症的治疗和研究筹集资金。1980年4月12日，泰瑞·福克斯在纽芬兰拉布拉多省（Newfoundland and Labrador）的圣约翰市（St.John's）将他的义肢在大西洋中浸了一下水，开始了他的长跑。他的计划是由东到西跑遍十个省，最终到达不列颠哥伦比亚省（British Columbia）的维多利亚（Victoria），将他的义肢再浸一下太平洋的海水。但9月1日，当他跑到安大略省（Ontario）雷湾（Thunder Bay）附近的时候，因为癌症扩散，身体情况恶化，被迫退出。他实际跑了143天，5300多公里，平均每天40公里左右。9月18日他获颁加拿大勋章以表扬其贡献。1981年6月28日，泰瑞·福克斯在医院逝世。为纪念泰瑞·福克斯，加拿大每年都举办长跑活动为癌症患者募捐。高贵林港高中于1986年更名为泰瑞·福克斯中学（Terry Fox Secondary）。加拿大全国还有另外13间学校和15条街道命名自泰瑞·福克斯。

2005年4月4日，为纪念泰瑞·福克斯在圣约翰起跑25周年，加拿大皇家造币厂铸造了面值1加元的泰瑞·福克斯纪念币。

比肯山公园
（Beacon Hill Park）

地址：100 Cook Street, Victoria, BC

官网：www.victoria.ca

门票：免费

停车：收费停车场

比肯山公园是位于维多利亚市胡安·德·富卡海峡（Juan de Fuca Strait）沿岸的公园，占地75公顷。尽管公园的大部分都被美化成花园和运动场，但仍保留了大量的本地植物如加里橡树（Garry oak）、杨梅树（arbutus）、道格拉斯冷杉（Douglas-fir）、西部红杉（western red cedar）、卡马斯（camas）、延龄草（trillium）、雪果（snowberry）、俄勒冈州葡萄（Oregon grape）和黄褐百合（fawn lily）。园内动物有浣熊（Raccoon）、河獭（river otter）和松鼠（squirrel）。公园里的池塘有天鹅（swan）、乌龟（turtle）、鸭子（duck）、加拿大鹅（Canada goose）和蓝鹭（blue herons）。公园内有一根图腾柱，建成时是世界上最高，现为世界上第四高的图腾柱，柱高38.8米（127英尺），1956年由夸卡瓦克族（Kwakwaka'wakw）的工匠芒戈·马丁（Mungo Martin）雕刻而成。古德克溪（Goodacre Creek）和喷泉湖（Fountain Lake）之间的卵石桥是为了纪念著名的BC艺术家艾米莉·卡尔（Emily Carr），由她的姐姐爱丽丝·卡尔（Alice Carr）于1945年建造。在比肯山上可以远眺美国华盛顿州的奥林匹克山脉（Olympic Mountains）。

渡美山公园
（Mount Tolmie Park）

地址：3492 Mayfair Dr Victoria, BC V8P 4P9

门票：免费

停车：免费停车场

公园位于维多利亚大学附近，登上山顶，你可以俯瞰维多利亚市的景色，在晴好的天气，还可以远眺美国华盛顿州（Washington State）奥林匹克国家公园（Plympic National Park）的群山。极目远望，碧海蓝天和白帆，景色太美丽。

克雷达洛奇古堡
（Craigdarroch Castle）

地址：1050 Joan Crescent, Victoria, BC V8S 3L5

官网：thecastle.ca

停车：收费停车场

门票：见官网

位于维多利亚（Victoria）市内，又名橡树古堡，是一座有豪华古董家具、华丽的彩色玻璃和精致的手工打造的砂岩城堡式豪宅。1887年由苏格兰移民、温哥华煤炭大王及卑诗省首富罗伯特.登斯默（Robert Dunsmuir）所建，整个建筑有四层半高，由87级阶梯贯穿了39个房间。1889年房子尚未完工他就去世了。1890年他的妻子琼·登斯默（Joan Dunsmuir）与他十个子女之中的三人曾经在此城堡中居住过。1908年，在他的遗孀去世后，子女们都搬了出去，第一次世界大战时这座建筑物成为军队医院，1921年后一度成为音乐学校校址。

卡尔之家
（Emily Carr House National Historic Site of Canada）

地址：207 Government St, Victoria, BC V8V 2K8

官网：https://www.emilycarr.com

门票：见官网

停车：收费停车场

艾米莉·卡尔之家，加拿大国家历史遗

址是一座两层楼高的意大利风格的房子，位于维多利亚詹姆斯湾区（James Bay）的一处住宅区内，这里是艾米莉·卡尔出生地和童年时的家。艾米莉·卡尔（1871—1945）是加拿大最著名的画家之一，也是一位著名的作家。这里建筑年份为1863年。她一生的大部分时间都生活在维多利亚的这个街区。艾米莉·卡尔在她的书中承认，这座房子周围的环境对艾米莉·卡尔的成长有着深远的影响。正是在这里，她对创作的渴望和对艺术的欣赏被点燃。房子的位置靠近比肯山公园（Beacon Hill Park）和海岸线，这对卡尔一生对自然环境的欣赏和对不列颠哥伦比亚海岸线的独特见解起到了重要作用。艾米莉·卡尔之家于1964年被指定为加拿大国家历史遗址。

布查特花园/宝翠花园
（The Butchart Gardens）

地址：800 Benvenuto Ave, Brentwood Bay, BC V8M 1J8

官网：https://www.butchartgardens.com

门票：见官网

停车：景区免费停车场

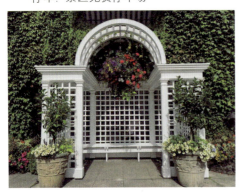

布查特花园坐落在不列颠哥伦比亚省（British Columbia）温哥华岛（Vancouver Island）萨尼奇（Saanich）的布伦特伍德湾（Brentwood Bay），离省府维多利亚（Victoria）以北约23公里。花园占地5.26公顷，于1904年建成。罗伯特·皮姆·布查特（Robert Pim Butchart）于1865年生于安大略省（Ontario），于1888年和几位友人合股开办了波特兰水泥厂（Portland Cement）。随着事业的发展，他在20世纪初来到维多利亚，在托德海口（Tod Inlet）一带发现了丰富的石灰矿床，并在当地建立了采石矿和水泥厂。随着矿场采伐殆尽，1904年他太太珍妮·布查特（Jennie Butchart）开始实现自己将废弃的采石场建成美丽花园的梦想。

贴心小贴士

布查特花园分四大主题花园：下沉花园（Sunken Garden）是曾经的采石矿场，有曲径环绕，临人工小湖，有山泉奔流而下；玫瑰花园（Rose Garden）园地宽广，搜罗自世界各地的玫瑰品类繁多，花团锦簇，争妍斗艳；日本庭园（Japanese Garden）入口建有日式红色神宫门楼，园内遍植加拿大枫树、百合花、日本樱花和松杉，配以小桥、流水、茅草亭等胜景；意大利花园（Italian Garden）是曾经的网球场，古罗马宫苑设计，园旁围以修剪整齐的常青树墙，内有两个水池，星形池旁设花坞，蛙形喷水池中有意大利石雕。每年有超过700种花卉在花园里盛开，夏季还有精彩的烟花表演。

如果想完整的一个不落地游览园内所有花园和景点，记住：遇到分叉路口，选左边的路走！

维多利亚蝴蝶园
（Victoria Butterfly Gardens）

地址：1461 Benvenuto Ave，Brentwood Bay，BC V8M 1J5

官网：www.butterflygardens.com

门票：见官网

停车：免费停车场

维多利亚蝴蝶园位于大不列颠哥伦比亚省（British Columbia）大维多利亚地区（Great Victoria）的布伦特伍德湾（Brentwood Bay）。室内展厅面积1115平方米，有超过75种（超过4000只）蝴蝶和飞蛾，在室内展厅自由飞行、进食和产卵，还有各种鸟类、鱼类、青蛙、鬣鳞蜥、壁虎和乌龟，后有新增加的昆虫馆。

马拉哈特空中步道
（Malahat Skywalk）

地址：901 Trans-Canada Hwy，Malahat，BC V0R 2L0

官网：https://malahatskywalk.com/

门票：见官网

停车：免费停车场

一座木制的螺旋形步道，海拔高度250米，走上顶层有一个360度、周长32米的圆形观景台，站在上面可眺望萨尼奇半岛（Saanich Peninsula）和芬莱森湾（Finlayson Arm）的美景。

维多利亚大学
（University of Victoria，Uvic）

地址：3800 Finnerty Road，Victoria，BC V8W 2Y2

官网：https://www.uvic.ca

校训："Let there be light"（要有光）和"A multitude of the wise is the health of the world"（多元智慧是世界的康体）

维多利亚大学位于不列颠哥伦比亚省首府地区的萨尼奇（Saanich）和橡树湾（Oak Bay），是一所知名公立综合大学，离省会维多利亚（Victoria）市中心东北约6千米。维多利亚大学的前身，麦吉尔大学维多利亚学院（McGill University Victoria College）于1903年成立，为不列颠哥伦比亚省历史第一悠久的学院，当时作为中学后教育院校，为加拿大卑斯省高中毕业的学生提供麦吉尔大学第一年和第二年的人文和科学课程。1963年，维多利亚学院取得大学地位，更名为维多利亚大学。维多利亚大学共有10所学院和2个部门：医学部，持续进修部，有在校研究生3307人，大学生21593人。

哈利城堡
（Hatley Park National Historic Site of Canada/Hatley Castle & Gardens）

地址：2005 Sooke Rd，Victoria，BC V9B 5Y2

官网：https://hatleypark.ca

门票：见官网

停车：收费停车场

哈利公园国家历史古迹位于温哥华岛（Vancouver Island）西南端的科武德市（Colwood）苏克路（Sooke Road），庄园建于1908年，占地565英亩，毗邻太平洋。主人是不列颠哥伦比亚省前省督（Lieutenant Governor of British Columbia）、煤矿大亨詹姆斯·登斯默（James Dunsmuir）。庄园被命名为哈利庄园（Hatley Park），它以有40个房间的哈利城堡（Hatley Castle）为主，城堡有精雕细琢的吊顶、华丽的装饰幕

墙，还有巨大的橡木梁柱。1937年，他的妻子劳拉·登斯默（Laura Dunsmuir）去世后，庄园于1939年出售给了加拿大政府。1940年到1995年间，哈利庄园曾经是海军皇家路军事学院（the Royal Roads Military College）的所在地。哈利庄园如今是皇家路大学（Royal Roads University）。哈利城堡楼下是博物馆，房间里陈列着军官制服、军事用品和学生照片，许多知名电影都曾在哈利庄园取景。

皇家路大学
（Royal Roads University）

地址：2005 Sooke Rd，Victoria，BC V9B 5Y2

官网：https://www.royalroads.ca

校训：Life.Changing 生活·改变

坐落于不列颠哥伦比亚温哥华岛科尔伍德市（Colwood），皇家路大学创立于1940年，是加拿大知名公立遥距教学高等学府。它的前身是著名的加拿大皇家军事学院（HMCS Royal Roads），3390英亩花园般的校园簇拥着国家历史遗址哈利公园（Hatley Park National Historic Site of Canada）和百年城堡（Hatley Castle），被誉为全球最美的校园之一。同时，皇家路大学是加拿大大学协会及英联邦公立大学协会正式会员，是全球最权威商学院认证、世界管理教育领域最具影响力认证机构——国际商学院协会（AACSB）成员。大学本科专业有：环境管理，环境科学，环境实践，司法学，职业传播学，企业管理，全球旅游管理，国际酒店管理；硕士专业有：全球管理，冲突分析管理，灾难应急管理，教育管理，环境管理，环境教育传播学，环境实践学，人类安全学，多文化传播学，跨学科管理学，健康领域管理学，学习和技术研究学，职业传播学，旅游管理学，行政管理

学，人力资源学；博士专业有：社会科学。在校学生2500人。自1999年起，皇家路大学开始扩展亚洲地区的工商管理硕士（MBA）学位境外专班（Offshore Programs）。境外专班采用与当地机构授权合作的模式招生，并以当地语言授课。至2012年底，已有超过3000名境外专班毕业生，分别来自中国和孟加拉国等。

阿布哈兹花园
（Abkhazi Garden）

地址：1964 Fairfield Rd，Victoria，BC V8S 1H2

官网：https://www.abkhaziteahouse.com

门票：见官网

停车：收费停车场

阿布哈兹花园和茶室位于维多利亚（Victoria）市区。花园的主人是20世纪20年代一位贫穷的流亡的俄罗斯王子尼古拉斯·阿布哈兹（Prince Nicholas Abkhazi）和佩吉·彭伯顿·卡特（Peggy Pemberton Carter）。两人于1922年第一次在巴黎（Paris）邂逅，他们一起散步，参观画廊，用法语交谈。第二次世界大战爆发时，尼古拉斯王子加入了法国军队，不久就被俘虏了，被送到德国的一个战俘营，佩吉战争中在上海（Shanghai）。战后，1946年11月，他们重逢于纽约，佩吉嫁给了王子，成为尼古拉斯·阿布哈兹公主。婚后王子和公主定居在维多利亚（Victoria），开始开发他们的阿布哈兹花园。

贴心小贴士

阿布哈兹花园茶室（The Teahouse at Abkhazi）位于花园内，下午茶值得一试。这里有友好的服务，漂亮的花园，烤饼配以美味的果酱和忌廉，经典的黄瓜三明治制作精良，人们享用美食后还可在花园里漫步。

米尔纳花园及木林
（Milner Gardens & Woodland）/Milner Gardens-Vancouver Island University

地址：2179 Island Hwy W，Qualicum Beach，BC V9K 1G1

官网：https://milnergardens.viu.ca

门票：见官网

停车：收费停车场

雷·米尔纳（Ray Milner），著名的慈善家和商人，加拿大公用事业公司的创始董事。他于1937年买下了这所占地28公顷（70英亩）的庄园，并与第一任妻子丽娜（Rina）开始改造。他们两人都喜欢花园和森林。不幸的是，丽娜于1952年去世。1954年，雷与第二任妻子维罗妮卡（Veronica）结婚后，开始对庄园其中4公顷（10英亩）的花园部分进行更精细的改造。维罗妮卡将庄园命名为"长途"（Long Distance），意为远离家乡。维罗妮卡·米尔纳夫人（Veronica Milner）出生于英国贵族，她的母亲是英国首相温斯顿·丘吉尔（Winston Churchill）的堂妹。丘吉尔和米尔纳夫人都是马尔伯勒公爵（the First Duke of Marlborough）的后裔，因此与威尔士王妃戴安娜（Diana，Princess of Wales）有亲戚关系。事实上，威尔士王子和王妃，（the Prince and Princess of Wales）于1986年参观了花园。1987年10月，伊丽莎白女王和菲利普亲王（Queen Elizabeth and Prince Philip）在庄园住了三天。米尔纳夫人是一位有成就的艺术家，她是英国皇家艺术与商业学会的委员。米尔纳夫人用艺术家的眼光和园艺专业知识相结合塑造了花园，用优雅柔美的植物覆盖了整座庄园。该庄园于1996年被温哥华岛大学（Vancouver Island University）收购。1996年5月，庄园被命名为"米尔纳花园"，以表彰和纪念雷和维罗妮卡米尔纳对教育和社区的贡献。

皇家BC省博物馆
（Royal BC Museum）

地址：675 Belleville Street，Victoria，BC V8W 9W2

官网：http://www.royalbcmuseum.bc.ca/

门票：见官网

停车：街边计时收费，有最长停车时限或收费停车场

皇家BC省博物馆，建于1886年，位于维多利亚市风景绝佳的内港（Inner Harbour），是加拿大最重要的自然文化博物馆之一。这里收藏有1400万件藏品和档案，要想更好地了解加拿大第一民族的历史和BC省的历史，这里是个必去之地。博物馆经常有很多展览，无论是第一民族展馆中的图腾展，还是自然历史展馆和现代历史展馆中的展览，都吸引着众多爱好历史的游客。在这里，你可以跟随导游遍览博物馆中的实验室，探索工匠们是如何将概念图转换为房间的立体布景；也可以去看看新收藏的白垩纪化石；如果你是一名昆虫爱好者，去看看馆内收藏的蜘蛛幼虫、蜻蜓之类的吧，一定会让你大开眼界！

大维多利亚区美术馆
（Art Gallery of Greater Victoria）

地址：1040 Moss Street，Victoria，BC V8V 4P1

官网：www.aggv.ca

门票：见官网

停车：街边计时收费，有最长停车时限或收费停车场

1951年建成的大维多利亚区美术馆（Art Gallery of Greater Victoria），这里收藏着加拿大著名艺术家艾米丽·卡尔（Emily Carr）最好的作品，还有很多经常更新的临时展可以参观。

贴心小贴士

维多利亚高光旅游时间：2月至4月"赏花"：每年从年初开始，维多利亚的梅花和樱花渐次绽放，紧接着便是水仙、郁金香、杜鹃花、木兰花等，维多利亚不愧是著名的"花园城市"。记得参加有趣的数花节，（Flower Count）您会看到漫天的花海。

❤️ **推荐地点** ❤️

布查特花园（Butchart Gardens）、维多利亚蝴蝶园（Victoria Butterfly Gardens）、阿布哈兹公园（Abkhazi Garden）、碧肯丘公园（Beacon Hill Park）、哈特利城堡（Hatley Castle）、米尔纳花园及木林（Milner Gardens & Woodland）

5月至10月"观鲸"：在浩瀚的大海中观赏这抹太平洋的野性，绝对是不容错过的体验。

地点：维多利亚内港（Inner Habour），可选大型赏鲸船、橡树湾（Oak Bay），有双体船和快艇可供选择，悉尼小镇（Sidney），是前往哈罗海峡（Haro Strait）和圣胡安群岛（San Juan Islands）海域观鲸的最近出发地。

黄金溪省立公园
（Goldstream Provincial Park）

地址：Gold stream Provincial Park 3400 Trans-Canada Hwy, Langford, BC

官网：www.goldstreampark.com

停车：免费停车场

黄金溪省立公园位于维多利亚市（Victoria）近郊的朗福德（Langford），是BC省著名的原始森林与鲑鱼产卵保护区。这里有清净的水质、恰到好处的含氧量，以及适当的水温。每年秋季，成群结队的鲑鱼逆流而上回到这条出生的溪流，交配产卵，然后悄悄逝去。在北美太平洋最重要的五种鲑鱼中，黄金溪聚集了最多的狗鲑（Chum salmon），黄金溪发源于东侧

苏克山区（Sooke），部分水源汇集于金溪湖，再蜿蜒流经一号公路所在河谷地区，在萨尼奇海口（Sannish Inlet）流入乔治亚海峡（Georgia Strait）。这里还是鸬鹚（cormorant）、西方䴙䴘（grebes）、红喉潜鸟（red throated diver）、斑背潜鸭（scaup duck）以及白头雕（bald eagle）觅食的好地方。因此公园在冬季是非常好的赏鸟区域。

贴心小贴士

以黄金溪省立公园停车场为起点，穿越青苔长满巨大树身的雨林，走在被誉为"天然氧吧"的森林步道上，顿感神清气爽。公园由大片的原始森林覆盖，这里可以看到树龄超过600年的冷杉树（Douglas fir）和西洋红松树（western red cedar），许多粗大的百年老树，三个人都无法环抱。公园里密布着多条步道（Trail），走上最长的一条远足步道（Hiking trail）可以到达大维多利亚地区的最高峰芬利森山（Mt Finlayson）；还可以在山脚下沿着清澈见底的黄金溪水道走到一个巨大的涵洞，这个涵洞就在1号公路之下，穿过涵洞沿着步道继续走，就会看到47.5米高的尼亚加拉瀑布（Niagara Falls）。虽然只是与著名的尼亚加拉瀑布同名，但此瀑布的景色也蔚为壮观。

最佳赏鲑时间是10下旬~12月中旬。

邓肯
（Duncan）

官网：https://duncan.ca

停车：街边计时收费，有最长停车时限或收费停车场

邓肯位于考伊琴山谷（Cowichan Valley），人口近5000人。考伊琴（Cowichan）在赛利希（Salish）语中是表示"温暖的地方"。这片富饶的谷地位于温哥华岛（Vancouver Island）的东南角，汇集肥沃的农田、苍翠

的葡萄园、古老的河网系统以及秀丽的乡村小路。邓肯又名"图腾之城"（City of Totems），城区的各条街道上耸立着80多支原住民图腾柱。此外，这里是考伊琴文化中心（Quw'utsun' Cultural Centre）的所在地。这座原住民文化中心位于考伊琴河（Cowichan River）河畔，陈列展览居住在这里的海岸赛利希族人（Coast Salish）的历史根源。

贴心小贴士

参观图腾，跟随着街道上画着的脚印走，可以完全游览。每星期六，邓肯会举办农贸集市（Saturday Farmer's Market），游客可以体验原住民风俗，还可以参观卑斯森林探索中心（BC Forestry Discovery Centre）。

舒美尼斯镇
（Chemainus）

官网：www.chemainus.com
停车：免费停车场

舒美尼斯镇建立于1858年，曾经是一个伐木小镇，人口3000多。"Chemainus"是一位酋长的名字，"Tsa-meeun-is"意思是

"胸口破了"。传说，这个人在胸部受了巨大的创伤后依然存活，最终成为一位有智慧的大酋长。舒美尼斯被誉为"壁画镇"，20世纪80年代，随着木材厂的倒闭，镇上的人们顿失依靠。后来，他们决定发展旅游，邀请世界各地的画家在镇上房屋的墙壁上作画，吸引游客来观光。现在镇上有超过40幅以17、18世纪当地居民生活背景为主题的巨型壁画（mural），每幅画作都描述不同的故事。

贴心小贴士

游客可以循着地上的黄色油漆脚印，用漫步或乘坐古典马车的方式，走进壁画世界；还可以逛逛镇上风格独特的画廊、精品店、咖啡馆和博物馆。

纳奈莫市
（Nanaimo）

官网：https://www.nanaimo.ca

纳奈莫市是温哥华岛上第二大城市，位于岛的中部，人口超过10万。"纳奈莫"这个名字来源于印第安原住民的撒利希语（Salish），意思是"聚会之地"。纳奈莫因其天然的深水良港，又称"海港之城"（Harbour City），1986年查尔斯王子和黛安娜王妃到访时签署官方声明，正式确立此称谓。纳奈莫最早作为一个殖民者的贸易站点于19世纪早期出现。1849年，当时的哈得逊湾公司（Hudson's Bay Company）通过当地原住民获悉这里有大量的煤矿资源，于是

在1853年，他们在今天的纳奈莫市中心建立了一个碉堡，这个碉堡至今仍作为这个城市的象征而保存着。接下来的几十年里，纳奈莫作为一个重要的煤矿资源产出地而迅速发展。20世纪40年代，木材开始取代煤矿成为这里最主要的贸易资源。今天纳奈莫的重要产业包括渔业、林业以及旅游业等。温哥华岛大学（Vancouver Island University）是一所以招收国际学生而闻名的学府。这所学校的音乐系享有很高的声誉。

纳奈莫机场
（Nanaimo Airport）

地址：3350 Spitfire Way, Cassidy, BC V0R 1H0

官网：https://www.nanaimoairport.com

机场代码：YCD

纳奈莫机场是一座由私人拥有和经营的区域性机场，位于不列颠哥伦比亚省纳奈莫市，提供支线客运服务。1999年，航站楼以出生在纳奈莫的第一次世界大战王牌飞行员雷蒙德·科利肖（Raymond Collishaw）的名字命名。

海滨步道
（Harbourfront Walkway）

地址：Harbourfront Walkway, Nanaimo, BC

停车：街边计时收费，有最长停车时限或收费停车场

纳奈莫的海滨走廊为这座城市增色不少，沿着前街（Front Street）下方的海滨，这条走廊围绕着公园和绿地。沿着海滨走廊开有旅游纪念品商店、带户外露台的餐厅、码头、游艇和水上飞机，还有观鲸船也停靠在这里。

纽卡斯尔岛
（Newcastle Island）

地址：Nanaimo, British Columbia

从海滨走廊眺望纳奈莫港（Port of Nanaimo），你可以看到纽卡斯尔岛在你的左边。搭乘小型渡轮上岛，该岛官方名称为塞苏顺·纽卡斯尔岛省立海洋公园（Saysutshun, the Newcastle Island Marine Provincial Park）。公园内的斯努尼穆克村庄遗址（Snunéymuxw Village Site）、旧砂岩采石场（old sandstone quarries）、腌鱼厂遗迹（the remains of a fish saltery）和煤矿遗址（coal mine sites）通过小径和海滩互相连接在一起；这里也是露营的好去处。

纳奈莫博物馆
（the Nanaimo Museum and the Bastion）

地址：100 Museum Way, Nanaimo, BC V9R 5J8

官网：http://nanaimomuseum.ca/

门票：见官网

停车：街边计时收费，有最长停车时限或收费停车场

纳奈莫博物馆始建立于1967年，博物馆是了解该地区历史的好地方，从斯努尼穆克文化（the Snunéymuxw culture）到堡垒（Bastion）时代以及煤矿历史等。博物馆还从全国各地的博物馆引进了特色展品。2008年，博物馆迁入了位于纳奈莫市中心的温哥华岛会议中心（the Vancouver Island

Conference Center）的新馆址。博物馆内有一家漂亮的礼品店，隔壁的网红咖啡店"爱喝咖啡（Serious Coffee）"就开在著名的纳奈莫酒吧一条街（Nanimo Bar Trail）上。立于海滨走廊上方的是白色木制塔和堡垒（the Bastion），这座三层高的堡垒建于19世纪中叶，由哈德逊湾公司建造，它是一座多用途建筑，用于贸易、防御和仓储，每年从5月长周末到9月劳动节长周末作为游客中心开放。在此期间，每天中午一门仿真大炮都会模拟开炮。

温哥华岛军事博物馆
（Vancouver Island Military Museum）

地址：100 Cameron Road，Nanaimo，British Columbia

官网：http://www.vimms.ca/

停车：街边计时收费，有最长停车时限或收费停车场

在纳奈莫市（Nanaimo）中心的一座小山上，坐落着八角形的温哥华岛军事博物馆。馆里展出的文物和种类繁多的展品，包括制服、武器、模型、奖章和其他纪念品，它们记录了加拿大海军、陆军和空军参与的战争，这些战争贯穿了整个加拿大的历史。

尤克卢利特
（Ucluelet）

官网：ucluelet.ca

尤克卢利特位于温哥华岛西海岸风景秀丽的尤克卢斯半岛（Ucluth Peninsula）上，濒临太平洋，人口约1500多人。尤克卢利特（Ucluelet）的发音是"Yew-Kloo-Let"。

在原住民卡特族（Nuu-chah-nulth）语言中的意思是"安全港"。当地人称这儿为"尤基（Ukee）"，他们也欢迎游客使用同样的称呼。尤克卢利特是一个独特的户外探险活动胜地，无论是观鲸、观熊、观鸟、海钓、冲浪、远足、海上皮划艇、滑索，还是享用海鲜美食，您都值得一试。距离享誉全球的度假胜地托菲诺（Tofino）约40公里，尤克卢利特被誉为托菲诺的姐妹城市。

大海湾
（Big Beach）

地址：Big Beach，Marine Drive，Ucluelet，BC

停车：收费停车场

大海湾坐落在广受欢迎的海滩公园，海滩两侧是岩石悬崖，您可在在阳光下漫步海滩，徒步穿过森林和悬崖，或在海边酒店里于大风大雨天观赏海里的滔天巨浪。

托菲诺
（Tofino）

官网：www.tofino.ca

停车：街边计时收费，有最长停车时限或收费停车场

托菲诺位于温哥华岛西部太平洋沿岸，面对一望无际的太平洋，人口约1900。此区的名称来自托菲诺内湾（Tofino Inlet）——1792年西班牙海军少将托菲尼奥（Vicente Tofiño）率船队在此探索，内湾则以他的名字命名。托菲诺以前靠林业和渔业为主，后来才逐渐发展成以旅游业为中心。托菲诺（Tofino）和尤克卢利特（Ucluelet）拥有BC省最美丽的海滩，在长长的白色海滩上，冬季海浪高达10米。托菲诺非常注重对生态和环境的保护，这里生长着多种奇异的植物与动物，被评为联合国世界自然保护区。

贴心小贴士

冲浪（surfing）

无边无际的海滩和无尽的海浪使托菲诺成为加拿大冲浪的首选目的地之一。你可以常年在这里冲浪。冲浪者每天从早上到日落

都涌向海滩。

观鲸（whale watching tour）

观鲸之旅是必不可少的，在托菲诺周围的水域，您可以看到灰鲸（gray whale），在夏季可以看到座头鲸（humpback whale），还有风景秀丽的克莱奥库特湾（Clayoquot Sound）。小镇上的众多旅行社，提供各种风格的，半覆盖或覆盖的观鲸船。

观浪（storms and waves）

要观看该地区最壮观的自然景象之一，请在11月初到2月底之间。在风暴季节来到托菲诺，海洋的力量以惊人的方式向人们展示，滔天巨浪通常高达6米（20英尺）。在托菲诺海岸之外，是浩瀚的太平洋。每年的这个时候，海洋温度升高和冷空气团产生的风暴会产生强烈的气压低点，由此产生的风暴和海浪吸引着世界各地的摄影师，冲浪者和自然爱好者来到托菲诺，经历一段终生难忘的时光。

观熊（bear watching tour）

黑熊（black bear）是加拿大最具代表性的动物之一，在托菲诺周围有非常数量的黑熊。他们经常在低潮时沿着海岸游荡寻找食物。观熊旅游时间在每年的4月初至10月底之间，可以用乘船的安全的方式，去到黑熊的自然栖息地。旅游时间因潮汐而异，运气好时可偶遇黑熊妈妈带着熊幼崽。

长滩
（Long Beach）

官网：https://www.pc.gc.ca/en/pn-np/bc/pacificrim

停车：收费停车场，2小时停车免费

坐落在环太平洋国家公园保护区（Pacific Rim National Park Reserve）内，在托菲诺（Tofino）和尤克卢利特（Ucluelet）之间，直面太平洋，有16公里长的白色沙滩。当潮水退去时，海滩非常平坦和宽阔，是一个完美的海滩漫步的地点。在长滩您可以冲浪、划皮划艇、游泳、海滩散步、海滩野餐、日光浴。长滩的标志性景点之一是岩石岛（incinerator rock），耸立在不远处的海上，海浪冲上岩石发出轰隆巨响。春秋两季可观赏到2万条洄游迁徙的灰鲸（gray whale）。

温泉湾
（Hot Springs Cove）

官网：tourismtofino.com/plan-your-trip/business-directory/hot-springs-cove

温泉湾位于马奎纳省公园（Maquinna Provincial Park），托菲诺（Tofino）西北27海里的太平洋上。天然的温泉由岩石中流出，水温高达50摄氏度。从托菲诺出发乘坐一个半小时的船，船靠岸后，要在雪松木板人行道上穿过古老的森林行走两公里（30分钟）才能到达温泉。温泉有卫生间、更衣室和有顶休息处。温泉有数个水温不一的池子，您可以选择适合自己温度的那一个。温泉从瀑布溅入水池，周围悬崖上高耸的树木环绕，还有一望无际的海景和开阔的天空——确实值得来此一泡。别忘了带上午餐、零食和水，整个行程需要6小时，每船限制人数10人。

麦克米兰巨木公园
（MacMillan Provincial Park）（Cathedral Grove）

地址：452 Alberni HWY, Nanaimo F, BC

官网：www.env.gov.bc.ca

门票：免费

停车：免费停车场

这是位于阿尔伯尼港（Port Alberni）和库姆斯（Coombs）镇之间的一座原始森林公园，是从纳奈莫（Nanaimo）开车去托菲诺（Tofino）的必经之地，在4号公路（HWY4）上。公园里大部分的道格拉斯杉（Douglas Fir）都有300年以上的树龄，最老的有800年，所以森林里到处可见一些长得很高很粗的大树。公园里最出名最粗的一棵树位于4号公路东行线入口的Cathedral Trail卡梅伦湖（Cameron Lake）附近。

盐泉岛
（Salt Spring Island）

官网：https://www.saltspringtourism.com

盐泉岛是南湾群岛（Southern Gulf Islands）中最大的岛屿，是从温哥华岛南部

到美国华盛顿州的群岛的一部分。盐泉岛以其兴旺的艺术家社区、富饶的有机农田和无与伦比的自然美景而闻名，这里已成为艺术家、思想家和大自然爱好者的度假天堂。自20世纪60年代起，许多画家、陶艺家、手工匠，甚至美食达人开始来到这座小岛，他们在这里建立起了各具特色的商铺和工作室，并将他们充满艺术气息的生活方式与奇思妙想带到此地，让艺术之美融入街头巷尾。盐泉岛的冬天气候温和，很少降到零度以下，夏天也很舒适——尽管该岛靠近多雨的温哥华和西雅图，但岛上的平均降雨量要少得多。波光粼粼的海洋、古老的森林、淡水湖泊、当地的有机食品和大量适合户外活动的场所，您都可以在盐泉岛得到体验。

盐泉岛集市
（Salt Spring Markets）

官网：https://saltspringmarket.com/

停车：收费停车场

盐泉岛的集市是必去的旅游景点，久富盛名的"百年公园星期六集市"（Centennial Park Saturday Market），从每年的4月持续到9月。有140多家摊贩出售从法国糕点、毡帽到陶瓷花瓶、玻璃珠等各种商品，所有产品都必须在岛上制作、烘焙或种植。每周二，在农产品市场选购所有你需要的丰盛食物：木烤面包、带松露的山羊奶酪、新鲜的西红柿、胡萝卜和黄瓜，以及苹果牛奶气泡酒（sparkling apple-cider kefir）。圣诞期间有两个工艺品展销会：一个在海狸角展厅（Beaver Point Hall），另一个在富尔福德（Fulford Hall）展厅。还有一个常年在马洪展厅（Mahon Hall）举办的Wintercraft展销。

麦克斯韦山省立公园
（Mount Maxwell Provincial Park）

官网：http://www.env.gov.bc.ca/bcparks/explore/parkpgs/mt_maxwell/

停车：免费停车场

麦克斯韦山的贝恩斯峰瞭望台（Baynes Peak lookout）海拔近600米，从这里可以一览无余地俯瞰富尔福德谷（Fulford Valley）、周边的海湾群岛（Gulf Islands）、美国圣胡安群岛（San Juan Islands）、温哥华岛（Vancouver Island）和卑斯大陆（mainland BC）的全景。沿着悬崖边缘有数条有围栏的小径，有231公顷的受保护公园，土地满是道格拉斯杉（Douglas fir），奥里根白橡（Garry oak）和鲑鱼产卵小溪（salmon-spawning creeks）。

上山的道路相当崎岖，低底盘车不适合上路。

海湾群岛酿酒公司
（Gulf Islands Brewing）

这是一座充满乡村风格的"村舍式啤酒坊"，从木头搭建的谷仓中选出优质麦芽，用管道直接汲取清澈冷冽的山间泉水酿制出的精品麦芽啤酒。推荐添加了石楠花（heather）的希瑟代尔麦芽啤酒（Heatherdale Ale）。

❤️ **心动推荐线路** 💕

盐泉岛自驾探索（Exploring Salt Spring Island by Car）

路线起点：长港

路线终点：富尔福德港

建议：一天

虽然盐泉岛有一条公交车线路连接主要站点，自驾会更容易到达各个旅游景点和住宿酒店。岛上公路比较狭窄，多丘陵，有时刮强风，但路面大多是柏油路面，除了主市

镇和三个渡轮码头长港（Long Harbour）、维苏威港（Vesuvius Harbour）和富尔福德港（Fulford Harbour）没有路灯，您可以搭乘渡轮抵达盐泉岛北端的长港，下渡轮后按照路标前往主市镇甘奇（Ganges）。在镇上，你会发现工艺品市场、农贸市场、艺术春天艺术中心（ArtSpring arts center）、观鲸公司、皮划艇公司、现场音乐会和活动场地以及其他旅游景点。找一个停车位泊车，花几个小时在这个古朴的海滨小镇上漫步，去岛上最古老的商店 Mouat's 买一件时髦的盐泉岛主题 T 恤，从流动快餐车中，品尝玉米饼或者大碗素面。继续往南岛，沿着路标驾驶到达富尔福德港（Fulford Harbour），驶上海狸角路（Beaver Point Road）。前行五分钟后，右手边经过斯托威尔湖（Stowell Lake），到达位于雷诺兹路（Reynolds Road）的网红盐泉岛奶酪店（Salt Spring Island Cheese shop）和斯托威尔湖有机农场（Stowell Lake Organic Farm）。海狸角路的尽头是鲁克尔省公园（Ruckle Provincial Park）。从富尔福德港（Fulford Harbour）搭渡轮离开盐泉岛，利用车辆在渡轮码头排队的空隙，在富尔福德村（Fulford village）买杯拿铁悠闲地逛逛，结束盐泉岛之旅。

温哥华岛 三天行程

路线起点 ➡ 温哥华　　路线终点 ➡ 温哥华　　行程距离 ➡ 约630千米　　建议 ➡ 至少三天

第1天

温哥华 (Vancouver) → 邓肯 (Duncan)
→ 彻梅纳斯 (Chemainus) → 纳奈莫
(Nanaimo)
距离：220千米（包含渡轮行驶距离）

早晨从温哥华出发，大约行驶半小时抵达托华信（Tsawwassen）渡轮码头，搭乘BC渡轮（BC Ferries）前往BC省省会维多利亚北边的史华兹湾（Swartz Bay），下船后沿17号高速公路向北然后转1号横加公路行进，抵达今天的第一个目的地——邓肯（Duncan）。邓肯又被称作"图腾小镇"，在这里可以开启一段神秘的图腾柱之旅，这里的每根图腾柱都讲述着原住民的历史和生活，传递着当地原住民"敬畏自然，感恩自然"以及人与自然和谐相处的理念。结束图腾之旅，继续开车向北前行，可以在索米诺斯沼泽保护区（Somenos Marsh Conservation Area）停留，这里生活着超过200多种鸟类，是绝佳的观鸟胜地。彻梅纳斯（Chemainus）小镇因为拥有40余幅巨大的壁画而得名，这些壁画展现了原住民、早期欧洲伐木者的历史。游客可根据线路图，沿着黄色脚印，欣赏彻梅纳斯40余件壁画精品。沿1号高速公路继续向北行驶，来到岛上第二大城市——纳奈莫，住宿纳奈莫。

第2天

纳奈莫 (Nanaimo) → 帕克斯维尔 (Parksville) → 坎贝尔河 (Campbell River)
距离：155千米

新的一天，沿着19A公路前行，下一站会抵达帕克斯维尔（Parksville）。这里拥有美丽迷人的沙滩，退潮时，海边会形成无数独特的潮汐池，非常适合沙滩漫步，还可以进行一些适合一家人的海边娱乐活动。上午还可以去拉特雷弗海滩省立公园（Rathtrevor Beach Provincial Park），BC省最受欢迎的露营地之一，在这里可以卸掉平日的压力，尽情感受海洋的味道。在松软的海滩肆意漫步，沙子调皮地跑进脚趾缝，秋日的阳光乱扑扑地打下来。用过午餐之后，则可以沿着4号公路往西行驶大概30分钟，深入另一片自然的乐园，到小夸里科姆瀑布省立公园（Little Qualicum Falls Provincial Park）看瀑布飞流直下，亦或深入教堂丛林（Cathedral Grove），惊叹于古老而巨大的道格拉斯冷杉和西部红杉。一路向北，大约半小时的车程就可以抵达坎贝尔河，这里的一切都跟河水相关。坎贝尔河地区是世界著名的钓三文鱼胜地，而麋鹿瀑布吊桥（The Elk Falls Suspension Bridge）则是坎贝尔河地区另一个不可错过的打卡地点，在高空吊桥上，看瀑布一泻千里，古树高耸入云，在惊险中收获绝美的风景，住宿坎贝尔河。

第3天

坎贝尔河（Campbell River）→ 电报湾（Telegraph Cove）→纳奈莫（Nanaimo）→温哥华

距离：231千米（包含渡轮行驶距离）

电报湾（Telegraph Cove）是一个风景如画、人口稀少的静谧小镇，最佳的游览时间是秋季。小镇本身拥有非常具有渔村特色的

五彩的水上屋和木板路。还因为它位于约翰斯通海峡岸边，意味着这里鲸鱼的数量几乎和这里居民的数量一样多，是非常著名的观鲸胜地。有经验的向导可以带你找到五种不同于太平洋三文鱼生活的水域，或者也可以坐船来一次野生动物观赏之旅。这里不仅有机会看到迁徙而来的灰鲸，还有常住这里的虎鲸家族，沿岸还距离棕熊聚居地非常近。温哥华岛屿北部以丰富的原住民文化著称，来到电报湾一定不能错过的就是U'Mista文化中心（U'Mista CulturalCentre），有非常有名的夸富宴收藏品（Potlatch Collection），Kwakwaka'wakw民族仪式的面具和各种用品。至此，温哥华岛北部之旅告一段落，驱车返回纳奈莫（Nanaimo）乘搭BC渡轮。行程结束！

惠斯勒
Whistler

官网：https://Whistler.com
停车：收费停车场

惠斯勒，一个由两座山峰环抱着的度假村，距温哥华仅2个小时车程。这里有世界一流的滑雪场、四个锦标赛级别的高尔夫球场、品牌运动用品商店、餐厅和酒吧，是一个四季皆宜的顶级度假胜地。它是2010年温哥华冬季奥运会和残奥会的雪上竞技项目的主场。

好 玩 景 点

横跨峰顶缆车
（Peak 2 Peak Gondola）

升降436米、全长4.4千米长，它是世界上最长的缆车，横跨惠斯勒山顶（Whislter Mountain）至黑梳山顶（Blackcomb Mountain），在11分钟的行程中您可在缆车中尽览村庄、山峦、冰川峡谷、湖泊和森林等高山美景，有时甚至可以看到正在觅食的黑熊。

贴心小贴士

春季：健行、露营、骑行，在河流湖泊中划独木舟、划皮划艇、漂流、垂钓鳟鱼与鲑鱼。

夏季：登山、健行、山地骑行、越野单车、越野摩托以及各种水上运动。

冬季：滑雪、越野滑雪、直升机滑雪、狗拉雪橇、雪地摩托、雪鞋健行等多种冰雪活动。

惠斯勒世界单板和双板滑雪节（TELUS World Ski & Snowboard Festival）于每年春天举办。

每年6月至10月：参加观熊和山区生态之旅，由专业导游带领探访黑熊的巢穴，了解保护黑熊的相关知识。

自驾线路

海天公路（Sea to Sky Highway）

路线起点：温哥华；路线长度：190千米（单程）

路线终点：温哥华

建议：至少两天

从温哥华（Vancouver）开始于惠斯勒（Whistler）结束。"海天公路"（Sea to Sky Hwy）是由西温哥华（West Vancouver）

的马蹄湾（Horseshore Bay）开始，沿着海岸线修建的一段99号公路（Hwy99）。一路上你会经过海天缆车（Sea to Sky Gondola）、不列颠比奇（Britannia Beach）、香浓瀑布省立公园（Shannon Falls Provincial Park）、斯夸米什镇（Squamish）、埃尔芬湖（Elfin Lakes）、白兰地瀑布省立公园（Brandywine Falls Provincial Park）等不容错过的景点。

沿途景点简介

波特湾省立公园（Porteau Cove Provincial Park）

地址：Squamish-Lillooet D，BC

官网：https://bcparks.ca

停车：免费停车场

波特湾省立公园位于不列颠哥伦比亚省豪湾（Howe Sound）东岸，在海天高速公路（Sea to Sky Hwy）沿线，占地50公顷，是一个非常受欢迎的潜水区，可进行野餐、露营、游泳、帆板运动和划船活动。园区有一系列人工礁，以及两艘沉船，同时提供44个免下车营地和16个帐篷营地。80%的露营地可在4月至9月期间通过官网预订。

海天缆车（Sea to Sky Gondola）

地址：36800 BC-99，Squamish，BC V8B 0B6

官网：https://www.seatoskygondola.com/

门票：见官网

停车：免费停车场

经过海天缆车10分钟车程可到达海拔885米山顶。在山顶缆车站有三个观景台：面向西南的5000平方英尺的山顶小屋观景台（Summit Lodge Viewing Deck），在这里可以欣赏豪湾（Howe Sound）和海岸山脉（Coastal Mountains）的全景、酋长岩俯瞰观景台（Chief Overlook Viewing Platform），在这里可以俯瞰酋长岩背后的攀岩者、海滩上的风帆冲浪和风筝冲浪活动，以及精神观景平台（The Spirit Viewing Platform），这里有对周围景观和斯阔米什第一民族人民[（Squamish或Skwxwú7mesh）First Nations people）]的信息词条。

冬季，海天缆车成为户外活动仙境，3000多英亩的野外地形可供野外滑雪、徒步旅行，所有活动都老少咸宜。

海天缆车开放时间：

夏季：从5月到10月

冬季：从12月到次年4月

不列颠比奇海滩
（Britannia Beach）

不列颠尼亚海滩是一个小型非建制社区，在不列颠哥伦比亚省温哥华以北约55千米处的斯阔米什—利洛埃地区（Squamish-Lillooet Regional District），位于豪湾的海天高速公路上，人口约300人。

不列颠尼亚矿业博物馆
（Britannia Mine Museum）

地址：150 Copper Dr, Britannia Beach, BC V8B 1J1

官网：https://www.britanniaminem-useum.ca

门票：见官网

停车：免费停车场

不列颠尼亚矿业博物馆前身为不列颠哥伦比亚矿业博物馆（British Columbia Mine Museum），位于不列颠哥伦比亚省温哥华以北55千米的不列颠尼亚海滩上的海天公路旁，它由大不列颠海滩历史学会管理。博物馆曾经是第三磨坊（Mill 3）的所在地，也被称为选矿厂。这座20层楼高的建筑是一座用于矿石加工的重力式选矿厂，1987年被指定为加拿大国家历史遗址（National Historic Site of Canada）。不列颠尼亚矿是近70年来铜矿的重要来源，在20世纪20年代和30年代，它是加拿大最大的采矿作业之一。重力进料选矿机是当年最先进的技术。

香浓瀑布省立公园
（Shannon Falls Provincial Park）

地址：BC-97，Squamish-Lillooet D，BC V0N 1T0

官网：https://bcparks.ca

停车：免费停车场

香农瀑布省立公园是不列颠哥伦比亚省的一个省级公园。它位于距温哥华58千米处、斯夸米什（Squamish）以南2千米处，海天高速公路（Sea to Sky Hwy）旁。公园占地87公顷，主要的景点是香农瀑布（Shannon Falls），它是卑斯省第三高的瀑布，水从335米的高度流下。瀑布是以一位叫威廉·香农（William Shannon）的名字命名的，他于1889年在此定居，制造砖块出售。公园的北面是穆林省立公园（Murrin Provincial Park）和斯塔瓦莫斯酋长省立公园（Stawamus Chief Provincial Park）。

斯塔瓦莫斯酋长省立公园
（Stawamus Chief Provincial Park）

地址：38049 3 Ave，Squamish，BC

官网：https://bcparks.ca/explore/parkpgs/stawamus/

停车：免费停车场

斯塔瓦莫斯酋长省立公园是不列颠哥伦比亚省的一座省立公园，成立于1997年。它包括同名的酋长峰（Stawamus Chief Peak）和斯勒哈奈花岗岩圆顶（Slhanay Granite

Dome）以及周围的森林。公园里的活动包括徒步旅行、攀岩和露营。从公园可以看到北面的加里波第山（Mount Garibaldi）。2009年，作为海天高速公路改造项目的一部分，该公园进行了升级改造，在位于斯帕米什镇（Squamish）的南部、豪湾（Howe Sound）东北角的海天公路上建造了一座新的标志性步行桥，该桥采用了两个蓝色八字拱和一个弯曲的混凝土桥面。

斯勒哈奈花岗岩圆顶
（Slhanay Granite Dome）

斯勒哈奈，原名斯阔，是一块巨大的花岗岩圆顶，位于不列颠哥伦比亚省斯阔米什镇附近。尽管这座山在斯阔米什人的语言中被称为斯勒哈奈（Slhanay），但它往往被斯塔瓦姆斯酋长岩（Stawamus Chief）所掩盖。斯塔瓦姆斯酋长岩是一块位于西南方向的更大的花岗岩穹顶。使用"squaw"一词作为圆顶的名称是有争议的。2009年，在与当地第一民族协商后，该地区采用了新名称Slhanay，从而纠正了这一问题。斯勒哈奈位于斯塔瓦莫斯酋长省立公园（Stawamus Chief Provincial Park）内。经过一条简便的徒步小道，可从酋长岩的"背面"小道到达斯勒哈奈山顶。这条小径崎岖不平，很少有人去斯勒哈奈山顶。然而，斯勒哈奈西面的陡峭岩壁深受攀岩者的喜爱，可以从附近的曼昆森林服务公路（Mankun Forest Service Road）进入。

穆林省立公园
（Murrin Provincial Park）

地址：Browning Lake Trail, Britannia Beach, BC V0N 1J0

官网：https://www.exploresquamish.com/explore/murrin-provincial-park

停车：免费停车场

穆林省立公园是不列颠哥伦比亚省的一个省立公园，位于斯夸米什镇（Squamish）以南，海天公路旁。公园占地约24公顷，自20世纪60年代以来，当地人和外地人都蜂拥到穆林省立公园，因为那里可以方便地在湖中游泳、野餐、徒步旅行、钓鱼和攀岩。公园内有一条轻松的步行小道，可以带你沿着勃朗宁湖（Browning Lake）的周边行走。勃朗宁湖在春季和秋季定期放养虹鳟鱼。在整个公园里，你可以找到数百条运动路线和初学者攀岩路线。停车场也是佩特吉尔湖（Petgill Lake）小道的入口，这条11.5千米长的陡峭小径将带你攀登到佩特吉尔湖（Petgill Lake），从这里可以欣赏到斯塔瓦莫斯酋长岩（Stawamus Chief）、豪湾（Howe Sound）和斯夸米什镇（Squamish）的绝美全景。

斯夸米什镇
（Squamish）

人口：19512

官网：https://squamish.ca

斯阔米什是不列颠哥伦比亚省温哥华北部的一个城镇。它位于豪湾（Howe Sound）的北端，周围群山环绕，像一座巨大的花岗岩巨石——斯塔瓦莫斯酋长岩（Stawamus Chief），从海天缆车（Sea to Sky Gondola）山顶可以看到海湾和附近的香农瀑布（Shannon Falls）从悬崖上泻下以及不列颠尼亚矿山博物馆（Britannia Mine Museum）。

布雷肯代尔鹰省立公园
（Brackendale Eagles Provincial Park）

地址：Brackendale, BC V0N 1H0

官网：https://bcparks.ca/explore/parkpgs/brackendale_eagles/

布雷肯代尔鹰省立公园是不列颠哥伦比亚省的一个省立公园，位于斯夸米什河（Squamish River）流域，毗邻斯夸米什郊区的布雷肯代尔（Brackendale）。斯夸米什河穿过太平洋山脉流向海岸，形成了一个低洼的深谷。斯夸米什河谷长期以来被认为是北美最重要的越冬秃鹰区之一。公园面积755公顷，成立日期是1999年6月29日。在1994年的冬季鹰计数中，斯夸米什河拥有3769只鹰的世界纪录。河流的河岸区域为秃鹰栖息和觅食提供了合适的栖息地。每年的11月至2月，斯夸米什河（Squamish River）、切卡马斯河（Checamas River）和曼夸姆河（Manqam River）上成群结队的鲑鱼（Salmon）吸引着来自太平洋西北部和不列颠哥伦比亚省内陆的鹰来此过冬，此时是观赏鹰的好时机。

白兰地瀑布省立公园
（Brandywine Falls Provincial Park）

地址：Whistler, BC V0N 0A0

官网：https://bcparks.ca/explore/parkpgs/brandywine_falls/

停车：免费停车场

布兰迪温瀑布位于布兰迪温瀑布省立公园内，是海天公路沿线的标志性地标。瀑布位于惠斯勒以南20分钟，斯帕米什以北30分钟。公园占地420公顷，于1973年建立。从停车场出发，您可以在大约15分钟内到达观景台，俯瞰壮观的70米高瀑布、雏菊湖（Daisy Lake）和周围群山的奇妙景色。2010年，公园的面积增加了三倍，以保护红

腿蛙（red-legged frogs），一种省级"蓝名单"濒危物种（a provincial "blue listed" species at risk）。

埃尔芬湖
（Elfin Lakes）

官网：https://en.wikipedia.org/wiki/Elfin_Lakes

停车：免费停车场

埃尔芬湖是加里波第省立公园（Garibaldi Provincial Park）的两个湖泊，位于不列颠哥伦比亚省斯夸米什以东，海拔1600米，是远足、雪鞋健行、滑雪和山地自行车的热门之地。通往该湖的主要通道是一条21千米长的小道，坡度约为5.5度，爬高800米。在湖边和露营地有露营地设施。冬季，该湖通常在12月下旬至4月下旬结冰，大约一半的小径在森林中，而剩下的一半在高山草甸中，徒步旅行路线穿过埃尔芬湖，前往蛋白石锥（Opal Cone）、曼夸姆湖（Mamquam Lake）、柱状峰（Columnar Peak）、石像鬼（the Gargoyles）和小钻石头（Little Diamond Head）。上湖允许游泳，下湖饮用水储水湖。

官网：www.hellobc.com www.travelalberta.com	路线起点：温哥华 路线终点：温哥华	行程距离：2300千米 建议：至少十天

1

温哥华（Vancouver）→新娘面纱瀑布（Bridal Veil Falls）→奥塞罗隧道（Othello Tunnels）→梅里特（Merritt）→基洛纳（Kelowna）

距离：430千米

沿世界最长的高速公路之一的横加公路，一号国道（Hwy 1），从温哥华出发经菲沙河谷踏上落基山之旅，沿途有以下好玩的景点。

新娘面纱瀑布省立公园
（Bridal Veil Falls Provincial Park）

Bridal Falls，BC V0X 1X0

官网：https://bcparks.ca/explore/parkpgs/bridalveil_falls/

门票：免费

停车：免费停车场

新娘面纱瀑布省立公园是不列颠哥伦比亚省或称卑斯省（British Columbia）省立公园，位于不列颠哥伦比亚省罗斯代尔（Rosedale）的横贯加拿大高速公路（Trans-Canada Highway，HWY1）上的奇利瓦克市（Chillilwack）附近。公园以新娘面纱瀑布（Bridal Veil Falls）命名，它是卑斯省高度排名第38位的瀑布，瀑布从23米（75.46 英尺）阔的岩石面上飞流直下122米（400英尺），形成了一层薄薄面纱的效果。瀑布的发源地在阿奇柏德山（MT Archibald），流经新娘溪Bridal Creek），最终汇入弗雷泽河（Fraser River）。进入瀑布需要从停车场在木制的小径上徒步15—25分钟到达。

新娘面纱瀑布在19世纪被普克姆（Pukham Village）村民命名。在20世纪初，他们利用瀑布带动水利发电机为村里的小木屋和加热的游泳池供电。现在还能看到当年放置发电机的混凝土基础。

奥塞罗隧道
（Othello Tunnels）

Coquihalla Canyon Provincial Park, Hope, BC V0X 1L1

官网：https://bcparks.ca>coquihalla_cyn

门票：免费

停车：免费停车场

1982 年，希望镇（Hope）和附近的奥塞罗隧道群（Othello Tunnels）成为电影《第一滴血》的取景地，包括后来 "007" 在内的数部电影，也纷纷来此取景，主要是被这里雄伟壮阔的连绵山脉所吸引。沿着科奎哈拉河（Coquihalla River）经过科奎哈拉峡谷省立公园（Coquihalla Canyon Provincial Park），可以到达历史悠久的奥塞罗隧道（OthelloTunnels）。奥塞罗隧道完工于1916年，原本是运木材铁路的隧道，后来铁路改道了，此处便成了很受欢迎的健行路线。总工程师安德鲁是位莎士比亚迷，他将铁路沿线的小火车站以莎士比亚四大悲剧中的人物命名，包括这条隧道。

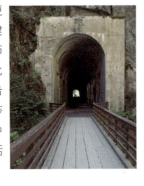

梅里特
（Merritt）

人口：7139

官网：https://www.tourismmerritt.ca

梅里特镇位于尼古拉河谷（Nicola Valley）腹地，卑斯省南部内陆，占地26.07平方公里。19世纪中期欧洲拓荒者开始来此经营牧场，于1893年建市。风蚀作用雕琢出梅里特附近温迪峡谷（Windy Canyon）峭壁上的奇特构造，万年冰川湖的古水滨线在周边的草地上清晰可见，属半干燥气候类型，夏季少雨需引水灌溉草地。

梅里特被称为"加拿大乡村音乐之都"，是梅里特山音乐节（Rockin' River Country Music Festival）的举办地。四天音乐节期间，游客可欣赏到最负盛名的乡村音乐艺术家的表演。

梅里特是加拿大最大的养牛牧场道格拉斯湖公司（Douglas Lake Ranch）所属道格拉斯湖牧场所在地，占地超过50万英亩（2023平方公里），牧场内饲养了大约2万头牛和约300匹马。

基洛纳
（Kelowna）

人口：194882

官网：https://www.kelowna.ca/

基洛纳坐落在奥肯拿根湖（Okanagan Lake）东岸，于1905年建市。"Kelowna"在原住民语言是"灰熊"（Grizzly）的意思。基洛纳市面积约为212平方千米，是卑斯省第三大城市。基洛纳属半干旱气候，年日照时间超过2000小时，所以此区盛产葡萄和各类水果，是加拿大著名的水果和葡萄酒之乡，整座城市都被美丽的果园和葡萄园所簇拥。

1911年，国父孙中山曾到基洛纳筹款。当时，这座城市大约15%的人口是华裔。

欧肯纳根湖
（Okanagan Lake）

位于加拿大的哥伦比亚省的欧肯纳根的核心地带，湖长约135千米，宽1.6千米，面积351平方千米，平均深度76米，最大深度232米，海拔高度342米。附近水域是欧肯纳根水怪常出没的地区。1872年，一位名叫约翰·阿里森的女士目击欧肯纳根水怪出现，根据她描述，水怪体长有60米到150米左右，头部像马，身躯像蛇。有关欧肯纳根水怪的最有力的证明是：1926年，一条船遇到了水怪，当时船上的30人都表示亲眼看到了起伏绵延12米长的水怪的脊背。1989年，加拿大哥伦比亚省古生物研究俱乐部曾两度远赴欧肯纳根湖，寻找水怪的踪迹，团员"幸

运"地目睹到水怪的出现。据描述，水怪长90米到100米，露出水面部分有好几个拱状背脊，皮肤有如鲸鱼般。

湖怪的原印第安语是"OGOPOGO"。古印第安传说，有恶人被鬼上身，杀害了族中受尊崇的酋长，天神降罪，令它变成湖中巨蛇，就是奥高普高水怪。科隆纳市政府悬赏加币两百万来寻获印第安人传说中的水怪OGOPOGO。

基洛纳浮桥
（Kelowna Floating Bridge）

这是加拿大第一座交通浮桥，横跨欧肯纳根湖（Okanagan Lake），长达650米的三车道浮桥，是欧肯纳根区域交通枢纽，连接97号公路和西岸（West Bank）。桥的一部分可以升起，让高桅杆帆船通过。浮桥建于1958年，浮桥由一个个密封的水泥箱涵组成，这些重磅的水泥箱涵浮在水上，再用锚链将其固定在湖底岩层上，一个个浮桥板块相互连接成为一座浮桥。世界上第一座水泥箱涵浮桥是1940年建成的美国西雅图华盛顿湖浮桥，浮桥长2020米，它的箱涵有一个足球场那么大，重一万吨。基洛纳于 2005 年 5 月为庆祝建市一百年，开工建设新的五车道威廉·R.贝内特（William R. Bennett）大桥，用以取代三车道的欧肯纳根湖浮桥，新桥于2008年竣工投入使用。

欧肯纳根山谷
（Okanagan Valley）

作为葡萄酒乡和果篮，欧肯纳根山谷年日照时间在2000小时以上，是加拿大唯一的半沙漠干燥地带，早晚冷热温差大，非常适合葡萄生长。这里的葡萄品种繁多，葡萄色泽呈紫色和琥珀色，可以酿制高品质的葡萄酒。而且还有一种最特殊的葡萄酒，叫作冰酒（Icewine）。它的酿制过程非常特别，酿

制冰酒的葡萄比普通葡萄晚采收近3个月，而且必须于1月零下8度以下结冰时采收和压榨，这时葡萄的水分差不多为零，但保留葡萄的香气和纯葡萄糖，由此酿制的冰酒，是全世界最好的冰酒。欧肯纳根山谷环湖区域有一百多家葡萄酒庄。

欧肯纳根山谷因为终年阳光充足、雨水适量、土地肥沃，是盛产各种水果与农作物的好地方。经过百余年的栽植、培养、改进，无论是水果种类或产量，均占全加拿大之冠。这里出产加拿大五分之一的水蜜桃、三分之一的苹果、二分之一的西洋梨、樱桃和全部的杏。很多果园在收获季节欢迎客人来到果园自采（U pick），然后按优惠价格购买。这是每年夏天非常棒的亲子活动，深受人们喜爱。

贴心小贴士

欧肯纳根山谷从南至北——奥索尤斯（Osoyoos）、普林斯顿（Princeton）、彭蒂克顿（Penticton）、蜜桃地（Peachland）、基洛纳（Kelowna）、维农（Vernon）、坎卢普斯（Kamloops）的水果采收季：

樱桃（cherry）	06/25—07/20
杏（apricot）	07/15—08/10
桃（peach）	07/30—09/01
西洋梨（Western Pear）	08/15—09/15
李子（plum）	09/01—09/20
苹果（apple）	08/01—10/10
葡萄（grape）	09/05—10/10

2

基洛纳（Kelowna）➡维农（Vernon）➡鲑鱼湾（Salmon Arm）➡三峡谷（Three Valley Gap）

距离：176千米

卡拉马卡湖
（Kalamalka Lake）

观景台（Kalamalka Lakeview Drive Lookout），55 Kalamalka Lakeview Dr, Vernon, BC V1B

卡拉马卡湖位于维农（Vernon）以南，湖长16千米，宽3千米，平均水深58.5米，最深142米，面积约26平方千米。它是一个冰川湖，湖名以一位原住民酋长卡拉马卡（Kalamalka）命名。湖水的颜色由沉淀的矿物质引起的光反射，在一年的不同时间，在不同的地点，从翠蓝到靛蓝色，因此赢得湖名为"千色湖"（Lake of a thousand colors）。该湖湖水由南面的木湖（Wood Lake）流入，经由Oyama的一条运河连接，再从湖的北端维农河（Vernon Lake）流出，穿过维农市，流入欧肯纳根湖（Okanagan Lake）。

维农市
（Vernon）

人口：40116

官网：www.veron.ca

维农是卑斯省南部内陆欧肯纳山谷（Okanagan Valley）的一座城市，成立于1892年，名字是为了纪念拓荒者福布斯·乔治·维农（Forbes George Vernon）。维农是加拿大著名的水果之乡，当地日照时间长，非常适合水果种植。这里平缓的丘陵、田园风光、良好的气候和环境吸引了很多退休的老人前来养老度假居住。

❤暖心推荐景点❤

天鹅湖苗圃水果市场和花园中心（Swan Lake Nurseryland Fruit Market & Garden Centre）

地址：901 Greenhow Rd, Vernon, BC V1B 3R7

出维农城以东4千米，97号公路（HWY 97）路旁可以购买一些当地出产的农副产品和新鲜水果供路上享用。

谷仓农场1912（Log Barn1912）

地址：4782 Hwy 97a, Armstrong, British Columbia V0E 1B3, Canada

官网：https://www.logbarn1912.ca/

谷仓农场1912是一家独特的农场，位于卑斯省阿姆斯特朗镇（Armstrong）附近。初始的谷仓农场可以追溯到1912年，门诺派家族企业（Mennonite family business）从出售棚栽的水果和蔬菜开始，并于1994年在97A号高速公路旁开始经营农贸市场形式的休闲景点，这里成为亲子活动的好去处，小孩子喜欢在那里喂爬上高架的山羊。

西卡姆斯（Sicamous）

人口：1786

位于加拿大一号横加公路（HWY1）和97A公路交叉处。小镇上的马拉湖（Mara Lake）通过一小段狭窄的空间注入舒斯瓦普湖（Shuswap Lake）。西卡姆斯是通往水果之乡——欧肯纳根山谷（Okanagan Valley）的东部门户，湖上有一种独特的船屋（houseboat）出租，船屋配备有完善的卧室、厨房和卫生间，适合一家人在湖上休闲度假，西卡姆斯被称为加拿大的"船屋之都"（houseboat capital of Canada）。

D荷兰人乳制品场（D Dutchmen Dairy）

地址：1321 Maier Road，Sicamous，BC V0E 2V1

官网：www.dutchmendairy.ca

D荷兰人乳制品场是西卡姆斯（Sicamous）的热门旅游景点。镇上有一户荷兰奶农移民在此经营了一座奶牛农场。荷兰优良品种乳牛一天的产奶量可高达35公升。乳品场提供当地生产的新鲜乳制品，包括牛奶、冰淇淋和奶酪等。欢迎游客参观农场动物和乳牛，同时享用美味纯牛奶冰淇淋。

鲑鱼湾
（Salmon Arm）

人口：1746

官网：https://www.salmonarm.ca

鲑鱼湾位于舒斯瓦普湖（Shuswap Lake）的岸边，面积165.57平方千米，是一个夏季的旅游目的地城镇，拥有许多湖边沙滩、露营设施和出租船屋。鲑鱼湾码头（Salmon Arm Wharf）是北美最长的木码头（The longest Wooden Warf）。鲑鱼湾于1905年5月15日成为一个城市。这座城市的正南方是伊达山（Mount Ida），西方是飞山（Fly Hills），横跨舒斯瓦普（Shuswap）湖边的是堡垒山（Bastion Mountain）。

舒斯瓦普湖（Shuswap Lake）海拔347米，长89公里，最大宽度5公里，面积310平方公里，平均深度61.6米，最大深度161米，湖的周围约1020公里长。湖的形状像字母"H"。百年前有许多印第安部落围绕湖泊而居，虽然现在的印第安原住民皆已融入邻近小镇生活，不过湖的四周却盖起了许多高级度假村和高尔夫球场，其中不乏保存印第安文化的度假饭店，除了在设计上取自印第安建筑精髓，许多湖边出土的传统印第安石

器、石制器皿，也被收藏在度假村里。小舒斯瓦普湖是南汤普森河的源头，是汤普森河的一个分支，菲沙河的支流。

贴心小贴士

10月下旬途经鲑鱼湾（Salmon Arm）

可去亚当斯河（Adams River）观赏鲑鱼洄游。

亚当斯河鲑鱼洄游（Adams River Salmon Run）

地址：Sockeye Salmon Run-Spawning Salmon Viewing and information Center

Squilax-Anglemont Road，Columbia-Shuswap F，BC

官网：www.salmonsociety.com

门票：见官网

停车：门票已含停车费

亚当斯河位于小苏士瓦湖（Little Shuswap Lake）附近的罗海布朗省立公园（Roderick Haig Brown Provincial Park）内，占地约980多公顷。亚当斯河是卑诗省菲沙河（Fraser River）的支流，长48千米，河流水质清澈，河床铺满沙砾，河岸两边被道格拉斯杉、白杨和赤杨树等覆盖，是鲑鱼繁殖的极佳场所。甘露市（Kamloops）以东66公里、鲑鱼湾（Salmon Arm）以西46公里处就是罗海布朗省立公园的入口处，从这里一路来到亚当斯河。每年秋季，数百万条鲑鱼从阿拉斯加（Alaska）洄游到出生地故乡来产卵，繁殖下一代。鲑鱼的回归吸引鳟鱼、秃鹰和各种水禽前来捕食，形成了独特生态奇观。这些鲑鱼中绝大多数是珍稀的红鲑鱼（sockeye salmon），它们在洄游途中会不断变色，直至最后全身变为深红色。这时的亚当斯河犹如一条美丽的红地毯，无限延伸，整条河全都是回到出生地传宗接代的鲑鱼，令人震撼。

观赏鲑鱼洄游最好的时间是每年10月下旬至月底。按照鲑鱼的生命周期，每隔四年鱼群出现洄游峰值（dominant year），数量达到数万条以上，然后按年递减，四年后又是另一个峰值年。亚当斯河鲑鱼协会（Adams River Salmon Society）于每四年一次的鲑鱼大洄游时，都会举办"向鲑鱼致敬"（Solute to the Sockeye）活动，将赏鲑活动推至高峰。

流经公园的亚当斯河（Adams River）是赏鲑最佳景点。

科普小知识：

太平洋鲑鱼也称为三文鱼的生命轮回：它们命中注定祖祖辈辈都是孤儿，重来没见过父母亲！

鲑鱼在淡水河里出生。它们的母亲在预先选好的一块有细沙和砾石的河底地方，用腹鳍和尾鳍的摇摆挖出一个浅坑，以防鱼卵被水流冲走，然后迎着水流分五至六批次将约四千颗鱼卵产下。而在这同一时间，公鲑鱼将精子射出覆盖在鱼卵上，然后母鲑鱼会用尾鳍将砂石扫到鱼卵上将其盖住，它们终于完成传宗接代的重任，双双死去。鱼卵在河床上度过9～14周的漫长的河水结冰的冬季，于来年春天孵化，四千颗鱼卵约可育出800～1000条的小鱼苗（1/4原则）。这些小鱼苗的第一顿早餐就是它们父母亲在河水里泡了一个冬天的尸体肉碎。在淡水里生活约一年之后，身体长到4～6寸，由于有众多天敌的缘故，例如人类对环境的改变和破坏，熊类、鸟类或大鱼的捕食，800～1,000条的小鱼苗只剩下200条左右（1/4原则）。鱼苗会沿着河流顺流而下，先游到淡水与咸水交界的出海口处，在这里适应几个月后，义无反顾地游向太平洋海域深处，一路向北，在北冰洋附近的海域生活三年。到了第四年，已经长成体重6磅（2.7公斤）以上的大鱼，它们开始沿着父辈的足迹踏上返乡传宗接代之路。鲑鱼会利用太阳和地球磁场的引导及它们敏锐的嗅觉，经过行程长达1200公里，回到三年前出发时的母亲河淡水与咸水交界河口处，稍做休整便开始沿着河道逆流而上，在600公里行程的河流中，不再觅食，日夜兼程，目的只有一个：回到出生地完成繁殖下一代的重任！它们以每小时50公里左右的速度逆流而上，遇到浅滩一冲而过，遇到瀑布或急流一跃而上，撞得头破血流也在所不惜。进入河道后，它们的皮肤从银色转变成红色，头变成墨绿色。公鲑鱼的牙齿突出、背鳍拱出，脾气也变得凶暴。在物竞天择的丛林法则下，它们须与其他公鲑鱼打斗，争取交配权，确保留下优生的下一代，生生不息、代代繁衍下去。研究发现，洄游的鲑鱼90%都在自己出生的同一条溪流产卵。

最后一根钉
（The Last Spike）

地址：Hwy 1, Craigellachie, BC V0E 2S0

门票：免费

停车：免费停车场

位于克莱拉奇（Craigellachie）在灰熊镇（Revelstoke）与夕卡摩（Sicamous）之间的"飞鹰坳"（老鹰峡谷，Eagle Pass）。1865年8月测量师沃特·莫伯利（Water Moberly）翻越崇山峻岭，历尽艰辛终于在

一个叫慕迪山（MT. Moody）的山峰上发现了"老鹰通道"（Eagle Pass），从而为太平洋铁路横贯东西找到了最佳的路线。卑诗省在1871年同意加入加拿大联邦的条件是，联邦政府在10年内建成一条连接加拿大东西部的铁路。太平洋铁路先后雇用了华工一万多人参与兴建，于1885年完工，长4800公里（3000英里）的铁路由加拿大东西两边同时铺设，到此正好接轨。1885年11月29日，当时太平洋铁路公司总裁乔治·史蒂分（George Steven）的堂弟，公司主要股东和董事唐纳·史密斯爵士（Sir Donald A. Smith），用铁轨道钉在东西端铁轨接轨处钉下铁道钉，以示整条铁路工程的完工。1986年为庆祝太平洋铁路100周年，联邦政府在此设立了百年纪念公园和纪念碑，纪念碑的底座当时用加拿大10个省2个地区的代表石头堆砌而成，标志着没有这条铁路就没有加拿大，甚至可以说，没有华工就没有这条铁路！

三峡谷湖滨城堡酒店
（Three Valley Chateau）

地址：8903 Trans-Canada Hwy，Revelstoke，BC V0E 2S0

官网：https://www.3valley.com

房价：见官网

三峡湖（Three Valley Lake）及三峡谷（Three Valley Gap）湖边建有一座三峡谷湖滨城堡酒店（Three Valley Chateau）。酒店最初于1954年建成，经过不断扩建，有客房近200间，酒店的背后居山，前面则临三峡湖沙滩，景色清幽宜人，酒店有精美花园、游泳池、餐厅、礼品店。另有很多水上活动，例如在三峡湖划船，直升机之旅等。酒店客房设备古色古香，酒店的电力靠自备水力发电供电，所以酒店一年只营业半年，营业日期是4月15日至10月15日。

酒店隔壁有一座鬼城（Ghost Town），里面所有的展品包括古旧火车厢、教堂、邮局等都是酒店首位主人的收藏品。有兴趣可以购票入内参观。

3-5

灰熊镇（Revelstoke）➜黄金镇（Golden）➜
优鹤国家公园（Yoho National Park）➜ 库特
尼国家公园（Kootenay National Park）
距离：360千米

沿一号国道东行到黄金镇，参观游览世界上最高的吊桥——距脚下山谷140米的高登空中吊桥（Golden Skybridge），然后前往优鹤国家公园（Yoho National Park），游览BC省最秀美的翡翠湖（Emerald Lake），碧绿的湖面和群山搭配成完美的画面。继续东行进入班芙国家公园（Banff National Park）前往落基山脉的明珠——露易丝湖（Lake Louise）。翡翠色的湖水，视野尽头是秀美的维多利亚冰川（Victoria Glacier），美呆了！可以夜宿露易丝湖村的酒店（Lake Louise Village）。

雷夫尔斯托克/灰熊镇
（Revelstoke）

人口：6719人
官网：https://revelstoke.ca

雷夫尔斯托克位于卑斯省东面的横加公路（HWY 1）沿线，占地40.76 平方千米。雷夫尔斯托克是英国一家银行老板的名字。1885年，加拿大太平洋铁路工程进行到最后的关键时刻，遭遇财政危机，工程难以为继。雷夫尔斯托克勋爵（Lord Revelstoke）的银行伸出援手，买下太平洋铁路公司没有卖出的全部债券，挽救了铁路公司。为了表示感谢，太平洋铁路公司以大恩人的名字命名了这座铁路小镇。太平洋铁路的建成打开了库特尼落基山脉（Kootenay Rockies）地区这一与世隔绝之地的大门，沿线的新兴城镇如雨后春笋般涌现。太平洋铁路工程浸透着众多修建者的血汗，包括大批华工，他们是灰熊镇早期的拓荒先民。为什么华人称Revelstoke为灰熊镇呢？因为当年修建铁路的华工常见到灰熊在这一带出没，便为此地取了这么个别名。灰熊镇因加拿大太平洋铁路而生，早年就是铁路施工过程中的一个基地，工程完工后被保留了下来，并且渐渐发展成了一个市镇。镇上有一座太平洋铁路博物馆。

雷夫尔斯托克山国家公园
（Mt Revelstoke National Park）

地址：Meadows in the Sky Pkwy, Revelstoke，BC V0E 2S0
官网：https://www.pc.gc.ca>pn-np>revelstoke
门票：见官网
停车：免费停车场

雷夫尔斯托克山国家公园面积仅260平方千米，这座公园的诞生与当地居民有关联。1908年，当地居民上山伐木，他们最初修筑了一条小道直通雷夫尔斯托克山的山顶，后来游说省政府修建到山顶的公路。在居民们诚意的感召之下，1914年，政府在这里成立雷夫尔斯托克山国家公园，保护当地动植物的同时，也修建了一条盘山公路，取名"空中草甸"公园大道（Meadows in the Sky Parkway），公路全长26公里，九曲十八弯，很多地方只能以时速20公里行驶，沿途设立了多个观景台，可以俯瞰雷夫尔斯托克（Revelstoke）镇和流经小镇的哥伦比亚河（Columbia River）。山上的停车场在巴尔森（Balsam）湖旁边。从这里到山顶的"空中草甸"（Meadows in the Sky），有两种方式可供选择：一种是乘坐公园提供的穿梭中巴，每隔15分钟一班；另外一种则是沿着一千米长的高峰（Summit）小径步行前往。

雷夫尔斯托克大坝
（Revelstoke Dam）

地址：Bag 5700,6500 Westside Rd, Revelstoke，BC V0E 2S0

官网：https://www.bchydro.com › recreation_areas

门票：见官网

停车：免费停车场

雷夫尔斯托克大坝位于离雷夫尔斯托克镇五千米处，它是全加拿大最高的大坝，坝高175米，横跨于卑斯省最长的河流——哥伦比亚河（Columbia River）。大坝建于1984年，安装有四个发电机组，2010年安装了第五个发电机组，计划于2029年安装第六个发电机组。目前最大年发电量为7817亿千瓦。大坝除了发电还有防洪的功能。水库面积115.3平方千米，湖长130千米，宽1.2千米。名为雷夫尔斯托克湖（Lake Revelstoke），是当地居民夏季休闲的好去处。

贴心小贴士

当您到达，在停车场停好车后先进入游客中心，在这里可以了解大坝的历史和建造过程，欣赏图片展览和原住民画廊，购买门票，您可以选择自助游或是专业的导游导览。然后可以乘坐电梯到达大坝的顶部游览，参观发电机组。

巨型雪松自然步道
（Giant Cedars Nature Trail）

地址：Trans Canada Hwy, Columbia-Shuswap B，BC V0E 2S0

官网：https://www.pc.gc.ca/en/pn-np/bc/revelstoke/

门票：见官网（持有国家公园门票，不需另外再买）

停车：免费停车场

巨型雪松自然步道位于卑斯省雷夫尔斯托克（Revelstoke）以东 30 千米的横加公路（HWY1）旁，属于雷夫尔斯托克山国家公园（Mt Revelstoke National Park）的一部分，步道长500米。这片古老森林中的一些树木已有 500 多年的历史。

贴心小贴士

步道建在木板路上，沿途设有长椅，供您坐下来欣赏宁静的环境和参天大树。步道起点位于巨型雪松野餐区，距停车场仅几步之遥。

罗杰斯山口雪崩纪念碑

（Rogers Pass）海拔：1330米

罗杰斯山口是穿过不列颠哥伦比亚省塞尔扣克山脉（Selkirk Mountains）的高山口，是太平洋铁路和横加高速公路的共同通道。此处有一座交错拱门形状的纪念碑，纪念太平洋铁路的修成和冰川国家公园（Glacier National Park）的建立。纪念碑周围，是加拿大的国徽以及十省的省徽，以表示正是有了这条横贯东西的铁路，大西洋与太平洋连接在一起，才确保加拿大成为一个真正意义上的国家。

罗杰斯山口发现中心
（Rogers Pass Discovery Centre）

罗杰斯山口国家历史遗址，冰川国家公园（Rogers Pass National Historic Site, Glacier National Park）

地址：9520 Trans-Canada Hwy, Rogers Pass，BC V0E 2S0

官网：https://www.pc.gc.ca/en/lhn-nhs/bc/rogers

门票：见官网（持有国家公园门票，不需另外再买）

停车：免费停车场

罗杰士通道发现中心，位于冰川国家公园一号公路旁，离罗杰斯山口雪崩纪念碑不远，展示了罗杰斯通道的兴建过程、模型和动物标本。修建太平洋铁路是英属哥伦比亚殖民地在1871年加入加拿大联邦政府的条件。当加拿大太平洋铁路开始修建后，找到一条能够通过塞尔扣克山脉的通道成为修建铁路的首要任务。毕业于耶鲁大学的美国人阿尔伯特·褒曼·罗杰斯少校（Major Albert Bowman Rogers）和他的考察队在1881年终于发现了一条可以穿越塞尔扣克山脉的途径。罗杰斯因此获得了五千美元的奖金，他没有去银行兑现，而是用镜框镶起来挂在墙上欣赏，并要求这条路线以他的名字命名。后来，太平洋铁路公司总裁威廉·科尼利厄斯·范·霍恩（William Cornelius Van Horne）另奖给他一块金表。1962年横加高速公路（Trans-Canada HWY1）建成通车，为冰川国家公园带来大量的游客。罗杰斯通道（Rogers Pass）被指定为加拿大国家历史遗址。

贴心小贴士

山区的时区较温哥华快一小时，请将手表拨快一小时。

黄金镇/高登
（Golden）

人口：3708

官网：https://www.tourismgolden.com/

黄金镇坐落在落基山脉中，哥伦比亚河（Columbia River）和踢马河（Kicking Horse River）在此汇合，同时被五个国家公园幽鹤国家公园（Yoho）、班夫国家公园（Banff）、贾斯珀国家公园（Jasper）、冰川国家公园（Glacier）和库特尼国家公园（Kootenay）围绕着。

太平洋铁路和伐木业仍然是该镇的经济十分依赖的两个产业，旅游业是其新型的产业。位于城东南部的7号山深受滑雪、滑翔和山地自行车爱好者喜爱。

高登天空吊桥
（Golden Skybridge）

503 Golden Donald Upper Rd, Golden，BC V0A 1H

官网：https://bookings.banffjaspercollection.com/RKY/activities/details/1/YGE-GSB/Attraction#/select-ticket/book-adventure

门票：见官网

停车：免费停车

这是全加拿大最高的吊桥！高登天空吊桥距离脚下的山谷足足有140米左右，相当于在40层楼的高度走吊桥。高登天空吊桥共有

两座吊桥组成，另一座吊桥也有80米高。这里有360度的壮阔高山景观，吊桥下，还有61米高的瀑布和峡谷底部的涓涓溪流。高登天空吊桥还是一座大型自然公园，可以在此享受树间漫步、多条三公里长步道、双人蹦极（Tandem Bungee Swing）和1200米长横跨峡谷的滑索（Zipline）、多个观景平台、户外花园、咖啡馆和餐厅。

幽鹤国家公园
（Yoho National Park）

地址：Field，BC V0A 1G0

官网：https://www.pc.gc.ca>pn-np>yoho

门票：国家公园联票

停车：免费停车场

1886年建立，公园面积1310平方公里，是加拿大洛矶山脉国家公园中面积最小的一座，"Yoho"（幽鹤）是克里族（Cree）印第安人语，意为"神奇美妙"。位于不列颠哥伦比亚省落基山脉西麓，大陆分水岭（Continental Divide）高耸的山峰阻挡了来自太平洋的云团东进的脚步，张开无形的手挤干了云团中剩余的水分，缔造了一片片湿润的森林带，公园内生长着繁茂的北美刺灌木、西部红松和西部铁杉等沿海树种。幽鹤国家公园内的伯吉斯页岩（Burgess Shale）是世界上最重要的化石发现之一。这片伯吉斯页岩地层于1981年被认定为世界遗产遗址（World Heritage Site），保存了120多种生活在5.15亿年前的海洋动物物种化石。1984年，伯吉斯页岩世界遗产遗址（Burgess Shale World Heritage Site）已与幽鹤、库特尼、班夫和贾斯珀（Jasper）四座国家公园以及阿西尼博因山（Mt. Assiniboine）、罗布森山（Mt. Robson）和汉伯（Hamber）三座省立公园一起并入了规模更大的加拿大落基山脉公园世界遗产遗址（Canadian Rocky Mountain Parks World Heritage Site）。

翡翠湖
（Emerald Lake）

海拔：1302米

翡翠湖是幽鹤国家公园（Yoho National Park）61个大小湖泊中最大的湖泊，面积一平方公里，水深28米，湖水为冰川水溶解，注入湖泊内，在冲刷的过程中夹杂着大量的冰碛石粉、磷矿等物质，沉积于湖底，经光线的照射，湖泊呈现祖母绿宝石的色泽，故名翡翠湖。沿湖畔边有一条长5.2公里的环湖森林步道。翡翠湖是由冰碛石堰塞而成，湖边高高拔起的两座大山，当中相连的山脊间，就是著名的伯吉斯叶岩化石床所在地。这处化石床是由考古学家瓦克所发现。夏天可在湖里可以划船，钓彩虹鳟鱼，骑马等，冬季12月至来年五月湖面会结冰，厚度30—50公分，人们就可以直接踩踏于湖面之上，可以尝试大脚雪鞋或租个雪橇。

天然石桥
（Natural Bridge）

海拔：1207米

距离费尔德镇（Field）往西三公里处，经过前往翡翠湖的路，就可到达天然石桥。从前在踢马河（Kicking Horse River）的河床上有一块大岩石，岩石挡住了踢马河的河水，所以水漫过石头，形成了一个瀑布。由于踢马河的河水非常湍急，经过一万多年的冲刷，这块风页岩石冲破了一个洞，这岩石就如同天然形成的桥梁一般架在河面上，踢马河从桥下流过。原本人们可由石桥走到河对岸，现在为保护石桥，已在旁边另建了一条水泥桥，游客可在水泥桥上观赏巧夺天工的石桥、突兀的岩石、湍急的河水及桥下的瀑布，美景浑然天成，自然而壮丽。

费尔德镇
（Field）

人口：250

位于踢马河河谷旁，是太平洋铁路公司的员工宿舍所在地。1965年，史诗电影《奇瓦戈医生》（Doctor Chivago）在此拍摄，影片呈现出俄罗斯平原的广袤背景，以及独行荒野的壮景。一亿六千万年前，这里曾是恐龙的乐土；一万年前，这里曾是印第安人的家园。村口设有一个进入阿尔伯塔省的旅游咨询中心。在此可以去洗手间，咨询路况、天气及购买国家公园门票。

踢马河
（Kicking Horse River）

踢马河位于不列颠哥伦比亚省东南部的加拿大落基山脉，后汇入哥伦比亚河（Columbia River）。它被命名于1858年，当年勘测队的一名工程师詹姆斯·赫克托（James Hector）在勘测河流的过程中，为了救起跌落激流中的驮马，被马踢中胸部，短暂昏迷。后来，赫克特将河流命名踢马河（Kicking Horse River）。位于幽鹤国家公园（Yoho National Park）内的49千米长的踢马河段和18.5千米长的幽鹤河主要支流河段于1990年被指定为加拿大遗产河流系统的一部分，它为皮划艇运动员的惊心动魄的泛舟旅程提供了绝佳的训练场地。

哥伦比亚河
（Columbia River）

发源于加拿大落基山脉哥伦比亚冰原（Columbia Icefield）的雪穹（Snow Dome），在加拿大英属哥伦比亚省（British Columbia）境内向西北方向奔流，然后向南流入美国境内的华盛顿州（Washington State），继续沿着华盛顿州和俄勒冈州（Oregon State）的边界向西流动，最后注入太平洋。全长2044千米，流域面积415211平方千米，平均流量每秒7500立方米。哥伦比亚河是北美洲太平洋西北地区最大的河流。1792年罗伯特·格雷（Robert Gray）船长指挥的哥伦比亚号（Columbia）帆船航行至此发现了这条河，并将此河用自己的帆船名来命名。

8字型螺旋式隧道
（Spiral Tunnel）

8字型螺旋隧道是加拿大太平洋铁路（CPR）线上最为独特的隧道，它由两个旋转式隧道组成，如同阿拉伯数字8，所以被称为8字形隧道。太平洋铁路于1885年完工。当时建造铁路时由于踢马峡（Kicking Horse Pass）山势陡峭，在六千米长的路轨上落差330米，火车行至此处很难控制。一列火车通常要使用四至五个火车头，上山时前拉后推并用，下山时前后对拉减速刹车，不仅耗时费事，同时路轨的急转弯也容易造成多次脱轨翻覆事故。1909年铁路工程师们在此设计建成了螺旋式隧道，将通过这里的路轨加长，绕过两个山谷，挖了两个隧道，上隧道长一千米，洞内弯度288度、落差十六米；下隧道长九百米、弯度226度、落差十五米，整段铁道迂回如一个大"8"，这个缓和坡度富有创意的隧道工程，动用了一千名工人，进行了两年才完成。游客如果运气好刚好，碰到火车经过，在公路旁的观景台上可以看到长长的列车，车头已出隧道，车尾仍在山谷中另一座隧道外的奇景。

塔卡考瀑布
（Takakkaw Falls）

塔卡考瀑布位于幽鹤国家公园（Yoho National Park）内，Takakkaw在克里语（Cree）意为"壮观、惊人"之意，它由三级几乎成垂直线的瀑布组成，其落差高达384米，是加拿大第二高瀑布。水流从高耸的石壁上飞跃而下跌落群林中，激起大量水雾，掩映半空，十分壮观。瀑布水源来自瓦普提克山脉（Waputik）的戴利冰川（Daley Glaciers）。

贴心小贴士

沿一号国道东行过费尔德小镇（Field）后在公路，左边有一小路转入（注意路边的指示牌），上山的公路颇为难行，须有三次的270度转弯，要多次倒车，所以大巴士一般

都很难上，非常考验司机的驾驶技术，所以旅行社很少安排这个景点。冬季攀爬结冰的塔卡考瀑布，成为落基山脉冬季期间一项盛大的活动。

库特尼国家公园
（Kootenay National Park）

官网：https://www.pc.gc.ca/en/pn-np/bc/kootenay

门票：国家公园联票

位于卑诗省（British Columbia）和阿尔伯塔省（Alberta）交界处的洛基山脉（Canadian Rockies），公园成立于1920年，占地1406平方千米，并于1985年被列入世界遗产名录。库特尼国家公园是落基山脉四个相邻的国家公园中的一个，其余三个为班芙（Banff）、优鹤（Yoho）和贾斯珀（Jasper）国家公园。第一位来到库特尼的欧洲人名叫戴维·汤普森（David Thompson），他被誉为加拿大历史上最伟大的大陆地理学家和地图制作家。原住民称呼他"koo-koo-sint"，意思是"观星人"，被认为具有神的力量而深受尊敬。库特尼国家公园拥有奇特的地貌和植物生态系统。它的西南面入口的海拔为918米，而公园内的三角山（Deltaform Mountain）海拔竟为3424米，落差2500米，造就出加拿大唯一一个冰川与仙人掌并存的特殊地貌。库特尼国家公园被大约半个世纪前的一场大火烧毁了近三千公顷的森林，现在遗留下来的是一根根焦枯的枝干和改变了的生态。但大自然界的机制下，每当大火肆虐的荒凉过后，来年的春天又会被满山满谷粉色的柳兰花（fireweed，也称火草花）填满，小树也会在若干年后长成森林。

瑞迪恩温泉（镭温泉）
（Radium Hot Springs）

人口：900

地址：5420 BC-93，Radium Hot Springs，BC V0A 1M0

官网：www.radiumhotsprings.com

门票：见官网

停车：免费停车场

位于不列颠哥伦比亚省旅游小镇因弗米尔（Invermere）以北16公里，95号公路（Hwy93）和93号公路（Hwy95）的交界处，是库特尼国家公园（Kootenay National Park）的西部门户，辛克莱尔峡谷（Sinclair Canyon）的入口处。瑞迪恩温泉是加拿大最具规模的矿物质温泉，泉水呈现翠蓝色泽，富含镭、铁、钠、镁等具有健康疗效的元素，每1公升泉水含超过700毫克的矿物质，可以滋润涵养肌肤、深层调理身体。

奴玛瀑布
（Numa Falls）

地址：Numa Creek Trail，Radium Hot Springs，BC

停车：免费停车场

奴玛瀑布位于库特尼国家公园内，瀑布的水源来自维米里翁河（Vimilion River）。由停车场开始的步道，行走约100米即可走到木桥上，桥上是观赏奴玛瀑布及维米里翁峡谷的最佳观景点。

大理石峡谷
（Marble Canyon）

地址：Banff-Windermere Hwy，East Kootenay G，BC V0A 1M0

官网：www.marblecanyon.ca

停车：免费停车场

大理石峡谷位于库特尼国家公园内，约五亿年前，这儿还是一片浅海，经过长期的碳酸盐沉淀，逐渐形成了今日这片石灰石和白云石岩层，经过冰川融化的都昆溪（Tokumm Creek）数万年的岁月将溪口石灰岩块切割而形成了峡谷，石壁被溪水持续冲刷，打磨出有如大理石般光滑的纹路，故名大理石峡谷。整条峡谷长600米，一线天般的峡谷狭窄弯曲，最窄处大约只有两米，走到尽头须经过七座小桥，越往上走峡谷越深不见底，但闻隆隆水声却看不到溪水奔流。来回路程约一个小时。

大陆分水岭
（Continental Divide）

地址：Kootenay Highway，East Kootenay G，British Columbia

停车：免费停车场

加拿大的主要大陆分水岭位于落基山脉山脊之下的库特尼国家公园内，于1913年由测量师库特利（R.W. Coutley）和维克（A.O. Wheeker）测定出这里是大陆分水岭。它是艾伯塔省和卑诗省的分界线，也是班芙国家公园（Banff National Park）和库特尼国家公园（Kootenay National Park）的分界线。发源于落基山脉的水源和河流在此处分道扬镳，分水岭东面的一路水流向东注入大西洋，西面的一路水流向西注入太平洋。

彩绘池
（Painted Pot）

地址：East Kootenay G，BC

停车：免费停车场

位于库特尼国家公园内93号高速公路（Hwy 93）上，距一号国道（Trans Canada Hwy，Hwy1）20千米处。彩绘池是森林深处几个颜色各异的小水池，水深不见底。几千年来，原住民在彩绘池开采赭石和外族人交易换取食盐。他们用红色的粉末调制成油彩来涂脸，或者在石头上画画，可以保持长久。彩绘池一直是一个灵异的地方，神秘而诡异。彩绘池离停车场约1千米。

橄榄湖
（Olive Lake）

地址：East Kootenay G，BC V0A 1M0

停车：免费停车场

位于库特尼国家公园内93号高速公路（Hwy 93）旁，湖水清澈，颜色呈橄榄绿，湖名即得之于此。橄榄湖周围松树上长有灵芝、猴头、木耳等植物。小湖被巨大的红杉树和松林环绕着，东西两个出水口使湖水分别流入库特尼河（Kootenay River）和哥伦比亚河（Columbia River），几百公里外，当库特尼河汇入哥伦比亚河时，湖水却又重逢。有两条短距离的小径可直达湖畔，一条通往湖边钓鱼台，另一条通往湖边观景台。橄榄湖底泉水不断冒出气泡，湖面微风吹起阵阵涟漪时，波光粼粼。湖水无风平静时，景物倒映湖面，水平如镜。

6-7

库特尼国家公园（Kootenay National Park）→瑞迪恩温泉（镭温泉）（Radium Hot Springs）→冰原大道（Icefield Parkway）→贾斯珀（Jasper）

距离：361千米

行程、景点内容请参阅阿尔伯塔篇。

8-9

贾斯珀（Jasper）→罗伯森山（Mount Robson）→斯帕特瀑布（Spahats Fall）→坎卢普斯（Kamloops）

距离：470千米

罗伯森山省立公园
（Mount Robson Provincial Park）

官网：https://bcparks.ca/explore/parkpgs/mt_robson/

公园建立于1913年，它是卑诗省最古老的公园之一。建立这座公园除了要向世人展示加拿大洛基山脉的最高峰——罗伯森山（Mount Robson）的雄姿外，也是为了保护菲沙河（Fraser River）的源头。这条卑诗省最长的河流从这里起源，流经1375千米后在温哥华汇入乔治亚海湾（Georgia Strait）。

❤ 暖心推荐景点 ❤

门湖（Portal Lake）

从贾斯伯国家公园出发，沿16号公路（Hwy16，Yellowhead Highway）西行，出了贾斯伯国家公园，进入不列颠哥伦比亚省（British Columbia），到了罗伯逊山省立公园（Mt Robson Provincial Park）公路标志牌旁，就看到门湖。有一条环湖步道，走一圈需20分钟，内有桌凳供野餐休闲之用。

黄头湖（Yellowhead Lake）

黄头湖是一个形状不规则的湖泊，位于罗布森山省立公园边界内黄头山口（Yellowhead Pass）西南约3.7千米处黄头溪（Yellowhead Creek）的下游，黄头溪注入菲沙河（Fraser River）的上游。

麋鹿湖（Moose Lake）

从贾斯伯国家公园出发西行，位于不列颠哥伦比亚省罗伯逊山省立公园内，在16号公路路旁，是划艇的好去处。湖周长约12千米，最宽处约20米宽。它是菲沙河穿湖而过的唯一湖泊，在湖泊的西端有处叫Redpass的地方，曾是加拿大国家铁路（Canadian Natonal Railway）的一个火车站，也是16号公路的一处制高点。

陆上瀑布（Overland Falls）

是不列颠哥伦比亚省罗布森山省立公园菲沙河上的一处瀑布，位于罗伯森山游客中心（Mount Robson Visitor Centre）以东两公里处，从游客中心通过一条步行小道可以徒步到达该瀑布，这里是皮划艇爱好者的好去处。

罗伯森山（Mount Robson）

海拔：3954米

罗伯森山是加拿大落基山脉的最高峰，位于罗伯森省立公园的西部。1990年，联合国世界教科文组织将罗伯森山省立公园（Mount Robson Provincial Park）列入世界文化与自然遗产。罗伯森山山顶终年积雪，这座山每年大部分时间都是云山雾罩，露出山顶的日子不多，又被称为云顶山（Cloud Cap Mountain）。

罗伯森山游客中心（Mount Robson Visitor Centre）

为什么说游客中心是一个景点？因为在游客中心后方，有个平台是拍摄罗伯森山的最佳地点，另外游客中心会提供旅游咨询、纪念品店、洗手间及Free Wi-Fi。

金尼湖小径（Kinney Lake Trail）

这条单程23千米的步道沿着罗伯森河（Robson River）向高山深处延伸，沿途会经过三个不同的植物带，可以看到瀑布、冰川、野生动物和绿宝石颜色的湖泊。步道入口处的罗伯森河水奔腾向前，蔚为壮观。经过一个多小时步行后，视野逐渐开阔，河面变得宽敞起来，河水流速也减缓了。这时金尼湖（Kinney Lake）映入眼帘。金尼湖是高山融雪形成的堰塞湖，湖水清澈透明，宛如一面镜子，湖中的倒影更是美得让人惊艳。沿着湖畔继续向前行走，可以从不同角度领略湖光山色和仙境般的美景。

❤ 温馨小贴士 ❤

建议走到距停车场约七千米处即返回，再往前走则需要有露营的装备在沿途营地过夜。夏天沿途的营地需要在前一年的10月1日就开始预订，因为营地位置非常抢手。

雷尔加瀑布省立公园（Rearguard Falls Provincial Park）

雷尔加瀑布省立公园位于罗伯森山游客中心（Mount Robson Visitor Centre）以西约12公里处。这处瀑布是长约1000多千米的菲沙河（Fraser River）仅有的两处瀑布之一。这里也是太平洋三文鱼沿着菲沙河（Fraser River）从太平洋洄游可抵达的最终点，极少数最强壮的三文鱼逆流洄游约1300千米抵达这里，完成传宗接代的历史重任。每年8月中至9月初的夏末可在此见到它们的踪影！从公路边的停车场走一小段碎石步道接木板步道，追寻着水声不到5分钟即可到达雷尔加瀑布（Rearguard Fall）。

小迷路湖（Little Lost Lake）

小迷路湖步道入口就在16号公路（Hwy16）和5号公路（Hwy5）旁边，步道在原始森林和灌木丛中穿过，向上爬升二百多米。该步道比较原始狭窄，可称是羊肠小道。经过半个多小时的行走，到达半山腰的小迷路湖（Little Lost Lake）。小湖优美宁静，值回票价。

泰瑞福克斯山省立公园
（Mount Terry Fox Provincial Park）

海拔高度：2650米

官网：https://bcparks.ca

特里福克斯山是加拿大不列颠哥伦比亚省加拿大落基山脉塞尔温山脉的一座山峰。1981年，这座先前未命名的山被命名为特里·福克斯山。泰瑞福克斯山省立公园是一个设施有限的日间公园，没有道路通行。罗布森山西门以西7公里处有一条16.7公里的公路，可以看到这座山。该停车场由交通部负责维护，不属于公园的一部分。公园面积1930公顷，为了纪念加拿大抗癌英雄Terry Fox，省公园局命名罗伯森山附近的一个山峰为Mt Terry Fox，并以此建立公园。这个省立公园没有陆路到达，但在罗伯森山游客中心（Mount Robson Visitor Centre）以西七公里的16号公路旁，有一个休息区（Mt Terry Fox Reststop）可以远眺这个山峰。

威尔斯格雷省立公园
（Wells Gray Provincial Park）

地址：不列颠哥伦比亚省清水镇（Clear Water）附近

官网：https://bcparks.ca

威尔斯格雷省级公园是一个大型郊野公园，位于不列颠哥伦比亚省中东部，于1939年建立，该公园保护了卡里布山脉（Cariboo Mountains）南部的大部分地区，公园占地5250平方千米。它是不列颠哥伦比亚省第四大公园，仅次于塔申希尼（Tatshenshini），斯帕茨齐（Spatsizi）和特威兹米尔（Tweedsmuir）省立公园。

斯帕特瀑布
（Spahats Creek Falls）

地址：Clearwater Valley Rd, Wells Gray Country, BC V0E 1N0

官网：https://bcparks.ca/explore/parkpgs/wg_spah/

门票：免费

停车：免费停车场

斯帕特瀑布位于不列颠哥伦比亚省灰井省立公园（Wells Gray Provincial Park）内，瀑布高约75—80米高。斯帕特瀑布发源于筏山（Raft Mountain）和奖杯山（Trophy

Mountain）之间一个山口的融雪和泉水，向西流 15 公里，然后翻过斯帕特瀑布注入克利尔沃特河（Clear Water River）。Spahats是第一个民族对熊的称呼，这条小溪长期以来被称为熊溪。当第一张精确的清水河谷地形图于1953年出版时，把这条小溪标为"熊溪"，把瀑布标为"斯帕哈特溪瀑布"。到了20世纪60年代末，由于不列颠哥伦比亚省有大量的熊溪，"西班牙帽"（Spahats）被正式采用。

道森瀑布
（Dawson Falls）

地址：Myrtle Point，BC V0E 1J0

官网：https://www.world-of-waterfalls.com/waterfalls/canada-dawson-falls/

门票：免费

停车：免费停车场

道森瀑布从大约20万年前的熔岩上倾泻而下注入下面的墨特尔河（Murtle River）。这条河流的河床由砂和砾石沉积物组成。蘑菇池（Mushbowl）位于道森瀑布下游600米（1969英尺）处。墨特尔河在此下降5米（16英尺），它被一块寒武系岩石劈开，漩涡状的水流侵蚀了蘑菇池南侧悬崖上的一个小洞穴。每年从7月起，可以在水位低潮时进入蘑菇池。Mushbowl的名字是在1940年之前为这个瀑布命名的。20世纪60年代末，有人称它"魔鬼朋克碗"（Devil's Punchbowl），但人们一般还是称其为Mushbowl。

赫尔姆肯瀑布
（Helmken falls）

地址：Helmcken Falls Rd，Thompson-Nicola，BC V0E 1J0

官网：https://bcparks.ca/merchandise/

门票：免费

停车：免费停车场

赫尔姆肯瀑布是位于不列颠哥伦比亚省威尔斯格雷省公园内的默特尔河上的一个高141米的瀑布。赫尔姆肯瀑布是加拿大第四高的瀑布。加拿大较高的瀑布是特威兹米尔省立公园（Tweedsmuir Provincial Park）的汉伦瀑布（Hanlun Falls）、约奥国家公园（Yoo National Park）的塔卡考瀑布（Takakao Falls）和斯特拉斯科纳省立公园（Stratkona Provincial Park）的德拉瀑布（Della Falls），它们都位于不列颠哥伦比亚省。在赫尔姆肯瀑布上游的默特尔河上还有其他六个瀑布。它们是穆沙伯瀑布（Musab Falls）、道森瀑布（Dawson Falls）、马耶罗斯瀑布（Mayeros Falls）、马蹄瀑布（Horseshoe Falls）、草地瀑布（Meadow Falls）和麦克杜格尔瀑布（McDougall Falls）。只有赫尔姆肯瀑布、穆沙伯瀑布和道森瀑布可以通过公路到达。马耶罗斯瀑布、马蹄瀑布和麦克杜格尔瀑布都可以通过小径到达，草地瀑布则需要乘飞机才能到达。

坎卢普斯（甘露市）
（Kamloops）

人口：90280

官网：https://www.tourismkamloops.com

坎卢普斯，卑诗省内陆第三大城市以及重要的交通枢纽，位于温哥华东北约400千米处，占地299.2平方千米。南、北汤姆逊河（Thomson River）在这里交汇，"Kamloops"这个城市名称来自于印第安语（Cumcloups），即河流交汇点的意思。这里因其具备无污染的肥沃泥土、半沙漠干燥型气候等条件，所以成为北美最大的花旗参产地，被誉为"花旗参之都"。不少参场对外开放参观，让游客了解花旗参的生长过程以及花旗参多方面的滋补药用功效。

坎卢普斯于1812年始建皮毛交易站，1893年设居民点作为附近富饶农牧业区和矿区的供应中心。坎卢普斯有着悠久的原住民历史与文化，这里共有17个原住民部落社区，整个社区横跨越11公里，面积广达一万三千公顷，为不列颠哥伦比亚省内陆最重要的原住民社区之一。甘露市最著名的景点是位于南汤姆森河北岸的赛克维帕克原住民古迹公园和博物馆（Secwepemc Heritage Park & Museum），该博物馆展示着赛克维帕克原住民部落五千年来不同时期的生活演进历史与原住民文化。每年夏季这里还举办全不列颠哥伦比亚省最大规模的原住民舞蹈聚会。

汤姆逊河大学
（Thomson Rivers University）

地址：805 TRU Way，Kamloops，BC V2C 0C8

官网：https://www.tru.ca/

校训：T7ETSXEMÍNTE RE STSELXMÉM（Secwepemctsín）

"to strive ahead"（奋勇向前）

是一所公立教学和研究型大学，提供本科和研究生学位以及职业教育。它的前身是于1970年成立的卡里布学院（Cariboo College）。大学主校区位于不列颠哥伦比亚省的坎卢普斯，在校学生约14000，远程教育生约12700人，汤姆逊河大学通过开放式学习部门提供140个校内课程和约60个在线或远程课程，提供职业证书和文凭、学士和硕士学位。大学在不列颠哥伦比亚省威廉姆斯湖（Williams Lake）有一个卫星校区，还有一个名为TRU-Open Learning的远程教育部门，大学通过TRU建立了多个国际合作伙伴关系。

10

坎卢普斯（Kamloops）→ 地狱门（Hell's Gate）→ 希望镇（Hope）→ 温哥华（Vancouver）

距离：428千米

清晨踏上返回温哥华的愉快旅途，请选择走一号横加国道（TransCanada Hwy，HWY 1），参观游览地狱门，乘缆车下降到离菲沙河（Fraser River）河面最近的河岸。之后启程继续西行至希望镇（Hope）。这里曾经是一个淘金者的乐园，是蜂拥而至的淘金客实现梦想的地方，所以这个小镇才起名叫希望镇。它是加拿大不列颠哥伦比亚省菲沙河谷区域局内一个区域自治区，坐落在低陆平原东端菲沙河及高贵哈拉河（Coquihalla River）的合流处，离温哥华以东约153公里。它还是加拿大几条重要公路的交汇点，也是电影《第一滴血》（the First Blood）拍摄地。于傍晚时分抵达温哥华，行程结束！

地狱门
（Hell's Gate）

地址：Boston Bar，British Columbia，Canada

官网：www.hellsgateairtram.com

缆车票：见官网

邻近希望镇的"地狱之门"原是加西淘金路线中的艰难一站。它位于菲沙峡谷南部，以地势险峻得名。著名探险家西蒙·菲沙（Simon Fraser）在他的日记里描述他于1808年通过整条菲沙河中最狭窄山谷的情景时说："我们抵达了一个人类不应该接近的地方，这里一定就是地狱之门！"两岸只有35米宽，汹涌的河水被两边的山壁压迫在一起，产生强大的浪涛，每分钟有2亿加仑的河水冲过。在这里可以听到雷鸣般的河流声，看到脚底下的汹涌水流，感觉自身像在地狱的大门前一般。

1911年，加拿大北部铁路公司在地狱门的东岸开始建造第二条铁路，他们在地狱门东岸开通隧道的时候，大量岩石掉落在下面的河道，使原本汹涌的河流更加湍急，对地狱门的生态环境造成了巨大的损害。洄游的三文鱼没有办法游过急速的河流，回到它们的出生产卵地，很多的三文鱼都提前死亡，令第二年的三文鱼幼鱼数量大减。政府为减轻对三文鱼洄游的损害，在1914年和1915年之间的冬天，花了两年的时间在河底打捞出大量岩石。虽然河流已经恢复，落石已经永久性改变了河流的生态环境。从1944年开始，人们动工在地狱门河流两边石壁建造三文鱼人工鱼道，让洄游的三文鱼更容易通过。人工鱼道建成后，三文鱼的数量大幅上升。

1971年，地狱门观光缆车（Hell's Gate Airtram）建成后，地狱之门终于成为一个旅游景点。观光缆车位于峡谷最窄处，在这处仅33米河道中，每分钟竟有4万余吨水流奔腾而下。地狱门的缆车是全北美唯一一个下降式的缆车，缆车系统总共有两个车厢，每个车厢可载25人，运送游客从地狱门东岸的喀斯喀特山脉（Cascade Range）到西岸，跨度303米，上下落差达157米。游客可在此鸟瞰菲沙峡谷激流，并观赏这处三文鱼洄游的主要鱼道。

希望镇
（Hope）

人口：6181

地址：District Municipality in British Columbia

官网：www.hope.ca

坐落在低陆平原东端菲沙河（Fraser River）和高贵哈拉河（Coquihalla River）的汇合处，离温哥华约153公里。这里曾经是一个淘金的乐园，是奔涌而至的淘金客实现梦想的地方，当年每一个来到这里的人都抱着发财的梦想，满怀希望，所以这个小镇起名希望镇。1982年在这里拍摄了一部叫《第一滴血》（First Blood）的电影，上映后一下子打破当年的全球票房纪录。史泰龙因这部电影而大红。希望镇是名副其实的进入BC内陆的门户，是一号、三号和五号（高贵哈拉高速Coquihalla Highway）高速公路的交汇点，三条公路大动脉分别通往北部内陆以及东南部的欧肯纳根地区。

在希望镇市中心的大街上，可欣赏到许多大型的木雕作品，这些都出自本地著名的木雕艺术家彼得·来恩（Peter Ryan）。这些多取材于动物的木雕作品颇具原住民的艺术风格，也成为希望镇独有的旅游特色与城市文化。

💕 库特尼落基山脉温泉之旅 💕

官网：https://KootenayRockies. com	路线起点：克兰布鲁克 路线终点：克兰布鲁克	行程距离：860 千米 建议：至少五天

温泉之旅从库特尼落基山脉地区的门户克兰布鲁克开始，自驾绕着库特尼落基山脉环行850千米，将会经过BC省的五大温泉。

卢西尔温泉
（Lussier Hot Springs）

地址：East Kootenay E，Cranbrook，BC V1C 7E2

官网：https://www.lussierhotsprings.ca

门票：见官网

停车：免费停车场

坐落在怀特斯旺湖省立公园（Whiteswan Lake Provincial Park），是含硫黄的天然热温泉，有三个天然岩壁和砾石底部温泉池。

费尔蒙温泉
（Fairmont Hot Springs）

地址：5225 Fairmont Resort Road，Fairmont Hot Springs，BC V0B 1L1

官网：https://www.fairmonthotsprings. com/

门票：酒店住客免费

停车：免费停车场

加拿大最大的天然矿物质温泉。温泉在费尔蒙度假酒店范围内，除了温泉还有高尔夫球场。

瑞迪恩温泉（镭温泉）
（Radium Hot Springs）

人口：900

地址：5420 BC-93，Radium Hot Springs，BC V0A 1M0

官网：www.radiumhotsprings.com

门票：见官网

停车：免费停车场

位于不列颠哥伦比亚省旅游小镇因弗米尔（Invermere）以北16公里，95号公路（Hwy93）和93号公路（Hwy95）的交界处，是库特尼国家公园（Kootenay National Park）的西部门户，辛克莱尔峡谷（Sinclair Canyon）的入口处。瑞迪恩温泉是加拿大最具规模的矿物质温泉，泉水呈现翠蓝色泽，富含镭、铁、钠、镁等具有健康疗效的元素，每1公升泉水含超过700毫克的矿物质，可以滋润涵养肌肤、深层调理身体。

哈尔西恩温泉
（Halcyon Hot Springs）

地址：5655 BC-23，Nakusp，BC V0G 1R0

官网：https://halcyon-hotsprings.com/

门票：见官网

停车：免费停车场

碳酸温泉，无色无味。在卡斯普（Nakusp）附近，位于美丽的箭湖（Arrow Lakes）湖畔，温泉被壮丽的莫纳希山脉（Monashee Mountains）所围绕。

安斯渥斯温泉
（Ainsworth Hot Springs）

地址：3609 Balfour-Kaslo-Galena Bay Hwy，Ainsworth Hot Springs，BC V0G 1A0

官网：https://www.ainsworthhotsprings. com/

门票：见官网

停车：免费停车场

位于卡斯洛（Kaslo）南部，是加拿大唯一的钟乳石洞温泉，温泉水质佳，全年开放。

❤欧肯纳根湖区酒庄之旅❤

官网：https://www.tourismkelowna.com
https://www.tourismkelowna.com/things-to-do/wineries/guide/

路线起点：基隆纳（Kelowna）
路线终点：奥苏悠（Osoyoos）
行程距离：123千米（单程）

欧肯纳根湖区有40多家酒庄，距离周边城市仅数分钟车程。您可以使用"Wine Trail Guide"自驾游或预订带专业导游的葡萄酒之旅。每一间酒庄的酿酒师都愿意分享他们的故事，请您品尝他们的佳酿。

❤卑斯省淘金之旅行程❤

路线起点：温哥华
路线终点：温哥华

行程距离：2100千米
建议：至少四天

1

温哥华（Vancouver）➡惠斯勒（Whistler）➡利卢埃特（Lillooet）➡108英里牧场（108 Miles Ranch）➡威廉斯湖（Williams Lake）
距离：550千米

追寻BC省的历史感，我们第一段旅程从温哥华出发，沿着海天公路（Sea to Sky Highway）蜿蜒的海岸线，前往惠斯勒（Whistler），一个四季皆宜的度假村，位于太平洋海岸山脉。丰富的降雪、有利的地形使得这里聚集了很多滑雪爱好者，这里曾多次被滑雪杂志选为北美最佳滑雪场地。2010年，惠斯勒协助举办了冬奥会和残奥会的部分赛事。在惠斯勒享受了雪之美之后，我们的旅程继续往北到达内陆交通重镇利卢埃特（Lillooet），这是我们第一段旅程的起点。淘金热使得利卢埃特迅速发展成一个人口密集、交通便利的城市，甚至还决定了其他城市的名称。淘金时代，利卢埃特便是卡里布篷车道（Cariboo Wagon Road）的"零"英里（Mile "0"），也就是起点处，以

北沿线的路边给养站以利卢埃特为起点计算距离并冠名。现在一些小镇依保留当时的名字，如100英里庄、108英里庄等。在卡里布篷车道的"零"英里拍照留念之后，我们的淘金之旅正式开始。从利卢埃特出发，我们跟着淘金者继续北上卡里布区域，BC的美景让人难忘，这里可以欣赏到草原、牧场等大漠风光；继续前行，经97号公路到达108英里牧场（108 Miles Ranch）。作为南卡里布区域的中心，108英里牧场（108 Mile Ranch）拥有12幢历史悠久的建筑物，比如加拿大现存最大的谷仓——1908克莱兹谷仓（1908 Clydesdale Barn）、105英里路边旅馆（105 Mile roadhouse）、108英里电报局（108 Mile telegraph office）等，让老式建筑带你进入机遇与血性并存的时代。继续往北前行至威廉斯湖（Williams Lake）。威廉斯湖是卡里布地区的中心，淘金热带给小村庄成长的机会：淘金者大量涌入，逐渐增多的欧洲皮毛交易，使得威廉斯湖逐渐成长为一个繁华的城市。你可以漫步河谷步行道，从喧闹的城镇通往宁静的森林，感受自然的

魅力。还能去卡里布齐科廷博物馆，在BC省唯一一个牛仔竞技和牧场博物馆，能让你get到牛仔同款帅气。如果喜欢，还可以在斯考特岛（Scout Island）观赏野生的鸟类。

这一段的旅程到这里就先告一段落，当晚住宿在威廉斯湖。

2

海德苏尔（Xats'ull Heritage Village）→莱克利（Likely）→克内尔福克斯（Quesnel Forks）→巴克维尔（Buckville）→乔治王子城（Prince George）
距离：422千米

经过海德苏尔传统文化村（Xats'ull Heritage Village），我们旅程继续，从97号公路和马蝇路交界处往东行约2小时，到达莱克利小镇（Likely）。位于克内尔湖（Quesnel Lake）边的莱克利小镇，是现存的极少数卡里布淘金热时期的定居点，拥有北美最大的人造金窖，Cedar Point Provincial Park还留有采矿设备。莱克利附近的克内尔湖（Quesnel Lake）是卡里布地区最大的湖泊，也是世界上最深的冰川切割湖，水深达610米；东端有组瀑布被称为小尼亚加拉，值得感受一次。克内尔福克斯（Quesnel Forks），距离莱克利小镇不到30分钟车程的"鬼城"，伴随淘金而生，淘金热散去而亡。作为BC省现存的唯一一个有关淘金史的"鬼城"，着实不可错过。旅程继续向北，进入巴克维尔历史古镇（Buckville Historic Heritage Site）。作为北美西部最大的历史遗址，巴克维尔历史古镇讲述着发生在淘金年代的那些事儿。最轰动的莫过于比利·巴克在这个地方找到了金子。巴克维尔鼎盛时期，约有一半都是华人。建于1869年的巴克维尔致公堂是现存最老的华人建筑；2009

年，致公堂成为国家级的历史遗址。当年的先侨们曾在这里召开会议反对排华法案。历史建筑超过125座的巴克维尔仍保留淘金时代的痕迹：水力采矿遗留的巨型坑、几十英尺高的尾矿堆、人工挖掘数公里长的沟渠……在这里你也可以小试淘金，说不定还有意外惊喜。巴克维尔还在，可是巴克维尔又不在。1868年一场大火将这里变成一片废墟；在废墟上，又重建了巴克维尔。我们继续前行，这一次的目的地是卡里布区域的最北端——乔治王子城（Prince George）。从一处贸易小站发展成为BC省北部门户，乔治王子城的实力不容小觑。在乔治王子城中，既可享受城市完备的便利设施，还可以体验丰富的野外运动，比如健行、露营、垂钓、洞穴探险等。诺亚方舟冒险乐园（Noah's Ark Adventureland）可以观赏动物。若对天文观测感兴趣，那么乔治王子城天文台（Royal Astronomical Socirty of Canada Prince Geogre Centre）一定不能错过。当晚住宿乔治王子城。

3

乔治王子城（Prince George）→克内尔（Quesnel）→克林顿（Clinton）→卡什溪（Cache Creek）→坎卢普斯（Kamloops）
距离：522千米

现在，我们第三段旅程开始了。从乔治王子城出发沿97号公路南行来到克内尔（Quesnel）。

克内尔被称作"Gold Pan City"，这里曾是淘金者和拓荒者的乐土，早在1861年的春季，就有人在这里发现了黄金。随着越来越多的人进入卡里布，克内尔抓住机会，一跃成为卡里布的商业中心。克内尔所拥有的滨河步道系统（Riverfront Trail System）

能够游览整个城市。克内尔博物馆和档案馆（Quesnel Museum and Archives）拥有众多文物和档案，这里还能找到中国淘金者留下的痕迹。继续南行至克林顿（Clinton）。克林顿也是随着淘金热而出现，为疲惫的淘金者提供住宿。由于距离利卢埃特47英里，克林顿最初也叫47英里。克林顿最好的体验方式便是马背之旅，在绵延无尽的牧场间信马由缰。如果想体验牛仔的生活，就去克林顿的主街，这里有很多提供牛仔物品的商店。若对克林顿的历史感兴趣，克林顿博物馆（The Clinton Museum）不可错过。我们跟着淘金者继续南下卡里布区域，经过卡什溪镇（Cache Creek）。卡什溪镇因19世纪末的淘金热而得名，位于卡里布区域（Cariboo Country）和BC省南部内陆地区（Southern Interior）的交界处。继续旅程至坎卢普斯（Kamloops）北美西洋参的故乡，位于欧肯纳根山谷北方的坎卢普斯，是BC省中部的交通枢纽，许多观光巴士旅游团喜欢指定此地作为中途休息的停靠地点。早年拓荒时期，此地曾是印第安人与白人毛皮货物交易中心，以牧场与农林产品集散地以及旅游观光业为重要经济类型，其中又以种植北美西洋参最为人津津乐道。参观参盟西洋参种植加工场，当晚住宿坎卢普斯。

4

坎卢普斯（Kamloops）→地狱门（Hells Gate）→温哥华（Vancouver）

距离：520千米

沿着横加一号公路进入弗雷泽峡谷（Fraser Canyon）。自哈德逊湾公司于1858年向旧金山联邦造币厂运送800盎司黄金后，几乎所有的人都知道弗雷泽峡谷有黄金。那个炎热的夏天，共有超过三万名淘金者来到这个地方。

位于弗雷泽峡谷淘金之路（Gold Rush Trail）的地狱之门见证了弗雷泽峡谷淘金历史。两岸峭壁上一直往前，不知疲倦的火车，凝结了华人筑路工人的心血。弗雷泽峡谷风景最美的地方非地狱之门（Hell's Gate）莫属。两岸山峰险峻，河面仅有35米宽。淘金探险家西蒙·弗雷泽（Simon Fraser）这样描述：a place where no human should venture, for surely these are the gates of Hell。颇有种"一夫当关，万夫莫开"的感觉。这里有全北美唯一下沉式缆车——地狱门观光缆车（Hells Gate Airtram），垂直高度157米的地狱门观光缆车，将陡峭山峰、湍急水流之美尽收眼底；缆车上还可看到穿行峡谷的火车。每年9月和10月还可看到三文鱼洄游，感受生命的力量。

傍晚返回温哥华，沿着一号横加公路，从高山到低陆平原，看遍加拿大西海岸最美的风景。

相信在这条重回淘金之路的旅程中，你对卑斯省的厚重历史和魅力，应该有了更深刻的了解。

大熊雨林
（Great Bear Rainforest）

探索大熊雨林的旅行网址：BC省原住民旅游局Aboriginal Tourism BC

https://www.tweedsmuirparklodge.com/

http://www.spiritbear.com/site/tours/bear-viewing-overview.html

飞机预定：www.pacificcoastal.com

轮渡度假：www.bcferriesvacations.com/packages/inside-passage-coastal-adventure

大熊雨林位于加拿大BC省太平洋沿

岸，是世界仅剩的未被破坏的温带雨林之一，绵延纵深400千米，覆盖了640万公顷的土地面积。它南起发现群岛（Discovery Islands），北至BC省与美国阿拉斯加州的边界，包括南部的鲁珀特王子港（Prince Rupert）、道格拉斯海峡（Douglas Channel）、霍克斯伯里岛（Hawkesburyisland）大部分地区，以及加德纳运河（Gardner Canal）的一部分。再往南，还包括了峡湾保护区西部和南部的所有海岸，如基特罗普自然遗产保护区（Kitlope Heritage Conservancy Protected Area）和特威兹谬尔省立公园（Tweedsmuir Provincial Park）等。雨林和周围的海洋错综复杂交织在一起，形成了地球上最丰富多样的生态系统之一。大熊雨林原始森林遍布着有近千年树龄的红雪松（red cedar）、北美香柏（western arborvitae）、铁杉（hemlock）和云杉（spruce），这里是鹰（eagle）、狼（wolf）、美洲狮（cougar）、棕熊（grizzly bear）、黑熊（black bear）以及珍稀的科默德熊（Ursus americanus kermodei）即灵熊（spirit bear）的天然栖息地；鲑鱼（salmon fish）、虎鲸（killer whale）、座头鲸（humpback whale）、海豹（seal）等海洋动物在辽阔海洋里自在遨游。

科普小贴士：

大熊雨林里生活着一种通体为白色的熊—科默德熊（又称"灵熊"），它是美洲黑熊的亚种，体内的隐性基因引起它的皮毛呈乳白色，全世界只有在大熊雨林才能看到这种稀有罕见的熊种。在当地原住民心中，它们一直都是神圣与幸运的象征，是这片神圣土地的圣兽和主人。除了稀有的科默德熊，这里还生活着北美黑熊和棕熊。库西姆阿丁棕熊保护区（Khutzeymateen Grizzly Bear Sanctuary）是加拿大第一个专门为保护棕熊设立的保护区，也是世界上最美丽的棕熊自然栖息地之一。

推荐玩法

去大熊雨林地区（Great Bear Rainforest）有三种途径。贝拉库拉（Bella Coola）是通往大熊雨林的主要门户，也是许多较小的周边海岸社区的中心。虽然它位于偏远地区，但实际上我们可以通过陆上、空中和海上交通进入贝拉库拉。

1. 自驾

路线起点：温哥华

路线终点：温哥华

线路距离：1000千米（单程）

建议：至少8天

从温哥华沿99号公路北上，转到97号公路，在中转地威廉斯湖（Williams Lake）过夜，然后向西走20号公路，进入贝拉库拉山谷（Bella Coola Valley），穿过北特威兹谬尔省立公园（North Tweedsmuir Provincial Park）、卡里布齐科廷海岸（CaribooChilcotin Coast）和赫克曼（Heckman）山口，到达贝拉库拉，历时两天。沿途都可欣赏沿海山脉的壮丽景色。

2. 搭乘渡轮也是一个不错的选择，可考虑海陆联程，一程自驾，一程坐渡轮。回程由贝拉库拉（Bella Coola）坐渡轮到温哥华岛（Vancouver Island）的哈迪港（Port Hardy），全程约700千米，需时16小时。渡轮上可选择私人船舱或固定座位，沿途海天风景一流，还有机会看到鲸鱼。第二天沿岛的东海岸自驾南下到乃磨（Nanaimo），继续坐渡轮回温哥华。但连人带车的船票有点贵，须1000多加元。

3. 飞机航程一个半小时，由温哥华国际机场直飞贝拉库拉机场。抵达后参加当地原住民的设计的行程（须预订）。

暖心提示

大熊雨林每年接待游客数量有限，如果您想来探幽，行程需要提前预订。另外，请保持肃静，悄悄地来，悄悄地看，悄悄地走。

科普小贴士：

英文Grizzly bear，中文翻译为棕熊或灰熊，二者区别在于：生活在河边抓三文鱼吃的称为棕熊，生活在高山上的称为灰熊。

避世酒店

克里阔特荒野度假村（Clayoquot Wilderness Resort）

1 Clayoquot，Tofino，BC V0R 2Z0
官网：https://wildretreat.com/
房价：见官网

温哥华岛的克里阔特荒野度假村（Clayoquot Wilderness Resort），位于"北美最佳冲浪城镇"托菲诺（Tofino）北部。从托菲诺出发，乘船30分钟，即可到达度假村。若是选择从温哥华国际机场出发，预约酒店房间后，便会有飞机在南部候机大厅的Seair候机楼等候。克里阔特荒野度假村有25项白色大帆布帐篷客房、卧室、水疗室、餐厅、休息区都设在帐篷内，奢华程度超乎想象，恒温控制的木柴炉、古香古色的梳妆台和茶几、华丽的地毯、油灯、珍贵的瓷器和银饰，以及高盖蜡烛营造出完美氛围。度假村会为所有旅客量身定制冒险活动，根据天气、潮汐、野生动物的活动规律而有所不同，包括骑马、攀岩、树梢漫步、高空滑索、箭术、观熊和鲸鱼等，而且这些费用是全含在房费里的。

推荐理由：原生态度假村

索诺拉度假村（Sonora Resort）

Sonora Island，BC V0P 1V0
官网：https://sonoraresort.com/
房费：见官网

索诺拉度假村位于"发现群岛"（Discovery Islands）。前往度假村的方式有两种：一种是从温哥华乘坐50分钟的直升机；另一种方式是从温哥华岛坎贝尔河（Campbell River）乘坐水上出租车抵达。索诺拉度假村，独占整整一个小岛，度假村配备了游泳池、网球场、篮球场、沙壶球、桌球、自行车等体育设施和应用最先进视觉科技的虚拟高尔夫球等室内娱乐设施。住客可以去电影院看电影、图书馆阅读、游戏室娱乐，或者到豪华疗养中心美容一番。而这一切消费是全含在房费里的。此外，这里也是摄影爱好者的天堂。您可乘坐8.5米长的"鹰王"铝架充气式生态探险游船开启探险游（Eco Adventure Tour），游船在群岛之间穿梭巡游，可见白头鹰（bald eagle）一头扎进湍急的洋流中捕捉猎物，夏天虎鲸（killer whale）频繁出现在索诺拉岛周围海域。探险游是索诺拉度假村的特色服务，可以选择1小时或者2小时的体验。

度假村提供高级相机和镜头租借服务，让没有携带摄影器材的客人不至于扫兴而归。

推荐理由：世界上最好的生态探险地+户外摄影天堂

陶晶岩高尔夫夸特度假酒店（Quaaout Lodge & Spa at Talking Rock Golf Resort）

1663 Little Shuswap Lake Rd，Chase，BC V0E 1M2
官网：https://quaaoutlodge.com
房价：见官网

位于小苏士瓦湖（Little Schuswap Lake）西北方，距离加拿大横加公路（Hwy 1）4公里处的夸奥度假村是个极为隐秘且很有原住民特色的度假酒店，晨起可往湖边漫步，夜里则有湖夜星光陪伴，可以百分百地亲近大自然，而且四季景色各不相同。度假村的迎宾大厅仿照原住民传统冬屋设计，除了地面绘有许多图腾，屋子正中央还摆放火炉，气氛温馨，遇有重要节庆还可欣赏原住民身着传统服饰舞蹈表演。夸特度假村的园区里建有白色帐篷形状的原住民夏屋以及茅草泥土建造的冬屋，供住客参观体验原住民文化。冬屋一半深入地下，如一座隆起的小丘，屋顶开个洞，屋子正中央生着炭火，是原住民烤制三文鱼风味餐的烹饪场地。大家以火堆为中心围成圆形而坐，观赏原住民大厨示范使用柳树削成的鱼叉，将一大块新鲜的三文鱼串起，在炭火上烧烤，不一会儿屋子便香气四溢，这种用炭火烧烤的三文鱼，搭配新鲜蔬菜色拉享用，美味至极。度假村设有供应当地美食的餐厅、18洞高尔夫球场、水疗中心和健身课程（均需额外收费）。

推荐理由：体验原住民文化

当地美食

BC省位于加拿大的西海岸，整个海洋触手可及，因此这里发展出了独有的"西海岸风格"菜肴。

珍宝蟹（Dungeness Crab）

珍宝蟹主要分布在太平洋东北部水域，从阿拉斯加到加拿大BC省、美国加州都有分布，其中以BC省温哥华的珍宝蟹最为出名，也因此，"骄傲"的加拿大人干脆叫它"温哥华蟹"。珍宝蟹亮丽的橘黄色之下，是紧实而有质感的蟹肉，其纯净而略甜的口味赢得了许多海味美食家的青睐。同时，珍宝蟹是极佳的高品质蛋白质来源，含有人体所需的氨基酸，是难得的海中珍品。

加拿大帝王蟹（King Crab）

提起帝王蟹，可能大众吃货脑海中最先浮现的是阿拉斯加帝王蟹，但是今天要告诉大家的是，加拿大帝王蟹（Canadian King Crab）和阿拉斯加帝王蟹区别其实并不大，但它却是"土生土长"的加拿大螃蟹，在BC省种类繁多的海鲜产品中占据了重要地位。加拿大帝王蟹体型巨大，如果食量不大，一只螃蟹足够三个人填饱肚子了。一般来说，虽然帝王蟹也有季节，但没有斑点虾那么"应季"。不考虑价格的话，一年四季都能在温哥华吃到帝王蟹（当然应季价钱会低一些）。

斑点虾（Spot Prawn）

野生的卑斯省斑点虾是一种世界闻名的美味，以鲜甜的口感、紧实而富有弹性的肉质而闻名。斑点虾的季节非常短暂，每年只有5月下旬开始，持续6到8周。由于卑斯省严格的海洋捕捞控制，水质和海洋环境得到保护，所以在卑斯省能吃到全世界最好的斑点虾。

象拔蚌（Geoduck）

象拔蚌，又名皇帝蚌。卑斯省海洋水域纯净冷冽，是象拔蚌最重要的原产地。卑斯野生象拔蚌生长周期悠长，肉质脆嫩，是象拔蚌里面品质最好的。最经典的象拔蚌有三种吃法：象拔蚌刺身、粉丝象拔蚌煲、酥炸象拔蚌。无论哪种吃法，象牙蚌的鲜甜都能成为你一辈子怀念的味道。

在卑斯省广阔的太平洋海域里，还有种类繁多的鱼类、贝类、牡蛎、大比目鱼、石斑鱼、鳕鱼、黑鱼、海胆等。

加利福尼亚卷（California Roll）

寿司中著名的"加利福尼亚卷"，既不是在美国加利福尼亚发明的，也不是在日本发明的，而是在温哥华诞生的！发明者名叫Hidekazu Tojo，是一位移民到温哥华的日本人。

日式热狗（Japadog）

Japadog，顾名思义就是带有日式风味的热狗，由一对移民到温哥华的日本夫妇于2005年发明。日式热狗更适合亚洲人的口味，加了木鱼花、肉松、毛豆、海苔、美乃滋甚至荞麦面等食材。温哥华很多街道上都能看到Japadog美食车和小店。现在Japadog已经风靡全球，但是温哥华才是它的发源地。

纳奈莫派（Nanaimo Bar）

纳奈莫派是温哥华岛中部城市纳奈莫（Nanaimo）的特色甜点小吃，全麦的黄色蛋糕上面覆盖一层奶油蛋白，上层涂上一层巧克力和椰丝。该小吃可以追溯至1953年，多年来，这种美食已经演变出了多种口味如薄荷味、花生酱味、摩卡咖啡味。

暖心小贴士

斑点虾节（Spot Prawn Festival）：每年5月中旬，列治文渔人码头的"斑点虾节"

烧烤鲑鱼（木炭烤鲑鱼）Salmon：列治文史蒂夫斯顿鲑鱼节（Steveston Salmon Festival）每年7月1日举办

弗雷泽美食节（Fraser Valley Food Festival）8月开始

北温哥华银鲑节（North Vancouver Coho Festival）9月第二个周日举办

育空地区
Yukon Territory

官网：https://yukon.ca
https://www.travelyukon.com

车牌标语：The Klondike，意为"克朗代克"。车牌左侧一位淘金客的形象点出了当年那个火热的淘金年代，克朗代克是Yukon地区一条河的名字，也是Yukon地区的别名。

育空地区位于加拿大西北边陲，约十分之一位于北极圈内，为加拿大三个行政区之一，是北美唯一有公路可进入北极圈的省份。Yukon 的名字来源于原住民哥威特语（ Gwich'in language ），意思是大河。育空地区占地约48.4万平方千米，人口约3.6万。育空地区曾因地理位置偏远而无人居住，但育空河的流经让沿途有着丰富的自然资源，19 世纪中叶随着淘金热兴起，不少欧洲人北上并在此

繁衍生息，1898 年育空正式加入加拿大联邦。在育空，跨越千年的原住民文化，以音乐、舞蹈、手工艺、传统乐器等方式生生不息地流传下来。

怀特霍斯/白马
（Whitehorse）

官网：https://www.whitehorse.ca

怀特霍斯是育空的首府，它的名字也来自育空河，据说因河的上游有急流，水花溅起高如白马的鬃毛，故得此名。怀特霍斯占地约417 平方千米，人口约2.5万，占育空地区人口的70%。市内主街上有咖啡馆、书店、礼品店、运动品商店、原住民饰品店、餐厅和酒店。怀特霍斯也是加拿大观赏极光的热门地点之一，这里的极光季相对较早，每年9月初就有极光出现，一直持续到来年的4月。最佳的追光时间是12月下旬，那时候下午3点就天黑了，黑夜时间越长，极光出现概率相对越高。

埃里克·尼尔森白马国际机场（Erik Nielsen Whitehorse International Airport）

地址：75 Barkley Grow Crescent, Whitehorse，YT Y1A 6E6

官网：https://yukon.ca/en/driving-and-transportation/whitehorse-airport

机场代码：YXY

埃里克尼尔森白马国际机场是位于育空地区怀特霍斯的国际机场。它是国家机场系统的一部分，由育空地区政府拥有和运营。

该机场于2008 年12月15日更名，以纪念长期担任育空地区议员的埃里克·尼尔森（Erik Nielsen）。

塔基尼温泉（Takhini Hot Springs）

地址：KM 10/Mile 6 Takhini Hotsprings Road

官网：https://www.travelyukon.com› plan › operator

门票：见官网

停车：免费停车场

温泉坐落于距离怀特霍斯市中心仅28千米的位置。这里每分钟都有28加仑的天然温泉水从地球深处涌出，泉水中含有丰富的矿物质，具有治疗疾病、缓解疲劳的功效。温泉有一个42摄氏度的高温池和一个36摄氏度的低温池。

克朗代克号蒸汽船（S.S. Klondike National Historic Site）

地址：10 Robert Service Way, Whitehorse，YT Y1A 1V8

官网：https://www.pc.gc.ca

门票：见官网

停车：免费停车场

克朗代克号蒸汽船位于怀特霍斯的育空河岸上，是加拿大国家历史遗址。20世纪上半叶，英国育空航行公司（British Yukon Navigation Company）的船尾明轮（sternwheeler）船队曾在育空河上游的怀特霍斯和道森市（DawsonCity）之间航行运输货物。"克朗代克"号是船队中最大的尾明轮船。这艘船建于1929年，于1936年沉没，1937年春天重建，命名为"克朗代克II号"（S.S.Klondike II）。当年，内河航船和铁路将育空与外部世界连接起来。

麦克布莱德育空历史博物馆（MacBride Museum of Yukon History）

地址：1124 Front St，Whitehorse，YT Y1A 1A4

官网：https://macbridemuseum.com

门票：见官网

停车：免费停车场

麦克布莱德博物馆坐落在育空首府怀特霍斯，建立于1950年，是育空的历史博物馆。馆内收藏有育空的史实文物，它还是一个社区会议场所、档案馆和学习中心。

育空大学（Yukon University）

地址：500 University Drive，Whitehorse，YT Y1A 5K4

官网：https://www.yukonu.ca/

校训：Together we thrivev（我们一起成长）

育空大学是加拿大第一所位于北极地区的公立大学，大学始建于1963年，名字叫白马市职业技术培训中心（Whitehorse Vocational and Technical Training Centre），后于1983年更名为育空学院（Yukon College），2020年升格为大学。大学主校区位于育空首府怀特霍斯（Whitehorse），另有12个校区分布于育空各个社区。大学授予学士学位、文凭、证书以及提供职业培训和成人基本教育。大学的教学重点和研究领域集中在北极地区的环境保护和资源可持续开发方面，原住民（First Nations）文化的研究等。在校学生约6100人。

❤️ 推荐心动线路 ❤️

怀特霍斯（Whitehorse）→ 英里峡谷（miles canyon）→卡克罗斯小镇（Carcross）

路线起点：怀特霍斯

路线终点：怀特霍斯

线路距离：往返300千米

建议天数：一日

门票：免费

英里峡谷位于怀特霍斯市近郊，沿着蜿蜒育空河漫步走在英里峡谷铁桥的上面，从高处俯瞰育空河谷，景色非常美丽。继续沿着阿拉斯加公路行驶100千米左右就来到了著名的卡克罗斯小镇，这是一个常住人口只有大约400的无建制社区小镇，位于内尔斯湖（Nares Lake）和班尼特湖（BennettLake）两湖之间。因为每年有大批北美驯鹿从里迁徙通过，所以结合"驯鹿"（Caribou）和"通过"（Across），创造了carcross这个新字。在历史上著名的克朗代克淘金热时期，卡克罗斯曾是淘金之路上的一个重要的铁路和公路站点。这里的景点有以下这些值得一看。

▶翡翠湖（Emerald Lake）

在加拿大境内有很多叫翡翠湖的湖泊，但在卡克罗斯的翡翠湖，阳光照射到湖底的白色矿物质上面，湖水折射形成碧绿晶莹翡翠色。

▶卡克罗斯沙漠（Carcross Desert）

位于小镇以北，被称为"世界最小的沙漠"，它是由冰湖底部隆起而形成，面积

2.8平方千米。徒步登上沙漠的顶部，远处雪山、湖泊尽收眼底。冬季时沙漠成为远近闻名的越野滑雪和滑板滑雪的绝佳场地。

▶ **班尼特湖（BennettLake）**

班尼特湖横跨育空和美国阿拉斯加（Alaska）两地，是19世纪末淘金热的必经之地，当年淘金者在此建造船只和储备物资，为北上淘金做最后的准备。漫步在班尼特湖边，远眺对面的雪山，湖光山色美不胜收。

▶ **原住民特色民宅（Aboriginal houses in Carcross Town）**

游客可以参观原住民图腾和雕刻中心感受原住民的独特文化。

▶ **窄轨火车车站（Carcross Railway Station）**

卡克罗斯到阿拉斯加的斯凯威（Skagway）的窄轨火车旅程号称世界最美的观光火车线路，可以和瑞士小火车媲美。

▶ **驯鹿酒店（Caribou Inn）**

又名幽灵酒店，加拿大邮票上的十大鬼屋之一，可以来这里听一听极地鬼屋的传奇故事。

▶ **邮局（Carcross Post Office）**

卡克罗斯是个极地小镇，人口只有几百，但依然有自己的邮局。盖上这个极地迷你邮局的邮戳，投寄出一张明信片给您所爱的人，很有意义。

怀特霍斯（Whitehurse）➡ 克卢恩国家公园（Kluane National Park）➡怀特霍斯（Whitehorse）

路线距离：480千米（往返）

建议天数：一日

克卢恩国家公园（Kluane National Park）位于育空和美国阿拉斯（Alaska）的交界处，占地面积约2.2万平方千米（约8500平方英里），被联合国教科文组织于1979年命名为世界遗产公园。公园西南面的圣伊莱亚斯山脉（Mount St. Elias）的洛根山海拔5959米（19551英尺），是北美最高的山峰。公园里有地球上覆盖面积最大的冰川群，生活着至少150种鸟类，还有全球密度最高的灰熊（Grizzly bear）、高山羊（montain goat），甚至还有雪狐（snow fox）等珍稀物种。在克卢恩国家公园里，在环绕着此起彼伏的克卢恩山脉的克卢恩湖（Kluane Lake）边徒步健行，湖光山色交相辉映，宛然一幅大师笔下的油画。游客可以参观游客中心，了解克卢恩的前世今生。

道森市
（Dawson City）

官网：https://dawsoncity.ca

这里是育空地区的一个镇，占地面积约33平方千米，人口约1400。早在1887年，道森一带就由加拿大地理学家乔治·道森（George Dawson）所发现。为了纪念他，道森于1896年成立时，就以道森的姓氏作城镇的名字。自1898年起，道森一直是育空地区首府，直至1952年才改以怀特霍斯取代。道森是因克朗代克（Klondike）淘金热兴起的城市，世界第二大金矿产区，100年前曾有无数的淘金客从四面八方来到这里实现发财致富的梦想。美国小说家杰克伦敦（Jack London）在道森写出了世界十大短篇小说之

一的《荒野的呼唤》（*The Call of the Wild*）。今天的道森依然保存着淘金热时代的原始风貌，如加拿大最早的赌场、原汁原味的康康舞、杰克伦敦故居。去道森最著名的酸脚趾酒吧，敢于喝下酸脚趾鸡尾酒，挑战极地人的勇敢者游戏，都将得到一张"勇敢者证书"。1942年阿拉斯加公路（Alaska Hwy）启用，连接了怀特霍斯至加拿大南部一带。

道森市机场（Dawson City Airport）

地址：km694，Dawson City Yt Klondike Highway Yt，Dawson City，YT Y0B 1G0

官网：https://yukon.ca

机场代码：YDA

道森市机场是地区性机场，位于育空地区道森市，由育空地区政府运营。机场有一座航站楼和一条跑道，提供支线航班服务。

克朗代克国家历史遗址（Klondike National Historic Sites）

地址：Box 390，Parks Canada，Dawson City YT Y0B 1G0

官网：https://www.pc.gc.ca

https://dawsoncity.ca/discover-dawson/klondike-national-historic-sites/

门票：见官网

径直走进1898年的道森，五颜六色的边疆建筑在道森古老的木板路两旁一字排开，酒馆，陪酒女郎，一艘老式的船尾明轮（sternwheeler）将现在与1898年克朗代克淘金热的情景交织在一起，当年大约有5万淘金者蜂拥北上来到道森，游客可以实地体会一下19世纪人们的精神风貌。

暖心小贴士

位于前大街的道森游客中心可以提供门票和咨询旅游信息。

❤️ 推荐心动线路 ❤️

道森（Dawson City）→依努维克（Inuvik）北极极地探险

路线距离：780千米（单程）

路线起点：道森

路线终点：道森

行程：至少六天

1

道森→墓碑山公园→鹰原

距离：410千米

从道森（Dawson City）出发，沿着丹普斯特公路（Dempster Hwy）一路向北，丹普斯特公路是自驾去北极的唯一全天候沙石铺就的公路，须穿越736千米无人区，途经墓碑山地区公园（Tomestone Territory Park），公园从公路50.5千米处开始一路延伸到115千米处。墓碑山地区公园保护了2100平方千米地质独特的山峰，生态多样的冻土地貌和众多野生动物，其中包括黑石高地（Blackstone Uplands）和奥格尔维山（Ogilvie Mountains）。公园因酷似墓碑而得名。沿途的极地苔原风貌，粗犷原始，荒野空寂。游客可以夜宿鹰原（Eagle Plains）的旅馆，这里是丹普斯特公路唯一的补给站，第二天进入北极圈。

2

鹰原→依努维克

距离：370千米

从鹰原向北驾行35千米，抵达北极圈界碑66°33′，标志着您已经进入北极圈。继续北上，进入西北地区（North West Territory），同时进入西部时区，请将手表拨快1小时。途中须搭乘2次免费渡轮，横渡皮尔河（Peel River）和麦肯齐河（Mackenzie River）。第1次渡轮后可在（Fort McPherson）加油。继续沿着丹普斯特公路前行近190千米到达位于北纬68°16′，西经133°40′的北极重镇——伊努维克（Inuvik）。伊奴维克小镇是北极圈内的一个因纽特人（Inuit）聚居地，Inuvik在因纽特语里是"人之地"的意思。依努维克面积约50平方千米，居民总人口数约3500人。

镇上的打卡景点有仿冰屋建筑的胜利女神大教堂（Igloo Church），因纽特集市（Arctic Market）和英加莫厅友谊中心（Ingamo Hall Friendship Centre）等。

暖心小贴士：记得去游客咨询中心领取北极证书，它是你勇闯北极的纪念品。

3

依努维克→图克托亚图克小镇→依努维克

距离：310千米（来回）

沿着依努维克-图克公路（Inuvik-to-Tuk Hwy）前往公路的终点——图克托亚图克小镇（Tuktoyaktuk），到达北冰洋。依努维克至图克这段传奇探险公路耗时近70年的准备、4年的建设，花费3亿加元，于2017年通车。沿途可看到北冰洋的奇观——冰丘（iceberg）。冰丘外观看上去是苔原，但其内部则是冰核，它是因为冰的融化和冻结重复进行而形成的一种极地地貌。图克托亚图克濒临北冰洋，面积约12平方千米，人口约900人。"图克托亚图克"在当地语言中意为"它看起来像一头北美驯鹿"。小镇由镇政府和原住民委员会共同管理，政府负责水电、道路等公共基础设施服务，原住民社区负责历史文化保护、语言教育等。小镇有机场、学校、医院、皇家骑警、水库、教堂、游乐中心等基础设施。

抵达世界的尽头也是行程的终点，返程按原路返回。

暖心小贴士

由于公路修筑在永久冻土层上，为了减少对冻土层的破坏，公路是以砾石铺设，道路上下起伏，翻山越岭，一路上车轮会卷起地上的小石子，容易打碎车窗玻璃，请远离大型车辆，小心驾驶。

建议游览日期：每年的7月至9月上旬

育空范围内不征销售税，是加拿大个人和公司所得税率最低的地区之一。

怀特霍斯国际机场提供飞往温哥华、卡尔加里、埃德蒙顿以及道森和西北地区的直航航班。

特色美食

酸脚趾鸡尾酒（Sourtoe Cocktail）

地址：2nd Avenue & Queen Street, Dawson City, YT Y0B 1G0econd Avenue and

官网：https://dawsoncity.ca/sourtoe-cocktail-club/

道森市（Dawson City）的特产，配方非常简单，威士忌烈酒中泡着一只早已木乃伊化的人类脚趾。

历史小知识

1920年代，一位名叫路易·林肯（Louie Lincoln）的淘金客被困风雪后脚趾严重冻伤。为避免冻疮导致的坏疽蔓延到身体其他部位，他用斧头砍下自己的脚趾并放入威士忌酒瓮。1973年，加拿大军官迪克·史蒂文森（Dick Stevenson）将这些陈年脚趾收集起来，调制出"酸脚趾鸡尾酒"，并在道森市区旅馆（Downtown Hotel）一楼开设了名叫"酸脚趾鸡尾酒俱乐部（Sourtoe Cocktail Club）"的酒吧。酒吧规定，每个顾客在进门的时候必须喝下一杯酸脚趾鸡尾酒，且顾客的舌头必须接触到杯中的脚趾。如果顾客

有勇气，还可以轻咬、吸吮、咀嚼这枚脚趾，但严禁将脚趾吞下肚子，违者罚款2500元！喝下鸡尾酒以后，你会得到酒吧颁发的"北极勇敢者证书"，并注明你是史上第几个做出这种壮举的人。

避世酒店

北极光度假村和水疗中心（Northern Lights Resort & Spa）

地址：41 Gentian Lane, Whitehorse, YT Y1A 6L6

官网：https://northernlightsyukon.com

房价：见官网

北极光度假村和水疗中心坐落在距离怀特霍斯（Whitehorse）20分钟车程的位置，1号高速公路旁。度假村占地160英亩，所有建筑是用道格拉斯杉（Douglas Firs）定制建造，包括三栋小木屋和一个位于主楼附楼的小套间式客房。所有客房均配有高档床单，壁炉和卫生间。套间设有厨房和冰箱。您可以在极光玻璃小屋中透过落地环绕式窗户欣赏加拿大冬天的北极光或夏天的午夜阳光，又或星光灿烂的夜晚，是一种何等美妙的感觉。酒店设有一个带芬兰桑拿浴室的水疗中心，一间健身房，一间按摩室，以及一个室外按摩浴缸。

推荐理由：远离尘嚣欣赏北极光或漫天繁星

阿尔伯塔省
Alberta

官网：www.travelalberta.com
https://www.travelalberta.cn/cn/
www.exployeCanmore.ca
www.jasper.travel

简称：亚省，缩写：AB。

车牌标语：Wild Rose Country，即"野玫瑰之乡"。车牌上一朵野玫瑰，是阿尔伯塔省的象征，代表热情和活力。

阿尔伯塔省是加拿大西部草原三省之一，占地面积约66万多平方千米，人口约437万，其中2/3的省民住在首府爱德蒙顿（Edmonton）及最大城市卡加利（Calgary）。

阿尔伯塔的省名与英国王室有关系，维多利亚女王和阿尔伯特亲王的第四个女儿名字叫露意丝·卡洛琳·阿尔伯塔（Princess Louise Caroline Alberta），而阿尔伯塔公主嫁给了加拿大总督洛恩侯爵（Marquess of Lorne），他们一起来到加拿大生活。为了纪念公主，当时把省内的一座山命名为阿尔伯塔山（Mt Alberta），1905年阿尔伯塔加入加拿大联邦以后，就把阿尔伯塔作为省名一直沿用至今。

130

埃德蒙顿
（Edmonton）

官网：www.exployredmonton.com

埃德蒙顿是阿尔伯塔省的省会，位于阿尔伯塔省的地理中心，跨北萨斯喀彻温河（North Saskatchewan River）两岸。于1904年建市，占地面积约684平方千米，人口约90万人，而大埃德蒙顿地区人口约为137万。埃德蒙顿是通向加拿大北方的门户，加拿大油砂矿和其他北方的资源产业主要的物资和服务供给基地。每年夏季，埃德蒙顿市都会举办一系列世界著名的音乐、艺术与多元文化节日的活动。该市的西埃德蒙顿购物中心（West Edmonton Mall）是北美最大的购物及娱乐中心。此外，位于埃德蒙顿市的阿尔伯塔大学（University of Alberta）是加拿大著名的大学之一。

埃德蒙顿国际机场（Edmonton International Airport）

地址：1000 Airport Rd, Edmonton International Airport, AB T9E 0V3

官网：https://flyeia.com

机场代码：YEG

埃德蒙顿国际机场是艾伯塔省埃德蒙顿都会区的主要航空客运和航空货运设施，机场提供国际和国内的客运和货运航班服务。

埃德蒙顿市中心（Downtown Edmonton）

位于贾士伯大道（Jasper Avenue）和97街西北至105街西北的区域是埃德蒙顿市最繁华的市中心区，丘吉尔广场（Sir Winston Churchill（Square）、阿尔伯塔艺术画廊（Art Gallery of Alberta）、罗渣士冰球馆（Rogers Place）和赌场（Grand Villa Casino）也处于该区域。丘吉尔广场全年都会举办各种活动，它是埃德蒙顿的活动中心。阿尔伯塔艺术画廊是一座造型独特的现代建筑，馆藏以当代加拿大作品为主。市中心还集中了一批购物商场、夜店和时尚餐厅。阿尔伯塔省议会大厦广场（Alberta Legislature Grounds）有野餐区和一个水池，到了冬天水池会变成一座溜冰场。

丘吉尔广场（Sir Winston Churchill（Square）

地址：100 St NW, Edmonton, AB T5J 2E5

停车：街边计时

丘吉尔广场是埃德蒙顿市中心的开放公共聚会场所。每年，特别是在夏天都有很多活动和节日庆典在这里举行，广场设有公共洗手间。

阿尔伯塔艺术馆（Art Gallery of Alberta）

地址：2 Sir Winston Churchill Sq, Edmonton, AB T5J 2C1

官网：youraga.ca

门票：见官网

停车：街边计时

阿尔伯塔省美术馆（AGA）成立于1924年。美术馆收藏了6000多件艺术品，其中绝大部分藏品是1950年以后加拿大艺术家的抽象绘画和雕塑，自1970年以来被陆续添加到馆藏中。其他重要的收藏包括：当代和历史摄影照片。收藏始于1977年，现馆藏有1500多张照片以及数量超过850件、由18世纪著名的英国版画家托马斯·贝威克（Thomas Bewick）提供的全套版画，等等。

埃德蒙顿河谷公园（Edmonton River Valley）

地址：10125 97 Ave NW, Edmonton, AB, Canada

门票：免费

停车：收费停车场

埃德蒙顿河谷公园面积是美国纽约曼哈顿中央公园（Manhaton Central Park）的22倍，由于北萨斯喀彻温河（North Saskachewan River）穿越埃德蒙顿的市区，所以市政府沿着河谷修建了很多公园，园内有很多远足小径和烧烤炉、卫生间、饮水机等基础设施。这些公园在景观的设计上，非常注重保持大自然的原生态，有原始的树林和稍加修筑的石子小径等。因此埃德蒙顿是加拿大城市中人均绿地面积较大的城市之一。埃德蒙顿河谷动物园（Edmonton Valley Zoo）就地处埃德蒙顿河谷（Edmonton River Valley）区域，园内生活着超过350种动物。

阿尔伯塔省议会大厦（Alberta Legislature building）

地址：10800 97 Avenue Northwest, Edmonton, Alberta T5K 1E4, Canada

官网：assembly.ab.ca

停车：收费停车场

阿尔伯塔省议会大厦（Alberta Legislature）被埃德蒙顿人称为"the Leg"，坐落在北萨斯喀彻温河（North Saskachewan River）岸边，于1907年在埃德蒙顿要塞（Edmonton Fort）的旧址附近开始建造，历时5年，于1912年建成并投入使用。大厦是依照当时在北美建筑界颇为流行的"巴黎美术学院派"的建筑风格设计的，由雄伟的大理石柱及橡木雕刻、精美的建筑细节及宽阔的面积组成华丽建筑群。站在大厦的露台上，可以看到北萨斯喀彻温河沿岸的美丽景色。整幢建筑位于一座公园式花园之中，（Alberta Legislature Grounds），该建筑流派在20世纪的前期非常流行，同时期美国和加拿大许多省或州的首府大楼都是类似的设计和建筑风格。

姆塔特温室植物园(Muttart Conservatory)

地址：9626 96a St NW, Edmonton, AB T6C 4L8

官网：https://www.edmonton.ca/attractions_events/muttart-conservatory.aspx

门票：见官网

停车：街边计时

姆塔特温室坐落在埃德蒙顿市中心

（Downtown Edmonton），由建筑师彼得·海明威（Peter Hemingway）设计，植物园的温室结构是由围绕中心服务区的四座金字塔组成。两个较大的金字塔面积为660平方米（7100平方英尺），两个较小的金字塔面积为410平方米（4400平方英尺）。其中三座金字塔分别用于种植和展示热带、温带和干旱地区的植物，第四座则用于随季节而变化的观赏性花卉展览，让人们在不同的金字塔内欣赏到地球上各大洲的植物。

埃德蒙顿古堡公园（Fort Edmonton Park）

地址：7000-43rd Street，Edmonton
官网：https://www.fortedmontonpark.ca/
门票：见官网
停车：收费停车场

埃德蒙顿古堡公园的历史可以追溯到1915年。那一年，阿尔伯塔省议会大楼旁边的旧堡遗址被拆除，公园于1969年开始建设，于1974年开放，它是一座露天博物馆。当年老建筑被真实重建，这些建筑物包括1846年的哈德逊湾公司古堡，1885年、1905年和1920年的街道，1905年省会的城市建筑，以及首都戏院（Capital Theatre）等。公园内有不同的交通方式可供选择，游客可以乘坐马车或蒸汽有轨街车游览。

皇家阿尔伯塔博物馆（Royal Alberta Museum）

地址：12845 102 Ave NW，Edmonton
官网：royalalbertamuseum.ca
门票：见官网
停车：收费停车场

皇家阿尔伯塔博物馆（RAM）是加拿大西部最大的博物馆，也是加拿大著名博物馆之一。博物馆位于埃德蒙顿市中心的艺术区。馆内收集、保存、展示的展品和标本中，最令人印象深刻的是恐龙和冰河时代的化石。这里通过收集和学术研究为展览、外展和研究计划提供支援。目前，有多个策展计划正在进行中，包括：加拿大西部历史，土著历史研究，文化、社区、军事和政治历史研究，考古学，鸟类学，哺乳动物学，鱼类学，无脊椎动物，植物学，地质学，第四纪古生物学和第四纪环境学等。博物馆还是阿尔伯塔省生物监测研究所处理中心的所在地。

西埃德蒙顿购物中心（West Edmonton Mall）

地址：8882 170 St NW，Edmonton，AB T5T 4J2
官网：https://www.wem.ca/
停车：免费停车

西埃德蒙顿购物中心位于阿尔伯塔省省会埃德蒙顿，于1981年9月开幕，占地面积530万平方英尺，是北美洲最大和全世界第五大的购物中心，规模相当于一座小型城市，建筑成本高达12亿加元。购物中心内有超过800间商店，停车场有2万个泊车位，雇用逾2.3万名员工。商场每年的人流约 3000万人次。除了数百家商店和近百家餐馆食肆外，购物中心内拥有世界上最大的室内游乐园、最大的室内湖泊、最大的室内波浪泳池、最高的室内永久蹦极塔，还有一个溜冰场和一个动物园以及酒店、电影院。购物中心内的欧罗巴大道（Europa Boulevard）上，商店都具有欧洲风格，售卖许多国际时尚设计师为这些商店设计的产品。购物中心内的另一条街道波旁街（Bourbon Street），模仿了美国新奥尔良的元素而建，这里是品尝美食和体验现场音乐的好去处。

阿尔伯塔大学（University of Alberta）

地址：116 St & 85 Ave, Edmonton, AB T6G 2R3

官网：https://www.ualberta.ca

校训：Quaecumque vera（拉丁）Whatsoever things are true 无论何事皆为真

阿尔伯塔大学，简称UA，是一所研究型大学，始建于1908年，坐落于埃德蒙顿。阿尔伯塔大学是加拿大最大的研究型大学之一，其中地球科学、石油化工、化学、商学、农学、生物医学等学科最为著名。阿尔伯塔大学校友包含三位诺贝尔奖得主，75位罗德学者，141位加拿大皇家学会成员，111位加拿大首席研究教授。大学设有18个院系、400个学科，来自加拿大和其他150个国家，在校学生人数约39000名。

麋鹿岛国家公园（Elk Island National Park）

地址：54401 Range Rd 203，Fort Saskatchewan，AB T8L 0V3

官网：https://www.pc.gc.ca/en/pn-np/ab/elkisland

门票：国家公园联票

停车：免费停车场

麋鹿岛国家公园，距离埃德蒙顿（Edmonton）以东35千米。公园成立于1913年，总面积194 平方千米。公园为典型的北部高原草原生态系统，园内有湖泊和湿地，是各种野生动物，包括水牛（bison）、北美驼鹿（moose）、加拿大马鹿（red deer）、鹿（deer）、海狸（beaver）和250多种鸟类以及北美最小的哺乳动物——姬鼩鼱（American Pygmy Shrew）的栖息家园。海狸山区（Beaver Hills）最初是萨尔塞（Sarcee）部族原住民的家园，后来，克里部落印第安人（Kerry Indians）占居此地。然而，这里在19世纪不断地为英国毛皮贸易公司狩猎当地的海狸和水牛，水牛几乎灭绝了，现在生活在麋鹿岛国家公园的水牛是由安置在一个保护区内的水牛繁衍而来的。麋鹿岛国家公园不仅是野牛、麋鹿的栖息地，还是人们野餐和露营的宁静绿洲。

卡尔加里
（Calgary）

官网：www.calgarytours.ca

卡尔加里，简称卡城，位于阿尔伯塔省南部洛基山脉山麓，距离省会埃德蒙顿300千米，亦是该省最大城市，占地面积约790平方千米，人口约134万。它是阿尔伯塔省的经济、金融和文化中心。历史上卡尔加里以牛只集散市场闻名，有牛仔城（cow town）之称。1873年卡尔加里成为西北骑警，现加拿大皇家骑警（Royal Canadian Monted Police，简称RCMP）的一所驿站，当时名为比斯波堡（Fort Brisebois）。1941年这里因发现石油和天然气而迅速发展，加拿大大部分的油气公司和煤矿企业的总部设在卡尔加里。它还是阿尔伯塔省的物流集散中心和交通枢纽。加拿大的牛仔文化集中体现在了这座牛仔城之中，每年7月初，都会举办全世界最大规模的"卡尔加里牛仔节"（Calgary Stampede）比赛牛仔竞技（Rodeo），吸引超过150万游客观赏。1988年第15届冬奥会在这里举行。

卡尔加里国际机场（Calgary International Airport）

地址：2000 Airport Rd NE，Calgary，AB T2E 6W5

官网：https://www.yyc.com/

机场代码：YYC

卡尔加里国际机场坐落于卡尔加里东北部，距市中心17公里。它是加拿大第三繁忙的机场，年起降242658班次。卡尔加里国际机场提供定期直达航班飞至欧洲、美国、中美洲与加拿大的主要城市；另有货运与包机飞往亚洲。卡尔加里国际机场是加拿大西部的枢纽机场，西捷航空的总部便在这里。卡尔加里国际机场是提供由美国移民局官员驻场直接办理入境手续的八个加拿大机场之一。

卡尔加里塔（Calgary Tower）

地址：101 9 Ave SW，Calgary，AB T2P 1J9

官网：https://www.calgarytower.com

门票：见官网

停车：街边计时和收费停车场

卡加利塔，原名赫斯基塔（Husky Tower），为庆祝加拿大100周年国庆由赫斯基能源公司和马拉松地产有限公司合资兴建，耗资350万加元。卡加利塔是卡尔加里的地标，高191米，建成于1968年，坐落在九号大道和中央街交叉处的帕丽沙广场（Palliser Square）上。从塔底至最顶层共有762级阶梯，搭高速电梯需62秒钟。塔顶圆球形部分共分三层，分别为酒吧、瞭望台、旋转餐厅。瞭望台上有一部分地板由透明玻璃制作，约11米长、1.5米宽，向外延伸，站上去仿佛高悬在空中，可以眺望城市全景和远方

的落基山脉。空中360餐厅（SKY 360）在午餐时段每45分钟旋转一圈，在晚餐时段每小时旋转一圈。您可以一边享用美食，一边欣赏美景。1988年冬季奥运会时，塔顶点燃了一支火炬，从远处看，整个卡尔加里塔就成了世界上最大的一支火炬。现时今日，那支火炬在庆典的日子还会点燃。无论在卡尔加里市区的任何地方，都能看到这座红白相间的高塔。

暖心小贴士

空中360餐厅（SKY 360）

官网：www.sky360.ca

价格：见官网

用餐客人免电梯门票

卡尔加里唐人街（Calgary Chinatown）

官网：https://chinatowncalgary.com

停车：街边计时

卡尔加里唐人街位于市中心东北处，弓河以北中央大街沿线，面积20公顷，居民约1400人，建立于1910年，是加拿大第四大唐人街。19世纪80年代中国移民到卡尔加里参与铁路建设的工程，后在此地居住下来，设立进口食品市场、开餐厅和杂货商店。唐人街主要建筑包括龙城商场，以及卡城中华中心，外形是参照北京天坛建造的，整个建筑的圆顶外表面由中国的蓝色彩砖砌成，底层高达21米，由561条龙和40只凤凰装饰，另有四根金色的柱子代表一年四季。一楼是霍英东博士文化馆、礼堂以及中医馆和餐厅，还有一个小型中国文物博物馆；二楼有一个中英文图书馆。中华中心是卡尔加里唐人街的标志性建筑。

卡尔加里堡历史公园（Fort Calgary Historic Park）

地址：750 9th Ave SE, Calgary, AB T2G 5E1

官网：https://fortcalgary.com

门票：见官网

停车：收费停车场

卡尔加里堡历史公园的原址是卡尔加里堡，位于弓河（Bow River）和艾伯河（Elbow River）的交汇处，是卡尔加里的发源地，由原西北骑警队（Northwest Mounted Police，NWMP）于1875年所建。卡尔加里堡是西北骑警前哨站，根据第一位指挥官的名字，该前哨站最初被命名为比斯波堡（Fort Brisebois），后更名为卡尔加里堡。1914年该地点被出售给Grand Trunk Pacific Railway，经营从温尼伯（Winnipig）到鲁伯王子城（Prince Rupert）的铁路运输线路。为了修建铁路车站，卡尔加里堡被拆除，1977年在原址修建卡尔加里堡历史公园，于1978年作为历史遗址和博物馆开放。博物馆的解说中心循环播放15分钟幻灯片介绍西北骑警队早期的生活和卡尔加里的前世今生。在20世纪90年代，曾经矗立在卡尔加里堡的几座历史建筑在遗址公园内重建。

卡尔加里市政厅（Calgary City Hall）

地址：800 Macleod Trail SE, Calgary, AB T2P 2M5

官网：https://www.calgary.ca

停车：街边计时

卡尔加里市政厅是卡尔加里市议会的政府所在地，位于卡尔加里市中心。这座历史悠久的建筑建于1911年，它有高耸的钟楼，罗马式风格的入口，突出的圆拱形和精细的装饰物。1962年建筑物后部加盖了四层。卡尔加里市政厅于1984年被指定为加拿大国家历史遗址（National Historic Heritage）。1985年，卡尔加里新市政大楼建在市政厅旁边，整个市政厅分为三个建筑群。老市政厅包含市长和市议员日常工作的地方，主市政厅2楼是市议员议事厅，卡尔加里市议会由市长、十四位议员和书记员组成。新市政大楼是政府办公室，有大概2000名市府员工在这儿办公。市政厅可以预约参观，由专业导游导览参观。

民俗公园历史村（Heritage Park Historical Village）

1900 Heritage Drive SW, Calgary, Alberta T2V 2X3, Canada

官网：https://www.heritagepark.ca

门票：见官网

停车：收费停车场

民俗公园历史村是卡尔加里市的一个历史公园，位于城市西南角的格伦莫尔水库（Glenmore Reservoir）岸旁，占地127英亩。它是一座重现1914年前西部拓荒时期村寨的复制品，展示加拿大西部大开发时期的建筑和服饰的公园，有180座废旧物品再利用的古老建筑和展馆，比如当年的邮局、面包店、木制教堂、学校、饭店、铁器作坊、蒸汽火车、老式马车等。历史村四周有木桩围绕，它是加拿大最大的互动式民俗公园历史村，完美再现了19世纪60年代皮毛贸易（fur trading）的交易场景和19世纪80年代太平洋铁路（Canadian Pacific Railway，CPR）建成前居民的生活写照以及20世纪初进入商业社会时人民的生活风貌。

暖心小贴士

游客可在入口处搭乘昔日穿越落基山脉（Canadian Rockie Mountains）和塞尔扣克山（Selkirk Mountain）的Selkirk型5934号蒸汽火车绕园一周。这列古董火车正是电影《日瓦格医生》（Doctor Zivag）一片中所用的火车。之后可到温瑞特（Wainright）餐厅享用阿尔伯塔牛排，再搭乘蒸汽轮船巡游格伦莫尔水库，上岸后还可乘坐马车慢慢游览，仿佛穿越回19世纪。

国家音乐中心（Studio Bell, home of the National Music Centre，NMC）

地址：850 4 St SE, Calgary, AB T2G 0L8

官网：https://www.studiobell.ca

门票：见官网

停车：收费停车场

国家音乐中心是集博物馆和表演场所为一体的国家音乐机构，于2016年加拿大国庆日开幕。该中心的永久性建筑名为贝尔工作室（Studio Bell），拥有可容纳300人的表演大厅，几个顶尖的音乐演播录制室，CKUA广播电台。博物馆收藏了超过2000件多种稀有乐器和文物，包括滚石乐队移动工作室（Rolling Stones Mobile Studio）、电子音乐合成器（TONTO synthesizer）和埃尔顿.约翰（Elton John）的一架钢琴。国家音乐中心的内墙壁镶嵌着22.6万块由德国制造并在荷兰烧制的定制釉面陶土砖。加拿大贝尔为该中心的12年冠名权支付了1000万美元。

暖心小贴士

国家音乐中心的顶层是加拿大音乐名人堂（Canadian Music Hall of Fame）。加拿大音乐名人堂成立于1978年，由加拿大唱片艺术与科学学院（Canadian Academy of Recording Arts and Sciences，CARAS）管理，旨在表彰在音乐艺术上取得成功，同时对加拿大及国际的音乐界产生积极影响的加拿大艺术家。每年，JUNO奖都会公布名人堂入选者中的艺术家。名人堂收藏品有音乐唱片、纪念品和获奖者的奖牌，借以向加拿大最著名的音乐界偶像致敬！

葛伦堡博物馆（Glenbow Museum）

地址：130 9 Ave SE, Calgary, AB T2G 0P3

官网：http://www.glenbow.org/

门票：见官网

停车：收费停车场

葛伦堡博物馆位于卡尔加里市的科研会展中心（Calgary TELUS Convention Centre），由慈善家埃里克·拉弗蒂·哈维（Eric Lafferty Harvie）建立，是加拿大西部最大的博物馆之一。博物馆建立于1966年，共有20多个展厅，总面积约8600平方米。馆内一百多万件精选的藏品涵盖原住民历史文化、民族、军事历史、铁路发展历程、自然生物和矿物学等各方面。在这里可以看到早期移民辛苦建成的小屋、当代加拿大画家的作品、平原克里族（Plains Cree）印第安人的羽毛手工制品等。除了这些，馆内还收藏有超过28000件亚洲手工艺品。葛伦堡博物馆不仅是一间博物馆，还是一间画廊和图书馆。

暖心小贴士

博物馆的第三层有耗资1200万加元新建的小牛展览馆（Mavericks），独具创意，由48头小牛向您讲述阿尔伯塔的前世今生。

皇家泰瑞尔古生物博物馆（Royal Tyrrell Museum of Paleontology）

地址：1500 N Dinosaur Trail, Drumheller, AB T0J 0Y0

官网：http://tyrrellmuseum.com/

门票：见官网

停车：免费停车场

皇家泰瑞尔古生物博物馆位于阿尔伯塔省加拿大恶地（Canadian Badlands）的德兰赫勒（Drumheller），距离卡尔加里东北部约1个多小时车程。世界上几乎所有重要的恐龙化石都曾发现于此。皇家泰瑞尔古生物博物馆，是加拿大唯一一家致力于古生物学研究的博物馆。馆内收藏、保存和展出了逾16万件恐龙骨骼化石样本，展出的大部分样本可追溯至8000万到5500万年前。一直以来，加拿大恶地以其恐龙化石数目庞大、种类繁多而闻名于世，皇家泰瑞尔古生物博物馆是众多恐龙化石爱好者的圣地。馆内展品还配合使用了声、光、影等技术，使其呈现出红鹿河谷（Red Deer River Valley）在远古时代的真实情景，《侏罗纪公园》影迷一定不能错过！

省立恐龙公园（Dinosour Provincial Park）

地址：GPS北纬50.7537，西经111.528

官网：https://albertaparks.ca/parks/south/dinosaur-pp/

省立恐龙公园位于红鹿河谷（Red Deer River Valley），距布鲁克斯（Brooks）东北48公里处，距离帕特里夏村（the village of Patricia）18公里。公园以其恶地地形和庞大数量的恐龙化石而闻名，于1979年被联合国教科文组织世界选为自然遗产。公园面积18520英亩，恐龙种类多达35种，无数的恐龙化石珍藏于此。你可以乘坐观光车进入园区，在专业人员的讲解下近距离观看它们，让它们将你带回到神秘的远古岁月，7500万年以前，这片荒芜诡异的土地曾经是长满了大片棕榈树和巨大的蕨类植物的亚热带乐土，这里是庞大的恐龙曾经的家园。

奥林匹克公园（WinSport/Canada Olympic Park/Calgary's Outdoor Destination）

地址：88 Canada Olympic Rd SW, Calgary，AB T3B 5R5

官网：https://www.winsport.ca

停车：收费停车场

奥林匹克公园位于卡尔加里市的西南面，占地95公顷，为1988年冬季奥运会而建，设有滑雪跳台、雪橇、自由式滑雪，及残奥会等比赛项目设施。1988年第15届冬季奥林匹克运动会，于2月13日至2月28日在卡尔加里举办，有57个国家和地区参加了这届运动会。奥林匹克公园是冬奥会的主会场，除了作为专业级冬季运动训练中心，这里也是对外开放的运动体验场所和旅游目的地，有滑道数量13条。在冬季，公园可用于进行高山滑雪、单板滑雪、越野滑雪、跳台滑雪、有舵雪橇和雪橇等冬季活动。在夏季，公园可用于山地自行车、夏季节日、跳台滑雪训练、高空滑索和夏令营等夏季活动。公园内还有许多全年开放的室内设施，包括竞技场、健身中心和室内冰道。

暖心小贴士

加拿大体育名人堂（Canada's Sports Hall of Fame）

169 Canada Olympic Rd SW, Canada Olympic Park，Calgary，AB T3B 6B7

官网：https://www.sportshall.ca

加拿大体育名人堂于1955年成立，宗旨是"保存加拿大体育成就的纪录，并提高人们对加拿大体育传统的认识"。2008年卡尔加里被选中永久管理加拿大体育名人堂。卡尔加里奥林匹克发展协会（Calgary Olympic Development Association，CODA），现称为加拿大冬季运动协会（WinSport），在一块捐赠的土地上建成了加拿大体育名人堂博物馆。加拿大体育名人堂博物馆位于加拿大奥林匹克公园西侧，占地约3700平方米（40000平方英尺），并于2011年7月1日向公众开放，有600多名加拿大体育明星运动员和体育建设者入选名人堂，他们的照片和真人大小的雕塑以及故事经历介绍陈列在英雄展厅（Hero Station）内。入选者由加拿大公众提名，最终由该组织的遴选委员会选出。博物馆拥有12个互动展厅，10万件手工艺品和50多个可亲身体验的互动展览。展览包括与拳王伦诺克斯·刘易斯（Lennox Lewis）进行模拟拳击对打，还有太极拳、跳台滑雪、轮椅赛车、3D冰球、棒球、划船、轮椅竞速等。馆内使用了大量的数字媒体和互动式高科技设备来和参观者交流。

卡尔加里大学（University of Calgary）

地址：2500 University Dr NW, Calgary，AB T2N 1N4

官网：https://www.ucalgary.ca

校训：I will lift up my eyes 抬眼遥望

卡尔加里大学，简称卡大（UofC），是加拿大著名的研究型大学，位于卡尔加里，建校于1944年，当时是阿尔伯塔大学卡尔加里分校（Calgary Branch of University of Alberta），1966年独立成为卡大。大学一共设有16个院系、36个研究所和中心，提供超过250个学科。大学有教职员工约5300人，在校学生约30000人。学校共有五个校区，四个位于卡尔加里，一个位于卡塔尔的首都多哈（Doha，State of Qatar）。卡大的国际旅游教育与研究中心经世界旅游组织认可，是全世界在欧洲之外仅有的研究中心。大学的滑冰场是1988年卡尔加里冬奥会的比赛场馆之一，也是北美第一座室内速滑场。

卡尔加里牛仔节（Calgary Stampede）

地址：1410 Olympic Way SE, Calgary,

AB T2G 2W1

官网：https://www.calgarystampede.com

卡尔加里素有"牛城"的称号，卡尔加里牛仔节是在卡尔加里举行的博览会和牛仔竞技活动。牛仔节每年在7月的第一个星期五举行，为期十日，年度入场人数超过100万人次。第一届牛仔节在1912年开始，并于1923年后成为年度定期活动。随着军乐队列队步操入场，超过150辆花车和数百位骑着骏马的牛仔紧随其后，为这场狂欢节正式拉开帷幕。

科普小贴士

▶牛仔节竞技简介

牛仔竞技（Rodeo）在卡尔加里市中心的牛仔竞技公园（Stampede Park）举行，Stampede是6000年前当地印第安人围猎北美野牛的专用词。牛仔竞技主要项目有驯马、驯牛、套索、篷车赛等各种西部牛仔比赛项目。

▶骑无鞍野马（Bareback）

牛仔骑在没有套马鞍的野马上，只能用单手抓住索具，另一只手高举空中，努力在马上保持平衡不被摔下来，时间至少8秒，坚持时间越久，得分越高。少于8秒，或者另一只手触碰马身则为不及格。

▶骑蛮牛（Bull Riding）

牛仔竞技中最危险的项目，规则与骑无鞍野马相同，不过由于公牛的重量通常高达一千多磅，被甩下牛背后若想全身而退，是很大的挑战，这时会有衣着鲜艳的小丑跳出来将牛引开让牛仔脱险。

▶套牛犊（Tie-Down Roping）

最需要专业技术的项目，需要人马合[一]。牛仔骑马奔驰中将绳索甩出去套在前面飞跑的牛犊脖子上，再跳下马，这时坐骑必须配合默契，将绳索保持绷紧状态，然后牛仔将牛犊的三只脚以迅雷不及掩耳之势捆上。

▶ 扳小牛（Steer Wrestling）

两人一组，副骑挡着小野牛使之不乱跑，主骑牛仔骑马赶上，以最快的速度从马上飞扑而下，抓住牛角，并在最短的时间内将其扳倒在地。小牛的身体与四肢必须躺卧一侧才算合格。

▶ 骑有鞍野马（Saddle Bronc）

与骑无鞍野马不同之处在于，马背上有鞍，但通常有鞍马比无鞍马的体形大，脾气更野更狂，它后蹄腾飞，疯狂撅腚，拼命甩人，非常考验牛仔的驾驭技巧。

▶ 绕木桶（Barrel Racing）

唯一的女牛仔竞技项目，骑马用最快的速度绕过呈三叶草型摆放的木桶，如果木桶被撞翻，则在总时间上增罚5秒。

▶ 四轮篷车竞赛（Chuckwagon Races）

奖金最高也最刺激的竞技项目。每场有四支队伍参赛，每支队伍包括一辆由一名车手驾驶四匹马拉的大篷车、四名骑手支持。比赛由拔营开始，哨音一响，马车冲出去了，四名骑手要将两根帐篷杆和一个象征营地火炉的桶扔到大篷车上，然后才能骑上马追赶马车。第一个越过终点线的马车通常会获胜，但是会因各种犯规动作而减分，例如桶被撞倒、帐篷杆或火炉未成功装上马车或马车越过终点线时四名骑手在后面离马车太远。最终获胜者为得分最高的队伍。

▶ 原住民村落（Native Village）

牛仔竞技公园内的原住民村落则展现了原住民多姿多彩的传统文化，村里有讲解员提供免费导游，游客可在村里欣赏土著舞蹈、玩游戏、学习搭帐篷、品尝地道原住民煎饼、观摩传统烹饪表演，了解原住民文化。

▶ 加拿大皇家骑警音乐游行（RCMP Music Parade）

观众最喜爱的表演节目之一，牛仔节

的压轴戏是加拿大皇家骑警音乐游行。身着鲜红色制服、脚蹬马靴、骑术精湛的皇家骑警，骑着清一色的黑色骏马，踏着整齐划一的脚步，随着音乐的旋律，完美、优雅地变换出各种队形。

班芙国家公园
（Banff National Park）

地址：Alberta T0L

官网：https://www.pc.gc.ca/en/pn-np/ab/banff

门票：国家公园联票

班芙国家公园建于1885年，占地面积6641平方千米，是加拿大第一座国家公园，也是世界上最早的三座国家公园之一。其余两座分别是美国黄石国家公园（Yellowstone National Park），建立于1872年；澳大利亚皇家公园（Royal Australian Park），建立于1879年。班芙国家公园内有冰川（glacier）、冰原（icefield）、冰川湖（glacial lake）、高山草原（alpine grassland）、温泉（hot spring）等景观。园内植被有山地针叶林（Mountain coniferous forest）、亚高山针叶林（subalpine coniferous forest）、道格拉斯杉或称花旗松（Douglas fir）、铁杉（hemlock）、云杉（spruce）以及 500多种开花植物。野生动物有棕熊（grizzly）、美洲黑熊（black bear）、驯鹿（reindeer）、麋鹿（elk）、驼鹿（moose）、大角羊（big horn sheep）、美洲狮（cougar）、美洲豹（jaguar）和高山羊（mountain goat）等。

加拿大太平洋铁路（Canadian Pacific Railway）为了吸引游客，在公园内建造了班芙温泉酒店（Fairmont Banff Spring Hotel）

和露易斯湖城堡酒店（Fairmont Chateau Lake Louise）。20世纪初期，在第一次世界大战和大萧条期间，通往班芙的公路建成。1960年开始，公园全年对外开放。由于班芙国家公园是全球最受欢迎的公园之一，年游客数量达到500万人次以上。

班芙镇
（Banff）

海拔：1383米　人口：8000人

地址：Town of Banff, 110 Bear Street, Box 1260 Banff, Alberta, T1L 1A1

官网：https://www.banff.ca/

停车：限时免费停车

班芙是位于阿尔伯达省卡加利西面约135公里处的一个小镇，它是班芙国家公园中最大的城镇，班芙是联合国教科文组织认定的世界自然与文化遗产所在地。小镇不大，但基础设施齐全，以班芙大街（Banff Avenue）为中心，大道两侧仍保留着19世纪的建筑特色，酒店、餐馆、商店分布街道两旁，在这里可以买到你需要的旅游纪念品、专业登山、滑雪设备等。

科普小贴士

班芙镇被群山环绕，著名的山峰有：

隧道山（Tunnel Mountain）1692米

朗德尔山（Mount Randle）2846米

喀斯喀特山（Cascade Mountain）2998米

诺奎山（Mount Norquay）2523米

硫黄山（Sulphur Mountain）2450米

洞穴与盆地国家历史古迹（Cave and Basin National Historic Site）

地址：311 Cave Ave, Banff, AB T0L 0C0

官网：https://www.pc.gc.ca/en/lhn-nhs/ab/caveandbasin

它是天然硫黄温泉的遗址，也是班芙国家公园的发源地。1883年太平洋铁路修到弓河山谷（Bow Valley），温泉由三位铁路工人发现。当年他们在工作之余发现了一个山洞有冒着蒸汽的水流出，于是他们各自砍了一颗树干当作楼梯下降至山洞内，发现了此温泉洞穴。最终由时任加拿大总理约翰·亚历山大·麦克唐纳（John A. McDonald）决定将温泉收归国有，周围的26平方千米的区域设立为一个自然保护区。这就是班芙国家公园的雏形，其后于1885年扩大发展出现今面积6641平方千米的班芙国家公园。1914年此温泉洞穴建了一个当时全加拿大最大的露天温泉池，由于地质变化的缘故，温泉池于1976年暂停营业，直到1985年班芙国家公园百年庆时，温泉池再度开放，但因地质变化的老问题，为了保护此历史古迹，温泉池于1992年宣告永久关闭，洞穴与盆地被辟为国家历史古迹，开放供游客参观。在温泉洞穴上方还修一个湿地环型小径，走在木板铺的步道上，可以看到阵阵的蒸汽从洞穴中冒出。有一种生活在此的蜗牛是洞穴与盆地特有的品种，被列入世界濒危物种。

弓河瀑布（Bow Fall）

弓河瀑布位于班芙镇的弓河（Bow River）河段上，落差约为10米，瀑布是由弓河的断层所形成，并在此与其支流泡沫河（Spray River）交汇，由于河水湍急，奔腾而下的瀑布发出震耳欲聋的轰鸣声。瀑布岸边建有步道供游客徒步欣赏。

1953年，好莱坞经典名片由玛丽莲·梦露（Marilyn Monroe1）主演的《大江东去》（River of No Return）就是以弓河瀑布作为外景地。据说，在拍摄过程中，玛丽莲·梦露不慎扭伤了脚踝，当时的班芙温泉酒店的员工争先恐后排着队要为玛丽莲·梦露推轮椅。

科普小知识

▶ 弓河（Bow River）

发源于落基山脉的弓河冰川（Bow Glacier），名字来源于河流两岸的芦苇，这些芦苇是被原住民佩甘族（Pehan nation）用来制作弓的材料，河流取名为"Makhabn"，原意为"制作弓生满野草的河流"。弓河穿过班芙国家公园，然后一路向东流经阿尔伯特省最大的城市——卡尔加利（Calgary）。

▶ 惊奇角（Surprising Corner）

位于弓河瀑布对岸的山坡上的一个观景平台，站在平台上眺望，可以看见始建于1888年的费尔蒙班芙温泉酒店（Fairmont Banff Spring Hotel）全貌和弓河河谷，惊奇角是拍酒店雄姿的最佳地点。

▶ 精灵石林（Hoodoos）

岩柱（Hoodoos），被称为"精灵石林"，位于班芙国家公园弓河河谷朗德山（Mt. Rundle）旁。奇形怪状的石林经过数千年的风蚀雨淋，形状很不规则，大小不一，小的有普通人大小，大的有十层楼高。岩石顶部往往形成像伞一样形状的帽子，如果"伞帽"没有了，岩柱很快会被侵蚀而坍塌。有一个传说，岩柱是石头的巨人所变成，昼伏夜出，到了晚上就会跑出来作恶吓唬人，所以这些石柱看起来像人形！

硫黄山（Sulphur Mountain）

海拔：2450m

硫黄山位于班芙镇的南面，站在山上往北方遥望是喀斯喀特山（Cascade Mountain），它的右边是隧道山（Tunnel Mountain），再右侧是朗德尔山（Mount Rundle）。弯弯曲曲流淌在脚下的是弓河（Bow River）和弓河河谷（Bow Valley），更远处是班芙国家公园中最大的湖泊明尼湾卡湖（Minnewanka Lake）。松林中隐约如城堡的建筑物是费尔蒙班芙温泉酒店（Fairmont Banff Spring Hotel），山顶上可见花栗鼠（chipmunk）和大角羊（big horn sheep）的踪迹。

硫黄山缆车（Banff Gondola）

地址：100 Mountain Ave，Banff，AB T1L 1B2

官网：https://www.banffjaspercollection.com

缆车票：见官网（建议提前预订）

建议停留时间：2小时（含上下缆车时间）

停车：景区免费停车场

硫黄山缆车于1959年建成，位于班芙的上温泉（Upper Hot Springs），游客搭缆车只需8分钟即可爬升700米到达海拔2285公尺的山顶缆车站。硫黄山的顶峰有三个户外观景台，从主层观景台眺望洛基山脉的雄峻，或是沿着木台阶小路漫步往参孙峰（Samson's Peak），来回需30分钟。可去探访20世纪的天文观测站旧址并观赏四周自然美景。

全加拿大最高的餐厅——全景顶峰餐厅（Panoramic Summit Restaurant）有160个舒适的座位，您可以一边享用美食，一边观赏美景。

❤️ 温馨小贴士 ❤️

全景顶峰餐厅用晚餐的贵宾可免上下缆车票。

班芙公园博物馆国家历史遗址（Banff Park Museum National Historic Site）

地址：91 Banff Ave，Banff，AB T1L 1K2

官网：https://banff.ca/482/Banff-Park-Museum

博物馆位于班芙大街南端弓河桥旁，设立于1903年，是镇上最古老的木制建筑。馆内陈列着落基山脉野生动物和鸟类的标本，所有动物标本都是在它们自然死亡后制作而成的。博物馆设有资料阅览室。

卢克斯顿博物馆（Buffalo Nations Luxton Museum）

地址：1 Birch Ave，Banff，AB T1L 1A8

官网：http://www.buffalonationsmuseum.com

博物馆是一幢用圆木搭建的建筑，于1952年由诺尔曼·卢克斯顿（Norman Luxton）建立。馆内展品展示了印第安人的生活和狩猎方式，以及实物大小的帐篷模型等。展览展示这片土地的原住民在与欧洲文化联系之前的周围的环境，以及他们在受到欧洲文化影响后如何去适应。卢克斯顿先生还在班芙发行《峭壁和峡谷》地方报纸，组织举办班芙冬季嘉年华会，为加强和原住民之间的联系做出了很大的贡献。

班芙上温泉（Upper Hot Springs）

地址：1 Mountain Ave，Banff，AB T1L 1K2

官网：https://www.hotsprings.ca/banff

票价：见官网

停车：免费停车场

班芙上温泉是一个全年开放的天然温泉浴场，位于硫黄山缆车站不远。泉水的温度终年保持在四十摄氏度左右。泉水中因含有丰富的矿物质和硫化氢，具有治疗风湿的效果。据说曾经有人在连续浸泡温泉十日后，竟然连陪伴多年的拐杖都可以弃之一旁，健步离去。

约翰斯顿峡谷（Johnston canyon）

地址：Bow Valley Pkwy，Alberta T1L 1K2

官网：https://www.banfflakelouise.com/johnston-canyon

停车：免费停车场

约翰斯顿峡谷位于露易丝湖与班芙两个小镇中间，峡谷是约翰斯顿溪的溪水切割质地较软的石灰石后留下的坚硬的白云石而形成。溪水在峡谷中造成落差，形成七处壮观的瀑布，峡谷约深30公尺，离停车场1.1千米处（约30分钟步行），会先到达下游瀑布（Lower Falls），再继续往上走1.5千米，才能到达上游瀑布（Upper Falls），来回约需2～2.5小时。

班芙国家公园（Banff National Park）班芙镇附近著名湖泊

官网：www.banfflakelouise.com

明尼汪卡湖（Minnewanka Lake）：海拔1500米。

明尼汪卡湖是落基山脉最大最深的湖，长约28千米，狭窄处宽为1.6千米，阔处宽为3.2千米，深142米。原住民称此湖为"精灵湖"（Lake of the Spirits）。明尼旺卡（Minnewanka），名字来源于印第安人斯通尼族（Stoney），意思是"水之精灵"。据他们的传说，人死后灵魂都会在这个湖上相会。明尼汪卡湖以前仅仅是个被称为"Minn-waki"的小湖，湖边有座度假小镇。历经了1912年及1941年两次筑坝后，湖面上升了30米，淹没了于1888年建在湖边的度假村"Minnewanka Landing"。这里是班芙国家公园内唯一可以坐机动游船游湖的湖泊。由于它是一个人工湖，所以湖水没有那么冷，还是落基山脉唯一可以进行潜水活动的湖泊。在湖底沉睡的小镇的位置，湖面有潜水桥桩标示，只有那些勇敢的潜水者们，才能发现水下埋藏的秘密。

游船信息：

Lake Minnewanka Cruise

官网：https://www.banffjaspercollection.com/attractions/lake-minnewanka-cruise/

双杰克湖（Two Jack Lake）

双杰克湖是班芙国家公园内风景如画的翠绿色湖泊，位于班芙镇的东北，明尼旺卡湖（Minnewanka Lake）的旁边，距班芙11千米，湖中有一座小岛。双杰克湖名字的由来要追溯到19世纪末，有两位名字都叫作杰克（Jack）的好朋友，一位名叫杰克·斯坦利（Jack Stanley），他在旁边的明尼旺卡湖做小船生意；另一位名叫杰克·瓦特（Jack Watters），在附近的Bankhead煤矿工作。两人经常在这里的湖畔相聚，于是人们就把这个湖叫做双杰克湖了。站在湖边，可将朗德尔山（Mt Rundle）一览无余。湖边成为欣赏日落或日出的好地方。夏季，您可以游泳、划皮划艇、站立式单桨冲浪和远足；冬天，您可以滑冰、拍照或沿着周围的小径穿雪鞋行走。如果想在夜里也感受落基山脉湖泊的秘境，湖边就有帐篷露营地，还有适合一大家子的帐篷小木屋。敬请提前预订。

岩岛湖（Rock Isle Lake）、灰熊湖（Grizzly Lake）、落叶松湖（Larix Lake），三个湖位于阳光草甸（Sunshine Meadow）。这里曾经被评选为全世界最迷人的徒步线路之一，路线层叠起伏，可以俯瞰阳光草甸全貌，而这三个湖，也将阳光草甸点缀得更加美妙。这三个湖只在6月底到9月中旬开放。只要在班芙镇乘坐免费穿梭大巴，就可以直接到达阳光村，然后乘坐缆车就能开始这趟与众不同的落基山脉之旅了。

贴心小贴士

按照前往Sunshine Meadow的路标指示牌，到达Sunshine Village后，再乘坐缆车。

朱砂湖（Vermillion Lake）

朱砂湖位于班芙镇西北方，湖面不大，可是摄影师们都爱这里，因为这里能拍到最迷人的落日和星空。朱砂湖一年四季景色迷人，是班芙最上镜的湖泊之一。

班芙网红小吃

Beaver Tails：一种扁平状的油炸糕点甜品，可以自选加料。

地址：120 Banff Avenue

COWS Banff：被认定是世界最棒冰淇淋，甜而不腻，大人小孩都喜欢。

地址：134 Banff Avenue

The Fudgery：一种特殊的软糖，口味多样可以试吃，按斤两贩卖。

地址：215 Banff Avenue

路易丝湖
（Lake Louise）

官网：https://www.banfflakelouise.com/

路易丝湖坐落于加拿大的班芙国家公园，是班芙最著名的湖泊。因湖水含有维多利亚冰川（Victoria Glacier）流下的矿物质，阳光下呈现清澈的蓝绿色，一如蓝宝石般瑰丽，而被誉为"洛基山脉的蓝宝石"。湖面海拔1750米，长为2.4公里、宽为0.5公里、深达90公尺，1883年被命名为"路易丝湖"献给英国维多利亚女王的第四个女儿路易丝·卡罗琳·阿尔伯塔公主（Princess Louise Caroline Alberta）。路易丝湖三面环山，层峦叠嶂，翠绿静谧的湖泊在宏伟山峰及壮观的维多利亚冰川的映照下更加秀丽迷人。由于湖水含矿物质，因而湖水的颜色会随着光线的强弱而变化。从近处看，湖水是浅绿色的，从远处看，则是碧绿色的。

环绕湖畔有多条健行小径，沿湖小径（Fairview Lookout）环境清幽。另外湖边还有一条登山径，可爬升366米到山顶，单程2.3千米。山上有两个小湖，艾格尼丝湖（Lake Agnes）和镜湖（Mirror Lake）。在山顶可观赏维多利亚冰川，俯览露易斯湖。在艾格尼丝湖边，有茶屋（Tea House）可供享用三明治、浓汤和热饮。另一条徒步路线是Plain of Six Glaciers，沿途会经过镜湖（Mirror Lake）、阿格尼斯湖（Lake Agnes）和新娘面纱瀑布（Bridal Fall），景色非常漂亮。这条路线往返约6.8千米，爬升近400米，一路走到Little Beeh，此处亦有一间茶室。

历史掌故

一百年前，太平洋铁路的勘探工程师为了找寻最佳铁路路线，带着原住民向导来

到了这一带。有一天晚上，他们在一个山坡上露营，睡到半夜，工程师被一阵巨大的轰隆隆的声响吵醒，他起身问向导：这是什么声音？向导回答这是冰块掉进"小鱼湖"（little fish lake）的声音。第二天一早，工程师让向导领他去湖边，当他们走到湖边，立刻被眼前的美景震惊了。于是工程师把位置标记下来并注"翡翠湖"。几年后，太平洋铁路专门修了一条支线来到湖边，并修建了一间酒店——露易丝湖城堡酒店（Fairmont Chateau Lake Louise）来吸引游客。事实上，这个漂亮的湖泊最初名为翡翠湖，后来为了致敬维多利亚女王最小的露易丝公主才改名为露易丝湖。如今的翡翠湖现在幽鹤国家公园（Yoho National Park）。

梦莲湖
（Moraine Lake）

海拔：1884米

地址：班芙国家公园

官网：https://morainelake.com/

梦莲湖位于班芙国家公园的十大山峰的山谷中，距离露易丝湖14千米。湖面的表面积为50公顷。十峰山是梦莲湖最棒的背景，阳光照射下，山顶的皑皑白雪搭配梦莲湖冰川碧蓝的湖水，是大自然的点睛之作，既有学院画派的写实，又有印象画派的光影，即便是画家来到这里也会发出由衷的惊叹。梦莲湖被选为加拿大20世纪70年代20加元钞票

的背景。十座雄伟的山峰衬托着宝蓝色的湖水，美不胜收！

贴心小贴士

您可以租一条小船在美丽的湖上泛舟，到湖的尽头。或沿着湖边漫步，又或徒步，有许多条徒步线路可以选择：安慰湖线路（Consolation Lakes），落叶松谷线路（Larch Valley），哨兵隘口和埃菲尔湖线路（Sentinel Pass and Eiffel Lake）等。

交通信息：

由于梦莲湖停车场位置有限，公园管理局采取先来先得的方法，车位难求是常态。

建议：可在露易丝湖边乘坐梦莲湖穿梭班车前往，敬请提前预订。

露易丝湖缆车或称白角山缆车（Lake Louise Gondola）

地址：1 Whitehorn Rd, Lake Louise, AB T0L 1E0

官网：https://www.skilouise.com/

门票：见官网（缆车和早餐ride and dine）

停车：免费停车场

白角山（Mt. Whitehorn）位于班芙国家公园的露易丝湖区域，山高2672米，是一处冬季滑雪胜地。从海拔1646米的地方开始到山顶，分段修建了索道，名为露易丝湖缆车（Lake Louise Gondola）。冬天，滑雪者可以乘坐缆车到达不同的高度；夏天可以搭乘滑雪缆车观光。站在白角山上向南眺望，展现在眼前的是一幅美丽的画卷：落基山脉蜿蜒起伏，皑皑白雪覆盖在山顶，在云雾缭绕的山间镶嵌着绿如翡翠的露易丝湖。还可以坐在缆车上安全地观看灰熊（grizzly）、黑熊（black bear）、山猫（lynx）、驼鹿（moose）、山羊（mountain goat）、麋鹿（elk）和鹿（deer）等野生动物。

缆车单程约为20分钟，建议购买缆车和早餐门票，因为早餐几乎是免费奉送。

❤️心水推荐线路❤️

露易丝湖（Lake Louise）→梦莲湖（Moraine Lake）→班芙（Banff）

路线距离：90千米

建议天数：2天或以上

游览加拿大落基山脉的宝石—露易丝湖（Lake Louise），继前往班芙最美的湖泊——梦莲湖（Moraine Lake）。之后继续南下逛逛悬崖峭壁间的约翰斯顿峡谷（Johnston Canyon）。继续前往具有19世纪欧陆风情建筑特色、被誉为"落基山脉灵魂"的班芙镇（Banff Town），游览弓河河谷精灵石林（Hoodoo）、惊奇角（Surprising Corner），弓河瀑布（Bow Fall）也是玛丽莲·梦露主演电影《大江东去》中的著名取景地。前往硫黄山（Sulphur Mountain），乘登山缆车（Banff Gondola）上山顶，360度俯瞰落基群山和湖泊。继前往游览双杰克湖（Two Jack Lake）和电影"荒野猎人"（the Revenant）拍摄地——明尼万卡湖（Lake Minnewanka），再抽点时间逛逛班芙小镇，享用一顿美味的阿尔伯特牛扒大餐。

贾斯珀国家公园
（Jasper National Park）

地址：Jasper，AB T0E 1E0

官网：https://www.pc.gc.ca/en/pn-np/ab/jasper

贾斯珀国家公园成立于1907年，面积约11000平方千米，是加拿大落基山脉最大的国家公园。大约一万年前，地球上最后一个小冰河世纪结束，冰河退去后，印第安人就已经进入贾斯珀地区捕鱼狩猎。19世纪初皮货商经由阿萨巴斯卡河（Athabasca River）和黄头隘口（Yellowhead Pass）翻越洛基山脉，从事皮毛贸易，他们在洛基山脉的东面建立据点，目标是为前往皮毛丰富的英属哥伦比亚（British Columbia）太平洋沿岸打通通道。1813年西北公司（North West Company）于现今的贾斯珀城镇（Jasper Town）附近设立补给站，由贾斯珀·赫斯（Jasper Hawes）负责看守，称为贾斯珀屋（Jasper House）。19世纪中期皮毛生意没落，贾斯珀也逐渐沉寂。1907年9月，加拿大政府以贾斯珀的名字命名新设立的贾斯珀森林公园（Jasper Forest Park），并于1930年，将之扩展成为国家公园。1984年，贾斯珀国家公园被联合国教科文组织列为世界遗产。

❤️ **推荐心动线路** ❤️

露易丝湖（Lake Louise）→冰原大道（Icefield Park Way）→ 贾斯珀（Jasper）

冰原大道（The Icefield Parkway）

路线起点：班芙国家公园露易丝湖——贾斯珀国家公园贾斯珀镇

路线长度：230千米

建议天数：3天或以上

门票：国家公园联票

停车：全线免费停车

冰原大道坐落在北美大陆分水岭，是连接班芙和贾斯珀两个国家公园的公路，南北方向，也称为93号公路，公路总长为232公里。作为大萧条时代的基建项目，筑路工程始于1931年，动用600人，每个工程组只有一台拖拉机，大部分工作都是靠人工和马力，花了近10年的时间于1940年完成。公路名字来源于途中壮观的冰原，从露易斯湖开始，一直连接到北部的贾斯珀国家公园。西面是幽鹤国家公园，南面与库特尼国家公园毗邻，卡那那斯基（Kananaskis）河谷位于其东南方。冰原大道作为加拿大落基山脉自然公园群的一部分，整条公路布满山峰、冰川、湖泊、瀑布、峡谷、石灰岩洞穴、化石、伯吉斯页岩等自然景观。冰原大道号称全世界最美公路之一，于1984年被联合国教科文组织列为世界自然遗产。驾车行驶在公路上，你可以充分体验落基山脉的雄伟壮阔。

❤️ **沿途著名景观** ❤️

赫克托克湖（Hector Lake）

海拔1800米。

赫克托克湖是一个小冰川湖，它位于弓河（Bow River）上，湖面面积5.23平方千米，长5.3千米，宽1.2千米，属于加拿大落基山脉的瓦普提克（Waputik）山系。它以地质学家和自然学家詹姆斯·赫克托（James Hector）的名字命名。赫克托克湖可以从公路上的观景点看到，如果要从公路走，到湖边需要一段长时间。

乌鸦爪冰川（Crowfoot Glacier）

海拔2303米。

乌鸦爪冰川距离露易丝湖32千米，是冰原大道上近百条冰川中，最靠近公路的冰川。乌鸦爪冰川上方原有一个冰原，由于冰架之间的互相作用，在山体的岩壁上留下了仿佛乌鸦爪形状的三条冰川，故得此名。由于温室效应与暖冬现象，1940年，第三条冰川也就是最下面一根爪竟断了大半节，如今只能看到两只半爪。所以观赏乌鸦爪冰川要有点想象力，才可看出乌鸦爪的形状。

弓湖（Bow Lake）

海拔1920米。

弓湖位于弓峰（Bow Summit）南面、瓦普提克（Waputik）山系东面，是在瓦普塔冰原（Wapta Icefield）的弓冰川（Bow Glacier）融化的水而形成的冰川湖，它是弓河的源头，湖面面积为3.21平方千米，长3.2平方千米，宽1.2平方千米，湖泊最深处可达50米。翠蓝色的湖面倒映着周围的雪峰蓝天，它的秀美自在不言之中。

弓河（Bow River）

弓河是发源于弓冰川一条河流，它是南撒斯喀彻温河（South Saskachiwan River）的一条支流，也是纳尔逊河（Nelson River）的源头，全长587千米，流域面积为26200平方千米。河的名字来源于河流两岸的芦苇，这些芦苇被当地的第一民族用来制作弓；佩甘族（Peigan）将河流称为"Makhabn"，意为"制作弓的野草生长的河流"。

纳提加酒店（Num-Ti-Jah Lodge）

纳提加酒店位于弓湖旁，1920年由吉米·辛普森（Jimmy Simpson）所建，Num-ti-jah是原住民语，意思是雪貂。酒店格局很有当地特色。吉米·辛普森是一位有名的向导，他对当地的地形和环境都非常熟悉，所有来营地打猎的猎人，在他的带领之下都能猎到大型的野生动物。他于1972年去世，享年95岁。1974年酒店旁的一座山就以他的名字来命名。

佩头湖（Peyto Lake）

海拔1860米。

佩头湖是班芙国家公园内的一个冰川湖，湖面面积5.3平方千米，长2.8千米，宽800米。湖的名称来自于班芙早期的一位向导比尔·佩头（Bill Peyto）。每年夏季，大量冰川融化含有岩石粉和矿物质的水流入湖水中，使湖水在阳光下呈现出翠绿色。

弓峰（Bow Summit）

海拔2135米。

弓峰观景台上是赏弓湖的最佳地点。弓峰冰原大道公路的最高点，也是加拿大公路的最高点。

贴心小贴士

弓峰停车场和观景台只在夏季开放，请注意公路边的指示牌。

米斯塔亚峡谷（Mistaya Canyon）

地址：Icefields Pkwy，Alberta T0L 0C0

官网：https://adventurealberta.ca/mistaya-canyon/

米斯塔亚峡谷是冰原大道上的一处景点，它是由米斯塔亚河（Mistaya River）冲刷形成的具有独特的曲线崖壁的峡谷和瀑布。强大的水流冲刷了数千年，雕刻了峡谷的石灰石墙壁，在水和沉积物旋转的地方，它形成了坑洼，造就了我们今天看到的曲线峡谷和瀑布。

埃及法老王山（Mount Chephren）

海拔3307米。

位于班芙国家公园的米斯塔亚河谷（Mistaya Valley）。它以埃及第四王朝法老哈夫拉（Chephren）的名字命名。这座山最初是由诺尔曼·科利（J. Norman Collie）于1897年命名为金字塔山（Pyramid Mountain），但它与贾斯珀国家公园（Jasper National Park）中的一座山峰同名，固于1924年更名为现名。

水鸟湖（Waterfowl Lakes）

海拔1671米。

水鸟湖位于冰原大道（Icefields Parkway）路旁，附近是埃及法老王山（Mt. Chephren）。湖边有观景停车处。湖水颜色为碧蓝色，在白顶山峰的衬托下美丽无比，值得停车欣赏。湖畔有一处拥有116个位子的露营地。

萨斯喀彻温河交汇处（Saskatchewan River Crossing）

官网：https://www.thecrossingresort.com/

位于班芙国家公园内的93号公路（冰原大道 Icefields Parkway）和11号公路（大卫·汤

普森公路 David Thompson Hwy）的交界处，是三条河流的交汇处，分别是北萨斯喀彻温河（North Saskatchewan River）、豪斯河（Howse River）和米斯塔亚河（Mistaya River）。这里又被称为交叉路口（The Crossing）。此处有一家交叉路口度假村（The Crossing Resort），附设有餐厅、礼品店和油站。交叉路口是哥伦比亚冰原旅游的起点，也是唯一的服务区。

哭墙（Weeping Wall）

海拔1785米。

位于冰原大道的萨斯喀彻温河交汇处（Saskatchewan River Crossing）和哥伦比亚冰原之间的希如斯山（Cirrus Mountain），在高约300米的垂直岩壁上，有数条小瀑布从其顶部倾流而下，远远看去，就像是泪珠从墙壁上潸然而下。哭墙瀑布的水流在冬天将整块岩壁冻结成美丽的蓝色冰墙。哭墙被认为是世界上最好的冰上攀登活动地点之一。

希如斯山（Cirrus Mountain）

海拔3270米。

位于冰原大道大回旋处的制高点观景台正前方，山体型状像一艘大型军舰，又称军舰山（Battle Ship Mountain）。适合打卡拍照。

帕克山脊（Parker Ridge）

位于班芙国家公园的北部，冰原大道旁，将车泊在公路旁停车场，沿着帕克山脊徒步爬升250米，单程约2小时可以抵达哥伦比亚冰原最长的一条冰川——萨斯喀彻温冰川（Saskatchewan Glecier）的最近观景台，近距离观赏它。

温馨提示

国家公园管理局会于每年的晚春和初夏期间关闭步道来保护植被。

哥伦比亚冰原（Columbia Icefield）

海拔2931米。

官网：https://icefieldsparkway.com/

哥伦比亚冰原，位于加拿大不列颠哥伦比亚省和阿尔伯塔省交界处，是北极圈外最大的冰原，它横跨北美洲大陆分水岭（Continental Divide）。冰原的一部分位于班芙国家公园的西北角和贾斯珀国家公园的南端。冰原面积约为325平方千米，厚度为100到365米，每年降雪量约为7米，以加拿大落基山脉的第二高山——哥伦比亚山得名，哥伦比亚山海拔3747米。三条大河阿萨帕斯卡河（Athabaska River）、北萨斯喀彻温河（North Saskatchewan River）和哥伦比亚河（Columbia River）都发源于哥伦比亚冰原，分别向北流入北冰洋，向东流入大西洋，向南向西流入太平洋。有八条冰川自冰原上流出，它们是：阿萨帕斯卡冰川（Athabaska Glacier）、萨斯喀彻温冰川（Saskatchewan Glecier）、安德洛墨达冰川（Andromeda Glacier）、基奇那冰川（Kitchener Glacier）、斯图菲尔德冰川（Stutfield Glacier）、喀索格德冰川（Castleguard Glacier）、森瓦普塔冰川（Sunwapta Glacier）和雪圆顶冰川（Snow

Dome Glacier）。

科普小知识

哥伦比亚冰原附近山脉：

安德洛墨达山（Mount Andromeda）海拔3450米

阿萨帕斯卡山（Mount Athabasca）海拔3491米

布赖斯山（Mount Bryce）海拔3507米

喀索格德山（Mount Castleguard）海拔3090米

哥伦比亚山（Mount Columbia）海拔3747米

爱德华国王山（Mount King Edward）海拔3490米

基奇那山（Mount Kitchener）海拔3505米

北双峰山（North Twin Peak）海拔3684米

南双峰山（South Twin Peak）海拔3566米

雪圆顶山（Snow Dome）海拔3456米

斯图菲尔德山（Stutfield Peak）海拔3450米

哥伦比亚冰原探索中心Columbia Icefield Discovery Centre

地址：AB-93，Jasper，AB T0E 1E0

官网：http://www.jaspernationalpark.com/activities/summer-tours/jasper-visitors-info-for-the-icefield-centre-at-columbia-icefield.html

https://www.banffjaspercollection.com

哥伦比亚冰原探索中心正对着阿萨帕斯卡尔冰川（Athabasca Glacier），这是一栋3层楼的建筑。主层有国家公园访客中心柜台、冰川探索游和天空步道游售票处、精品酒店大堂和洗手间；地下一层是一间博物馆和电影放映厅；楼上是自助餐厅和快餐厅及大露台。中心于每年的5月1日至10月中旬开放。

哥伦比亚冰原探险（Columbia Icefield Adventure）活动包括冰川探险之旅（Ice Explorer）和冰川空中步道（Glacier

skywalk）。

门票：见官网

停车：景区免费停车场

冰川探险之旅（Ice Explorer）

从哥伦比亚冰原上流出八条冰川，其中以阿萨帕斯卡尔冰川（Athabasca Glacier）最为有名。冰川全长6000米，宽约1000米，厚度由90至300米不等，冰河前端以每年15米速度移动。冰河末端离冰原大道只有1.5千米。冰川探险之旅须先由游客服务中心出发，搭乘专用穿梭巴士，到达冰原雪车站后，再换乘大型特制巨轮雪车（Snocoach）在冰川冰面上往冰川末端行驶。这里是世界上唯一可以搭乘雪车直接上冰川的地方。

巨轮雪车（Snocoach）

巨轮雪车由卡尔加里一间工厂专门设计和制造，总共造了23辆，除了有一辆被美国政府订购去南极作探险用、两辆用于展示，其余20辆用于冰川探险之旅。巨轮雪车有明亮宽大的观赏车窗和玻璃车顶，六轮驱动，每个轮胎约有150厘米高，为了保护冰面，轮胎气压较正常减少20%，避震采用每轴独立悬挂，确保在冰川上行驶平稳，最高时速为18千米。车身全长为13米，一次可搭载56人。巨轮雪车行驶约20分钟到达高约2270米的冰原观赏区，您被允许下车脚踩万年冰川，触摸千年冰雪，饮用世界上最天然、最纯净的冰川水。

温馨小贴士

允许带瓶子把清澈甘甜的千年冰川水装回家。

记得戴上墨镜，避免阳光反射冰面刺眼，带上防风防寒衣物，穿着防滑的鞋子。

冰川空中步道（Glacier skywalk）

冰川天空步道，于2014年5月开业。这座美洲最大的悬臂平台，建在桑瓦普塔山谷（Sunwapta Vallay）和阿萨巴斯卡河（Athabasca River）上方，它的玻璃桥平台外缘垂直高约60米，距离山谷底部河流280米，比法国艾菲尔铁塔的顶层观景台（276米）还要高出4米。冰川空中步道是50多年来加拿大落基山脉国家公园内首个大型人工景点，耗资2100万美元历时数年建成。

温馨提示

请于冰原中心购票后按照指示搭乘景区提供的穿梭巴士（票价已含）出发。您可购买套票先乘冰原雪车前往冰川探险之旅，需时2.5小时。然后再去冰川天空桥步道游览，需时1.5小时。由于这两个景点都不设卫生间，强烈建议在冰原中心使用卫生间后再出发。

缠溪瀑布（Tangle Creek Falls）

位于冰川天空步道附近的冰原大道公路旁，瀑布落差高35米，是一个多层级的瀑布。如果在冬天，你会看到冻成冰瀑的缠溪瀑布。

斯塔特菲尔德冰川观景台（Stutfield Glacier Viewpoint）

位于露易丝湖以北135千米、贾斯珀镇以南95千米处的冰原大路公路旁。斯塔特菲尔德冰川，悬挂在海拔3450米高的斯塔特菲尔德山峭壁上，绵延914米。没有正式的道路通往斯塔特菲尔德冰川。

森瓦普塔瀑布（Sunwapta Falls）

官网：https://www.alltrails.com/trail/canada/alberta/sunwapta-falls

位于贾斯珀国家公园南部的森瓦普塔河（Sunwapta River）上，距冰原大道公路600米。印第安石头族（Stoney Nation）语言"Sunwapta"意为"湍急的河流"。瀑布分为两部分，上瀑布落差18.5米，宽9米。水流流经狭窄的峡谷，并形成下瀑布。如要观赏下瀑布，需沿着峡谷下坡行走约1.2千米，抵达下瀑布，海拔降低约87米。瀑布在春季和初夏时由于冰雪融化更为壮观。

阿萨巴斯卡瀑布（Athabasca Falls）

官网：https://www.alltrails.com/trail/canada/alberta/athabasca-falls

位于贾斯珀国家公园南部的阿萨帕斯卡河（Athabasca River）上，N93和N93A两条公路的交界处，北距贾斯珀镇32千米。阿萨巴斯卡河在此流经一层坚硬的石英岩，经过万年的冲刷，最终将河床的部分石灰岩冲刷出落差23米、宽18米的瀑布和深达25米的峡谷。神奇的是，水流的颜色随季节变化而不同。

伊迪丝·卡维尔山天使冰川（The Angel Glacier on Mount Edith Cavell）

海拔3363米。

官网：https://www.pc.gc.ca/en/pn-np/ab/jasper/activ/activ-experience/sentiers-trails/cavell

伊迪丝·卡维尔山天使冰川距离贾斯珀镇很近。山峰于1916年命名，为纪念一位英国女护士伊迪丝·卡维尔（Edith Cavell）。第一次世界大战时，她帮助同盟国士兵从比利时占领区逃往荷兰，被德军抓获并绞死，战后被追认为女英雄。

天使冰川是一条悬挂式冰川，悬挂于伊迪丝·卡维尔山的半山腰。开车从N93A公路根据指示牌进入伊迪丝·卡维尔山盘山公路，注意该公路车辆长度有限制。到达停车场后，沿着卡维尔草甸小径（Cavell Meadows）步行，徒步到距天使冰川（Angel Glacier）和卡维尔小湖（Cavell Pond）大约400米远、海拔2560米的观景点，隔着峡谷俯瞰伊迪丝·卡维尔山峰、天使冰川、卡维尔小湖和冰川峡谷，冰块从冰川上崩塌而下，跌落山谷发出轰鸣声，非常震撼。

贾斯珀镇
（Jasper Town）

海拔1062米，人口约4600。

官网：https://www.jasper-alberta.com/

1902年起，加拿大政府先后接受太平洋铁路及加拿大北方铁路提出的经由黄头隘口兴建横贯铁路的方案。铁路于1913年陆续完工，贾斯珀城镇的蓝图也于1913年被画出。随着铁路带来的游客，城镇发展也日益繁荣了起来，今天的贾斯珀依然以铁路和旅游为经济命脉。在贾斯珀国家公园，黑熊是这里的常住居民，其他的野生动物，例如北美大角鹿（Elk）、小鹿（deer）、山羊和大角羊等，加起来的数量比居民还多。每年有超过200万游客到访贾斯珀国家公园。

🧡 贾斯珀镇周围的景点 ❤️

贾斯珀缆车（Jasper Sky Tram）

地址：Whistlers Rd，Jasper，AB T0E 1E0

官网：https://www.jasperskytram.com

门票：见官网

位于贾斯珀国家公园，离贾斯珀镇约7000米。缆车始建于1963年，关键部件产自德国，花费一年时间建成。缆车从海拔1304米的缆车站出发，经过七分钟的空中旅程，上升到海拔2277米的惠斯勒山顶（Whistlers Mountain Summit）。每部缆车可以搭载30名乘客和1名导游，旅途中，导游介绍四周的风景点。山顶上有礼品店、餐厅。从山顶缆车站出发，沿着一条位于高山苔原之上的木板步道——惠斯勒步道（Whistlers Trail）徒步6.6千米，爬上海拔2469米的峰顶，沿途聆听灰土拨鼠（hoary marmot）的哨声。在山顶可以俯瞰贾斯珀小镇（Jasper Town）的全景、阿萨巴斯卡河（Athabasca River）和金字塔山（Pyramid Mountain），还可远眺落加拿大基山脉最高峰——罗布森山（Mount Robson）。

温馨提示

高山环境和天气情况是不可预测的，须准备和穿着合适的衣服和鞋子。

帕特里夏湖（Patricia Lake）

海拔1200米。

这是一个冰碛湖，位于贾斯帕国家公园，它的名字来源于英国维多利亚女王的孙女康诺特公主帕特里夏（Princess Patricia of Connaught），在贾斯珀小镇以北5000米处。沿着贾斯珀小镇后方的一条蜿蜒的道路而上，就可以看到帕特里夏湖。

金字塔湖（Pyramid Lake）

海拔1179米。

金字塔湖（Pyramid Lake）在帕特里夏的右上方，两湖均为冰碛湖，两湖的背景都是金字塔山（Pyramid Mountain），海拔2766米。金字塔湖有一座小半岛，可以走到岛的最前面观赏金字塔山，湖面上倒映着金字塔山，景观特别优美。

玛琳峡谷（Maligne Canyon）

地址：Jasper，AB T0E 1E0

官网：https://www.banffjaspercollection.com/attractions/maligne-canyon/

停车：免费停车场

玛琳峡谷位于贾斯珀国家公园中，离贾斯珀镇约11千米，经万年的冰河雪水侵蚀，形成了狭长形的峡谷，最深的地方约51米深。玛琳峡谷是洛基山脉中最长、最深、景致最奇特的峡谷。在停车场下车，沿峡谷弯弯曲曲的小道，穿过二号桥，可在桥上看到51米深的峡谷，然后沿小路而下，一路走到四号桥，继续往五号桥。从四号桥到五号桥距离约2000米。

药师湖（Medicine Lake）

药师湖湖长7000米。位于贾斯珀镇东南25千米处，是一个相对较浅的湖泊。当地古老的印第安传说中，Medicine意为魔法，故称药师湖。亿万年前曾是一片海洋的玛琳峡谷，充满了岩石断层与壶洞侵蚀现象，药师湖湖底的石灰岩层满是巨大裂缝，冬天来临时，附近的湖水纷纷渗进谷地岩层里，像变魔术一般地消失。湖水都流进了不远处的玛琳峡谷，直到来年初夏，湖水才再度现身。在20世纪70年代，研究人员曾经使用可生物降解的染料来确定地下河的范围，结果发现染料出现在该地区的许多湖泊和河流中，勘察得出结论：这里是世界上地下水系最广泛的地区之一。这个高原湖泊有大量的虹鳟鱼，是白头鹰和鱼鹰水鸟的天堂。

玛琳湖（Maligne Lake）

海拔1670米。

地址：Maligne Lake Rd，Alberta T0E 1E0

官网：https://www.banffjaspercollection.com/

门票：见官网

停车：免费停车场

玛琳湖是加拿大洛基山脉中最大的冰河湖，湖长22千米，宽1千米，平均深度35米，最深处97米。乘玛琳湖游船（Maligne Lake Cruise）去探索风景如画的神秘仙境"精灵岛"（Spirit Island）。精灵岛经常被印在国家公园的明信片上，可说是加拿大的代表景点之一。玛琳湖游船之旅大约1.5小时的航程，游客乘坐在舒适的玻璃顶和空调的游船上探索玛琳湖，船上导游会用他们渊博的知识将玛琳湖的历史、地质、野生动物、天气和植被一一娓娓道来。精灵岛（Spirit Island）是石头族（Stoney Nation）原住民曾经生活几个世纪的地方，如今岛上已经没有居民，为了保留其自然状态，仅有码头到观景台一小段步道允许游客上岸行走。

经典版游船行程：1.5小时，精灵岛15分钟上岸自由时间

升级版游船行程：2小时，停靠品库岘湾（Pincushion Bay），精灵岛30分钟上岸自由时间

贴心小贴士

码头附近有旱厕所。

野牛碎头崖（Head Smashed in Buffalo Jump）

地址：secondary Highway #785，Fort MacLeod，AB

官网：https://headsmashedin.ca › visit

门票：见官网

位于麦克劳德堡（Fort Macleod）西边，785号高速公路18千米处。它是一处悬崖，长约300米，高约10米，面积约73.29平方千米。黑脚族人（Black Foot Nation）通常在秋天狩猎，他们会先派出经验丰富的"赶牛人"去侦察水牛群的位置，然后将自己装扮成狼和狐狸的样子，把野牛诱赶到预先准备好的靠近悬崖的V形小道。这时猎人们突然跳出来，大声驱赶牛群，受惊的水牛开始往悬崖方向奔跑，最后纷纷掉下悬崖。受伤的水牛被黑脚族勇士们用矛和棍棒在悬崖下轻松猎杀。开膛屠宰在附近有水源的营地进行，水牛肉留着食用，骨头制成工具，牛皮用于制造帐篷和服装。经过发掘表明，该遗址至少到6000年前就已经被使用，动物骨骼堆积深达12米。1981年，野牛碎头崖入选世界人类文化遗产名录。该处建有野牛跳故事中心和博物馆。

沃特顿湖国家公园
（Waterton Lakes National Park）

地址：AB-5，Waterton Park，AB T0K 2M0

官网：https://mywaterton.ca/

门票：国家公园联票

沃特顿湖国家公园位于加拿大阿尔伯

塔省（Alberta）南部，毗邻美国蒙大拿州（Montana）的冰川国家公园（Glacier National Park）。面积505平方千米，于1895年设立。公园以其湖泊链闻名，包括大型的上沃特顿湖沃特顿湖（海拔1280米，面积10.1平方千米，水深130米）和中沃特顿湖，红岩公园大道（Red Rock Parkway）穿过草原到达红岩峡谷（Red Rock Canyon）。亿万年前被冰河切割的河谷与湖泊，闪烁着绚丽迷离的水色波光。这里曾是印第安人的圣地与战场，现在成为野生动物的乐土。沃特顿湖国家公园于1995年被指定为世界文化遗产。

❤️ 心水景点 ❤️

红岩峡谷（Red Rock Canyon）

行车距离16千米，沿途景色有丰富多彩的路边野花和陡峭山谷，高山草甸和锯齿状山峰。到达峡谷，但见红色和绿色矿物层对比鲜明，周围郁郁葱葱的环境颇为震撼，徒步在峡谷中可以领略到大自然的鬼斧神工。

卡麦勒瀑布（Cameron Falls）

地址：Cameron Falls Dr，Alberta T0K 2M0

官网：https://www.travelalberta.com/ca/listings/cameron-falls-1930/

卡麦勒瀑布位于沃特顿公园野营地附近，右侧有斜坡可接近瀑布，方便拍照。在瀑布的左侧，有一条小径，沿着水边走上去，你会看到一个小水坝，站在坝上可以看到瀑布、沃特顿镇和附近的山谷。

布莱奇斯顿瀑布（Blakiston Falls）

地址：Alberta T0K 2M0

官网：https://www.alltrails.com/trail/canada/alberta/blakiston-falls-trail

布莱奇斯顿瀑布的小道始于红岩峡谷停车场，往返大约2千米。穿过行人天桥，然后左转，沿着小径徒步，很快到达瀑布观景台，可近距离观赏布拉克斯顿瀑布。大约1小时来回，路很平坦，适合所有人。

沃特顿联合教会（Waterton United Church）

地址：108 Clematis Ave，Waterton Park，AB T0K 2M0

官网：https://watertonunitedchurch.com/

人类有一个伟大而永恒的感觉：在山上离神更近！这座教堂面对着维米山（Mount Vimy）的美景，于1961年由天才建筑师乔治·沃森（George Watson）建造。它被当地人称为"有景的教堂"。

避世酒店

威尔士亲王酒店（Prince of Wales Hotel）

地址：AB-5，Waterton Park，AB T0K 2M0

官网：https://www.glacierparkcollection.com/lodging/prince-of-wales-hotel/

房价：见官网

威尔士亲王酒店建成于1927年，由美国的大北方铁路出资建造，借以在美国禁酒令期间吸引美国游客。酒店以英国威尔士亲王（即爱德华八世）的名字命名，位于沃特顿湖国家公园村（Waterton Village）北部的悬崖上，可俯瞰沃特顿湖。酒店是沃特顿湖国家公园（Waterton Lakes National Park）的标志性建筑，于1992年被指定为加拿大国家历史遗址。酒店处处散发出低调奢华和无与伦比的乡村风格，厚重的历史感扑面而来。您可以在这里边享用英式下午茶（high tea），边观赏沃特顿湖的美景。

推荐理由：沃特顿湖国家公园最具特色的酒店

费尔蒙班芙温泉酒店（Fairmont Banff Springs hotel）

地址：405 Spray Ave，Banff，Alberta，Canada

官网：http://www.fairmont.com/banff-springs/

房价：见官网

费尔蒙班芙温泉酒店位于班芙镇美丽的弓河河谷，酒店始建于1888年。随着横贯加拿大的太平洋铁路（Canadian Pacific Railway）建成通车，总裁威廉·范霍恩（William VanHorn）为了实现他以旅游增加火车客运量的计划，在加拿大太平洋铁路沿线，大兴土木，修建了一系列豪华酒店，班芙温泉酒店便是其中之一。酒店最初是木结构，1926年的一场大火，将其焚毁。1928年，在原来的地基上重建酒店并保留原貌。苏格兰城堡式的外形加上内部高贵优雅的装饰，使其赢得"落基山城堡"的美名。酒店于1992年被评定为加拿大国家历史古迹。

班芙温泉高尔夫俱乐部（Banff Springs Golf Club），建于1911年，有27洞球场，位于费尔蒙班芙温泉酒店前面的弓河河谷。球场接待过无数名人，是世界有名的网红高尔夫球场之一。

推荐理由

加拿大落基山脉以让人难忘的自然风光闻名，有流传的动人的传说故事佐证，而费尔蒙班芙温泉酒店无疑是这些传说的见证者。当您漫步于酒店高大、古朴、奢华的回廊中，墙上的老照片和油画向您诉说着这间酒店百年来经历的故事和辉煌岁月。

费尔蒙露易丝湖城堡酒店（Fairmont Chateau Lake Louise）

地址：111 Lake Louise Drive, Lake Louise, Alberta, Canada

网址：http://www.fairmont.com/lake-louise/

房价：见官网

酒店位于露易丝湖的东岸，于20世纪初由加拿大太平洋铁路兴建。1924年7月3日，酒店木制的朗格伯里风格建筑部分（wooden Rattenbury Wing）被大火焚毁，一年后被现今的巴洛特式风格建筑（Barrot Wing）取代。建成于1913年的画家风格建筑（Painter Wing）是酒店最古老的部分。2004年加建的山庙建筑风格的部分（Mount Temple）则拥有现代功能设施，包括山庙宴会厅。酒店面对着翠绿色的露易丝湖、陡峭的山峰和雄伟的维多利亚冰川。它是联合国教科文组织认定的世界遗产，全球公认的进步环境管理和负责任的旅游之地。

推荐理由

酒店是一家全年豪华度假村，夏季提供骑马爬山、划船，冬季湖上溜冰、越野滑雪、马拉雪橇、冰雕等活动。酒店设有豪华水疗中心和名厨料理的餐厅。

当地美食

阿尔伯塔牛肉（Alberta beef）

阿尔伯塔省拥有大量牧场，是加拿大牛肉的主要生产地，牛的数量比省民的数量还要多。阿尔伯塔的牛是在天然牧场上放养，这里出产的5A级牛肉因其肥瘦相间的大理石花纹，以及细嫩多汁的口感闻名世界。

牛肉三明治

两片蒜香面包中夹着一大块6—8盎司的牛肉，吃起来非常过瘾，价格不贵。

草原姜汁牛肉

新鲜牛肉切片，用料酒、生抽和姜汁腌10分钟，裹以鸡蛋清，倒入热油锅大火爆炒1分钟加入绿色时蔬后起锅。中国人定居阿尔伯塔后，创造了适应阿尔伯塔人口味的西式中餐菜肴。草原姜汁牛肉这道菜是当地的网红菜肴。

皇家阿尔伯塔省博物馆举办过一场名为"Chop Suey on Praires"（草原上的杂碎）的特别展览，隆重介绍阿尔伯塔省的标志性中国餐和菜肴。

西北地区
Northwest Territories

缩写NT或NWT。
官网：www.spectacularnwt.com

车牌标语Spectacular，意为"令人惊叹"。车牌直接做成北极熊的形状，它们是这里的真正居民。

西北地区位于加拿大西北部，面积约114.4万平方千米（44.2万平方英里），人口约4.2万。西北地区是加拿大北部三个地区中面积第二大、人口最多的地区。西北地区于1870年加入加拿大联邦，从那时起，它的领土区域被划分过四次，目前的区域

划分日期为1999年4月1日。为了便于行政管理，全新成立的努纳武地区（Nunavut）将原西北地区几乎一分为二。在此之前，西北地区的范围北到北极圈，南到草原三省，是印第安原住民的传统居住地，在这里生活的原住民有梅蒂斯人（Metis）和因纽特人（Inuit）。后来土地被哈德逊湾公司（Hudson's Bay Company）拥有，直到1870年。而阿尔伯塔省（Alberta）、萨斯喀彻温省（Saskatchewan）和马尼托巴省

（Manitoba）都是从西北地区分出来的。西北地区拥有无尽的宝藏——黄金和钻石。20世纪30年代，人们在耶洛奈夫发现了黄金，大量加拿大东部的人来到西北地区找寻金矿。待到淘金热褪去，人们在这里又发现了钻石矿。西北地区也因此成为全球第三大钻石出产地。

耶洛奈夫或称黄刀
（Yellowknife）

官网：http://yellowknife.ca

耶洛奈夫是西北地区的首府，一般俗称"黄刀"，位于北极圈以南400千米处的大奴湖（Great Slave Lake）北岸，面积约137平方千米。该市成立于1934年，人口约2万。它是西北地区的文化、经济和政府服务枢纽。耶洛奈夫属亚北极气候，全年降雨量不足300毫升，大部分为山地和苔原。市内有许多的旅游景点，如威尔士王子北部遗址中心（Prince of Wales Northern Heritage Centre）、英格拉健行步道（Ingraham Trail）和大奴湖（Great Slave Lake）等。

耶洛奈夫的地理位置坐落在极光光环中心，而且雨水少，地形平坦，所以每年可观测的北极光（northern lights或aurora borealis）次数超过250次，是全球最适合欣赏极光的地方之一。北极光于每年的8月下旬至4月中旬之间可以看到。黄刀镇最佳极光观赏期是每年12月至次年3月，一般在晚上9点至凌晨左右。据统计，只要在黄刀镇住上三天，看到极光的概率高达98%。除了追光，还可以玩冰钓、狗拉雪橇和雪上摩托等旅游项目。

贴心小贴士

建议购买当地的旅游套餐产品追光，由于天气寒冷，而且通常在午夜过后才是高光时刻，旅行社会有追光设施，并会事先做好一切观测极光需要的准备，也会安排租用适合的御寒衣物。您可以待在暖和的帐篷或者小木屋里，边喝热饮、吃小吃，边赏极光。

耶洛奈夫机场（Yellowknife Airport）

地址：1 Yellowknife Hwy, Yellowknife, NT X1A 3T2

官网：https://www.inf.gov.nt.ca/en/services/airports/yellowknife-airport

机场代码：YZF

耶洛奈夫机场位于西北地区的耶洛奈夫（Yellowknife），它是国家机场系统的一部分，由西北地区政府运营。机场提供客运和货运航班服务。

大奴湖
（Great Slave Lake）

官网：https://www.britannica.com/place/Great-Slave-Lake

大奴湖毗邻耶洛奈夫（Yellowknife），面积27200平方千米，湖长480千米，湖宽109千米，最深处614米。它是加拿大第二大湖，是世界第十深湖，面积超过伊利湖（Lake Eerie）和安大略湖（Lake Ontario）。大约一万年前，在威斯康星冰川（Wisconsin Glacier）的前端形成了大奴湖，随着冰的融化加速，成为现今的大奴河（Slave River）。这条河仍然是大奴湖的主要水源，湖水往西方流出，靠近弗洛伊蒂斯堡（Freitzburg），注入加拿大最长的河流——马更些河（Mackenzie River），流经加拿大地盾和落基山脉。

夏季可以泛舟湖上，租一艘皮划艇沿湖岸游览、湖上垂钓，湖里有湖鳟（lake trout）、梭子鱼（lake tors）、北极鳟鱼（northern parquet）、北派克（bisquis fish）和湖白鲑（lake white salmon）。

冬季大奴湖每年有8个月时间会结冰，期间大部分区域可以骑行雪地摩托在湖面飞驰或者在湖上冰钓。

伊努维克
（Inuvik）

官网：https://www.inuvik.ca/en/index.asp

伊努维克是加拿大境内北极圈内最大的城镇，位于马更些三角洲（Mackenzie Delta），人口3000多，是努纳武特地区的首府。这里深入北极圈腹地，距离北冰洋仅有100千米的距离。伊努维克的大部分居民都是因纽特人原住民，虽然他们身处地球的极寒带，却能歌善舞、热情好客，一年四季都会举办各种各样的活动来自娱自乐。伊努维克市内宾馆、医院、学校、超市、商店和酒房等一应俱全，生活便捷。市内的街道高低起伏，交通工具多是四驱车辆和雪地摩托，城内有出租车服务。伊努维克地区的房子被粉刷成各式各样五彩缤纷的颜色，远看像是散落在地上的一颗颗绚丽多彩的糖果。像很多极地城市一样，这些房子都是矮层建筑，不超过3层。房子的基座建在木桩上，这样可以保暖和防潮。

冰屋教堂
（Igloo church）

地址：180 Machenzie Road, Inuvik, NT X0E 0T0

官网：https://olvinuvik.com/

冰屋教堂全名叫Our Lady Victory Parish，是伊努维克的打卡景点，位于市中心。教堂按照因纽特人所居住的冰屋形状建造，由当地天主教传教士莫里斯·拉科克弟兄（Maurice Larocque）设计。它始建于1958年，在建设工程中遇到很多挑战，木材须从1400千米以外的地方运过来，因为是在永久冻土层上建造，所以必须确保地基下的土地不会受热而融化。教堂由志愿者花了两年时间建成，2005年教堂被大火焚毁后重建，它是地球最北部的天主教堂。

北美驯鹿迁徙

每年春季，成千上万头北美驯鹿（caribou）会在加拿大西北地区的白雪之上掀起层层雪浪，为迎接新的生命开启从伊努维克（Inuvik）去往图克托亚图克（Tuktoyaktuk）的盛大迁徙。可以在当地向导带领下坐着摩托艇一睹这一伟大奇观。

纳汉尼国家公园保护区
（Nahanni National Park Reserve）

地址：Fort Smith, Unorganized, NT

官网：https://www.pc.gc.ca›pn-np›nahanni

纳汉尼国家公园保护区位于西北地区的德克区域（Dehcho Region），耶洛奈夫（Yellowknife）以西约500千米，面积30050平方千米，于1972年设立。南纳汉尼河（South Nahanni River）汹涌的河水从保护区内奔流而过，流经四个深度近1219米的大峡谷。在其中一处，河水从悬崖飞流直下90米，形成了弗吉尼亚瀑布（Virginia Falls），其高度是尼亚加拉大瀑布的2倍。保护区内有硫黄温泉、绵延的山脉、苔原和森林。这里虽然位置偏僻，但是整个夏季都可以露营。和向导一同在湍急的水中漂流，饱览无与伦比的景色。徒步和登山可以带您领略公园的另一面，您会遇到羊、驯鹿、野狼和黑熊。1978年纳汉尼国家公园保护区被指定为联合国教科文组织世界遗产。

木野牛国家公园
（Wood Buffalo National Park）

官网：https://www.pc.gc.ca

门票：国家公园联票

木野牛国家公园位于阿尔伯塔省（Alberta）东北部和西北行政区（Northwest Territories）南部，是加拿大最大的国家公园、世界第二大国家公园，面积44807平方千米。它成立于1922年，以保护加拿大北部濒临灭种的北美水牛。如今总共有5000多头北美水牛生活在这片自然保护区里。除了野牛外，这里还有黑熊（black bear）、灰狼（wolf）、驼鹿（moose）、棕熊（grizlly）、猞猁（lynx）等野生动物。海狸（beaver）在木野牛国家公园内，筑起了世界上最长的海狸坝，这一动物界的建筑奇迹对于净化当地水质、减少水土流失起到了很好的作用。18世纪海狸皮贸易使得欧洲人纷纷来到加拿大探险，海狸是加拿大重要的名片，加元硬币5分钱上刻有海狸图案。木野牛国家公园于1983年被联合国教科文组织评为世界文化遗产。

盐化平原
（Salt Plains）

官网：https://www.pc.gc.ca/en/pn-np/nt/woodbuffalo/visit/brochures

位于木野牛国家公园内。在3.8亿年前古海的海床干涸后的遗址上，类盐矿物质从底部被推到表面——如同从地下冒出地面的石笋，那是由一层层白花花亮晶晶的盐堆积而成。世界珍稀的鸣鹤（whooping crane）一种体高达1.5米，以湖泊中的甲壳类动物为食物的鸟类，就生活于此。

贴心小贴士

步道细节请参考官网。

当地美食

Kiviak（或Kiviaq）这个词来自北极原住民因纽特人（Inuit）的语言，意为"腌海雀"。制作Kiviak的主要原料是海雀（auk）和海豹（seal）。首先将捕获的海豹和海雀宰杀，放在阴凉处晾一整天。接着，将海豹开膛破肚，去掉内脏，只留一个内壁有肥厚脂肪层的躯壳。然后，将海雀不做任何处理全部塞入海豹肚子。通常，一只成年海豹的肚子可容纳500只海雀。再将海豹的肚子密密缝合，变成鼓囊囊的枕头形状。然后沿着针口用海豹油涂抹密封，以防止苍蝇叮咬。接下来，将海豹埋入阴凉的冻土层，耐心贮藏3至18个月。埋土时海豹上方要压上一些大石头，以促使海豹的脂肪与海雀们密切接触，充分混合并自然发酵，酿成一种特色美食。开封的日子到了，将海豹从冻土中挖出来，割断缝合线，将海雀一只只掏出，随手一抹，羽毛就会轻松脱离，露出暗红色的肉

体，然后直接生啃。在吃肉之前，先喝"海雀汁"。在漫长的发酵过程中，海雀的内脏已全部变成液体。因纽特人认为，这种液体营养丰富，必须在吃肉之前将其吸食。朝海雀屁股尖一口咬下去，然后用力一吸，口腔会瞬间充满一种神秘的黏稠汁液。也有人会将鸟头直接掰下来，将海雀的喉管当作吸管。

鲸皮（Muktuk）

因纽特人的传统美食，用弓头鲸、白鲸或独角鲸的皮和油脂冰冻制作而成。通常生吃鲸脂有些油腻，带有坚果的味道，或者将其切成丁，裹上面包屑用油炸，然后佐以酱油吃。

避世酒店

布莱弗德旅舍（Blachford Lodge）

布莱弗德湖（Blachford Lake）位于大奴河东沿的北面，而布莱弗德旅舍就位于湖边。对于想远离俗世喧嚣的人来说，这里简直不能更棒了。旅舍周边没有任何村庄和城镇，甚至没有公路，您只能乘坐水上飞机或骑雪地摩托来到这里。因为远离闹市，旅舍总是给人一种静谧安详的感觉。在这里您可以尽情享受户外探险带给您的乐趣，夏天您可以选择在湖边垂钓、泛舟湖上或者直接跳入湖中游泳。如果你热爱野生动物，在这里你可以看到他们在大自然中各种放松的样子。如果你想放空，这里还有一个露天的热水池，一年四季皆宜。

推荐理由

威廉王子和凯特王妃在到访西北地区时曾住在此旅舍。

努纳武特地区
Nunavut

缩写NU。
官网：https://travelnunavut.ca

曾经的车牌是北极熊形状，车牌标语：Explore Canada's Arctic，意为"探索加拿大的北极"。现在车牌上有北极熊、极光和右下角的因纽特人堆石，代表了此地的文化。

努纳武特濒临北极，是加拿大最寒冷的地方，面积190万平方公里，人口约2.3万，散居在28个居民区，其中1.8万为因纽特人，约占该地区总人口的78%。他们不畏严寒在这里生活了四千多年。努纳武特"Nunavut"来源于因纽特语ᓄᓇᕗᑦ，意思是"我们的土地"，后来用作Nunavut。努纳武特曾是西北地区的一部分，是哈德逊海湾公司（Hudson's Bay Company）的财产，1870年卖给了加拿大联邦政府。

但是因纽特人一直在抗争，直到1993年双方达成协议，由加拿大国会通过了《努纳武特法案》（Nunavut Act）与《努纳武特领土声明协议法案》（Nunavut Land Claims Agreement Act），因纽特人放弃对领土主权的要求，加拿大联邦政府给予他们高度自治权。1999年努纳武特举行第一届选举产生了行政管理机构，从此加拿大又多了一个行政区。

伊魁特
（Iqaluit）

官网：www.iqaluit.ca

努纳武特地区的首府伊魁特是旅游活动的中心。它位于巴芬岛（Baffin Island），是大多数旅程开始和结束的地方。城市面积约53平方千米，人口约7800人。伊魁特，在因纽特语中，意思是"群鱼之地"。从城市里杰出的艺术品和手工艺品，到各种节日活动，以及生活在这里的艺术家、音乐家和电影制作人，传统的因纽特文化随处可见。伊魁特附近还有三个地区公园，每一个都风景绝佳，富有自然特色，还有许多可追溯到古图勒人（Thule）的考古文物。滑雪、雪地摩托和狗拉雪橇，以及打猎、钓鱼和采摘浆果是这里日常生活的一部分。伊魁特市是加拿大人口最少的地区首府，也是加拿大唯一不通公路的首府。

伊魁特机场

地址：1126 Mivvik Street, Iqaluit, NU X0A 0H0

官网：https://www.wsp.com/en-CA/projects/iqaluit-international-airport

机场代码：YFB

伊魁特机场是地区性机场，服务于努纳武特的伊魁特和毗邻城市，提供从渥太华（Ottawa）、蒙特利尔（Montreal）、兰金（Rankin Inlet）和库朱阿克（Kuujjuaq）到加拿大北部以及整个努纳武特东部较小社区的定期客运服务。机场由努纳武特政府运营。

里帕尔斯贝（Naujaat）人口约1100人

官网：https://travelnunavut.ca/regions-of-nunavut/communities/naujaat/

里帕尔斯贝正好位于北极圈上，是观鸟者的天堂，纽特语意为"海鸥筑巢之地"。这个靠近悬崖的村落以前被称为里帕尔斯贝，只有1050名居民。海鸥每年6月会在这里孵化幼鸟，这里的鸟类和野生动物的数量远超人类。起伏的山脉、美丽的水湾以及北极苔原构成了独特的严寒景观，但这些都不妨碍您在天气暖和的月份到访，体验捕鱼、沙滩车打猎、徒步、皮划艇和观赏海鸥、苔原天鹅、游隼和雪雁。

萨默塞特岛坎宁安湾
（Cunningham Inlet of Somerset Island）

官网：https://weberarctic.com/stories/the-belugas-of-cunningham-inlet

萨默塞特岛的坎宁安湾简单朴实，是全球观赏白鲸的最佳地点。每年，数千头美丽的白鲸来此嬉戏、哺育幼崽和蜕皮。您可以下榻美丽的北极观测点荒原旅馆（Arctic Watch Wilderness Lodge），然后步行不到1英里观看白鲸群，以及遍布萨默塞特岛的其他野生动物、自然美景和考古发掘地。

埃尔斯米尔岛
（Ellesmere Island）

人口约160人。

官网：https://www.britannica.com/place/Ellesmere-Island

埃尔斯米尔岛位于加拿大最北端，是面积仅次于巴芬岛（Baffin Island）的第二大岛。埃尔斯米尔岛不仅是晒日光浴的地方，也是观赏麝牛、北美驯鹿、狼群和旅鼠，体验皮划艇和雪地摩托的绝佳之所。如果想考验自己的勇气，可以在这里登山和背包旅行，这里还有24小时的极昼。

庞德因莱特
（Pond Inlet）

人口约1600人。

官网：https://travelnunavut.ca/regions-of-nunavut/communities/pond-inlet/

庞德因莱特靠近浮冰边缘，独角鲸——这些大海里的独角兽春季会成群结队穿过水湾，带来无与伦比的野生动物观赏体验。这里也是观赏其他各种考古发掘地、努纳武特地区特色的冰山、冰川、山脉和峡湾的好去处。

奥育图奇国家公园
（Auyuittuq National Park）

地址：Unorganized，YT Y0B 1N0

官网：https://www.pc.gc.ca/en/pn-np/nu/auyuittuq

冰川、崎岖的山脉和河流构成了奥育图奇国家公园的主要地形。60英里长的阿克沙育科通道（Akshayuk Pass，当地人称为

Pang 通道），是一条穿越公园的传统因纽特旅行走廊。白天可以徒步前往北极圈，或者乘坐狗拉雪橇和雪地摩托车穿越这一地带。雷神山（Mount Thor），这座山恰如其名，海拔4101英尺的高度使其拥有世界上最高的垂直落差，是值得一去的地方。

舍密里特国家公园
（Sirmilik National Park）

地址：Sirmilik National Parks Office，Pond Inlet，NU X0A 0A0

官网：https://www.pc.gc.ca/en/pn-np/nu/sirmilik

舍密里特国家公园位于巴芬岛（Baffin Island）西北端，占地超过8500平方英里，是北极拥有最多种类野生动物的地方之一。独角鲸、北美驯鹿、北极熊、环斑海豹和虎鲸都会来这里的海岸和周边水域。公园里还有重要的鸟类保护区——拜洛特岛（Bylot

Island），每年有70多种、数10万只鸟类或途经这里，或在此筑巢。在此可观赏野生动物，还可登山、滑雪、海上皮划艇、游览极地冰盖边缘浮冰、参观考古发掘地。

伊吉拉里奇地区公园
（Iqalugaarjuup Nunanga Territorial Park）

官网：https://travelnunavut.ca/things-to-see-do/parks-special-places/iqalugaarjuup-nunanga-territorial-park/

这个风景优美的公园距兰金湾（Rankin Inlet）5英里，湖泊、苔原和沼泽星罗棋布，还有各种栖居在这个生态系统中的动物。因为多样的地形、步道和古老的图勒考古遗址，公园成为热门的徒步目的地。夏天前来是大多数人的选择。

❤心水线路❤
西北航道（Northwest Passage）

西北航道是一条穿越加拿大北部的北冰洋、连接大西洋和太平洋的航道。这条著名航道环绕巴芬岛（Baffin Island），沿途都是美景。乘搭Zodiac充气船开启西北航道巡游之旅，追随北极探险者的脚步环绕冰山，前往废弃的捕鲸站、哈德逊湾公司（Hudson's Bay Company）前哨站和散落着文物的古图勒（Thule）营地，带上望远镜，观察海象、独角鲸、北极熊和海鸟。如果您想在陆地游览，可以漫步西北航道步道（Northwest Passage Trail），参观首批北极探索家的遗迹。

当地美食

到了北极圈，建议尝尝北美驯鹿（caribou）汉堡，北极红点鲑（arctic char）。

避世酒店

北极观测点荒原旅舍（Arctic Watch Wilderness Lodge）

74° North: Somerset Island, Nunavut, Canada

https://weberarctic.com

北极观测点荒原旅舍，位于北极圈以北800千米的西北航道岸边，是地球上最北面的飞地旅馆。之前，前往北极圈旅行意味着需要在冻土带搭帐篷过夜。1992年北极观测点荒原旅舍的建成改变了这一切。现在游览努纳武特的客人可以在这间高标准的舒适的旅舍中住宿过夜。

推荐理由

世界罕有。

萨斯喀彻温省
Saskatchewan

英文缩写SK。
旅游局官网：https://www.tourismsaskatchewan.com
https://tourismregina.com
www.tourismsaskatoon.com

车牌标语：Land of Living Skies，意为"生活之天上人间"。

萨斯喀彻温这个名字是当时的原住民起的，来源是克里语（Cree language）kisisk ā ciwani，意思是"湍急的河流"。19世纪大量欧洲移民来到以后，就采用了这个具有原住民特色的名字英文Saskatchewan来称呼这块被誉为天然粮仓的未开垦之地。萨斯喀彻温于1905年加入加拿大联邦，成为一个省。萨斯喀彻温境内河流密布，水域资源丰富，而且水流也很湍急。金黄色的麦田，碧蓝的天空，广袤的大地，是该省的特征。

加拿大自驾游宝典

里贾纳
（Regina）

官网：https://www.regina.ca

萨斯喀彻温省的首府，也是该省的第二大城。里贾纳位于原住民梅蒂斯（Metis）的传统领土内，这里曾经是原住民狩猎野牛的猎场。欧洲毛皮贸易商和定居者将其翻译为"白骨堆"（Pile of Bones）。里贾纳于1903年设市，面积约119平方千米，人口约24万。

里贾纳市的命名源自于英国维多利亚女王（Queen Victoria），是拉丁文"女王"的意思。

两年后，萨斯喀彻温成为一个省，并选择里贾纳作为首府。今天，这个多元化和充满活力的社区是加拿大发展最快的主要城市之一。

里贾纳国际机场（Regina International Airport）

地址：5201 Regina Ave, Regina, SK S4W 1B3

官网：https://www.yqr.ca

机场代码：YQR

里贾纳国际机场是位于萨斯喀彻温省里贾纳的一个国际机场，由里贾纳机场管理局运营。机场提供国际和国内客运和货运航班服务，它是加拿大第15大繁忙的机场。

❤️ 心水景点 ❤️

瓦斯卡纳中心（Wascana Centre）

地址：2900 Wascana Dr, Regina, SK S4P 3S7

官网：https://wascana.sk.ca

停车：景区免费停车场

瓦斯卡纳中心坐落在萨斯喀彻温省会里贾纳（Regina）市中心的瓦斯卡纳湖（Wascana Lake）周围，它是一座占地930公顷的城市公园，于1912年由著名建筑师托马斯·莫森（Thomas Mawson）设计建造。许多重要建筑都在此区域，如萨斯喀彻温省议会大楼（Saskatchewan Legislative Building）、糖果手杖公园（Candy Cane Park）、萨斯喀彻温皇家博物馆（Royal Saskatchewan Museum）、萨斯喀彻温科学中心（Saskatchewan Science Center）、麦肯齐美术馆（Mackenzie Art Gallery）等。瓦斯卡纳中心拥有8.7千米长的铺砌小径和5.6千米的自然小径、休闲和游乐区以及拥有沼泽生态系统的栖息地保护区，为社区提供休闲的好去处。瓦斯卡纳中心还是举办户外活动的最佳户外场所之一，每年举办400多场活动。

政府大厦（Government House）

地址：4607 Dewdney Ave，Regina，SK S4T 1B7

官网：http://governmenthousesk.ca

门票：见官网

停车：免费停车场

政府大厦建于1891年，在1945年之前一直是省督的官邸和办公室，后被租给退伍军人事务部作为疗养院。大厦于1980年作为博物馆开放，省督则居住在大厦的北翼。如今政府大厦已恢复到1898年至1910年间的外貌，并成为国家历史遗址。

加拿大皇家骑警文化遗产中心（The RCMP Heritage Centre）

地址：5907 Dewdney Ave，Regina，SK S4T 0P4

官网：https://rcmphc.com

门票：见官网

停车：景区免费停车场

加拿大皇家骑警文化遗产中心位于里贾纳历史悠久的加拿大皇家骑警培训学院，自1885年成立以来，每一名皇家骑警"学员"都在此受训。中心以艺术展品、历史文物和多媒体技术等方式展现了从1873年西北骑警的组建到现代骑警的丰富历史，在此可以观看身着红色制服、戴着帅气帽子的教官阅兵仪式（Sergeant Major's Parade），观看教官以点兵、操练等方式训练学员。加拿大皇家骑警（Royal Canadian Mounted Police）是加拿大备受尊敬的联邦警察部队，自1873年成立以来一直执行着保家卫国的任务。

里贾纳大学（The University of Regina）

地址：3737 Wascana Pkwy，Regina SK S4S 0A2

官网：https://www.uregina.ca

里贾纳大学是位于加拿大萨斯喀彻温省里贾纳的一所公立研究型大学。作为加拿大卫理公会的一所私立高中成立于1911年，于1925年成为萨斯喀彻温大学的初级学院，1934年与教会脱离关系。1961年，它获得了萨斯喀彻温大学里贾纳校区的学位授予地位，1974年成为自治大学。里贾纳大学有超过1.5万名全日制和非全日制学生。里贾纳大学以注重体验式学习而著称。2009年，里贾纳大学推出了UR保证计划，该计划与省级政府部门和私营公司协议合作帮助参与计划的学生在毕业后可以为他们提供工作实习机会，助他们在实习后获得就业。

萨斯卡通（Saskatoon）

官网：https://www.tourismsaskatoon.com

萨斯卡通（Saskatoon）是萨斯喀彻温省中南部城市，跨萨斯喀彻温河两岸，面积约228平方千米，离省会里贾纳西北约263千米。萨斯卡通市，这座风景秀丽的草原城市，是加拿大萨斯喀彻温省中西部产品制造和集散中心，及农业和矿业中心。萨斯卡通市是一座新兴城市，1890年这里才有人居住，1906年建市，1970年约有13.5万人。萨斯喀彻温省最大的城市萨斯卡通是一座充满友好氛围、好客热情和丰富多样文化体验的城市，这座城市拥有大量年轻、充满活力和创业热情

的人，他们正在激励这座城市的创新和发展。萨斯卡通赢得宜居的好声誉。

萨斯卡通约翰·G.迪芬贝克国际机场（Saskatoon John G. Diefenbaker International Airport）

地址：2625 Airport Dr，Saskatoon，SK S7L 7L1

官网：https://skyxe.ca/en-us/

机场代码：YXE

萨斯卡通约翰·G.迪芬贝克国际机场是一个国际机场，位于萨斯喀彻温省萨斯卡通市。机场以加拿大第十三任总理约翰·迪芬贝克（John G. Diefenbaker）的名字命名。机场由客运、快递和空运运营商提供国际和国内的客运和货运航班服务。

萨斯喀彻温省莱米现代艺术馆（Remai Modern Art Gallery of Saskatchewan）

地址：102 Spadina Crescent E，Saskatoon，SK S7K 0L3

官网：https://remaimodern.org

门票：见官网

停车：免费停车场

2017年，萨斯卡通（Saskatoon）的南萨斯喀彻温河岸边开放了一座全新的艺术馆——萨斯喀彻温莱米现代艺术馆，其震撼人心的建筑风格，在建造前就获得加拿大建筑杂志的奖项。艺术馆的藏品同样令人惊艳，它拥有世界上最全的毕加索麻胶版画，以及他的23件陶瓷作品。整座艺术馆建筑包括11个展厅、一座150个座位的剧院、餐厅（Shift restaurant）、户外露台和拥有南萨斯喀彻温河壮丽景色的客房。

萨斯喀彻温大学（University of Saskatchewan or USask）

地址：Saskatoon，SK

官网：https://www.usask.ca/

校训：For God and Country（为了神和国家）

萨斯喀彻温大学是加拿大公立研究型医博类大学，成立于1907年3月19日，位于萨斯喀彻温省萨斯卡通的南萨斯喀彻温河（South Saskatchewan River）东侧。萨省大学有13个学院，6个图书馆，超过100个专业，分布在农学、艺术及科学、商学、牙医、教育、工程、法律、药剂、营养及兽医等各个学院，提供85个本科学位、65个硕士学位及60个博士学位。

这里有10种不同健康科学相关专业，生物科技方面专业有"生物化学""生物""细胞生物学""微生物学"及"化学工程生物技术"；MBA包括"农业贸易""生物技术""健康服务"及"国际贸易"主要专业。数位诺贝尔奖教授曾在此工作。萨省大学在高科技和生物科学应用、水和食品安全以及传染病等领域的研究具有世界领先的地位，拥有加拿大光源同步加速器（Canadian Light Source synchrotron）、VIDO-InterVac、全球粮食安全研究所（Global Institute for Food Security）、全球水安全研究所（Global Institure for Water Security）和西尔维娅·费多鲁克加拿大核运用创新中心（Sylvia Fedoruk Canadian Centre for Nuclear Innovation）。学校有来自全球130个国家的2.57万名学生在校就读。

福格特
（Forget）

地址：232 Main Street, Stoughton, SK S0G 4T0

官网：http://stoughtonsk.ca/

福格特是萨斯喀彻温省的一个村庄，位于萨斯喀彻温省的东南角，属于农村自治市。该村庄以萨斯喀彻温省第一任省督阿梅德·福格特（Amédée E. Forget）的名字命名。

小镇里没有学校、银行、邮局甚至食杂店，但"遗忘小镇"依然是艺术家们偏爱的隐居之所。小镇著名的"阿南达艺术剧院"（The Ananda Art House），一个只能容纳40人的小剧院几乎每天都举办各种展览和表演。"遗忘小镇"上另一个热门的聚会场所是"快乐修女咖啡馆"（The Happy Nun Café）。复古的乡村娱乐生活，让人有一种穿越回去的感觉。

贴心小贴士

位于斯托顿（Stoughton）以东，13号高速公路（Hwy13）旁。

穆斯乔
（Moose Jaw）

官网：https://moosejaw.ca

https://www.tourismmoosejaw.com

穆斯乔位于穆斯乔河和雷霆河的汇合处，面积约47平方千米，人口约34000。穆斯乔于1881年被选中为加拿大太平洋铁路的一个分界点，1882年开始有人在此定居，1883年穆斯乔河上建造了一座水坝，以确保全年可以为蒸汽机车供水。穆斯乔市于1903年成立，铁路在穆斯乔的早期发展中发挥了重要作用，该市同时拥有加拿大太平洋火车站和加拿大国家火车站。城市的名字来源于平原克里语（Plain Cree）"moose gaw"，意思是"温暖的微风"，另一个说法是，穿过城市的穆斯乔河的一部分形状像驼鹿的下巴，故名。位于市中心街道下的穆斯乔隧道网（Tunnels of Moose Jaw），贯穿整座城市，隧道中遍布商店、餐馆和教堂，还有一座记录着当地独特历史和早期中国移民在加拿大战胜逆境的史实的小型博物馆。

加拿大空军雪鸟飞行表演队（15 Wing Moose Jaw - Canadian Forces Base）

地址：15 9 Ave SW，Bushell Park，SK S0H 0N0

官网：http://www.rcaf-arc.forces.gc.ca › 15-wing

穆斯乔周边地区的晴天较多，是飞行员训练的好地方。加拿大皇家空军于1940年建立了 RCAF 穆斯乔站。战后，加拿大皇家空军在冷战期间使用该设施训练飞行员。该基地于1968年更名为 CFB Moose Jaw，现在是加拿大的主要军事飞行训练中心，也是431空中表演中队，即"雪鸟"（Snow Bird）所在地。

瓦努斯克温遗址公园（Wanuskewin Heritage Park）

地址：RR 4，Penner Rd，Saskatoon，SK S7K 3J7

官网：https://wanuskewin.com

门票：见官网

停车：免费停车场

瓦努斯克温遗址公园是北部平原区原住民的聚集之地。6000年前，萨斯喀彻温的原住民就聚居在这里捕猎野牛，祭拜庆典。如今，公园成为了解那段文化和历史的地方。"瓦努斯克温"在原住民语言中是"聚会场所"的意思。公园内步道从山谷蜿蜒穿过，您可以驻足在布满尖顶帐篷（tipi）、石冢（cairn）、碎陶片（broken pottery）和动物骨骼（animal bones）的考古发掘地。您可以在尖顶帐篷中过夜，晚上围着篝火，一边享用茶和新鲜的班诺克面包（Bannock），一边聆听那遥远的故事。

大草原国家公园（Grasslands National Park）

地址：SK-4，Val Marie，SK S0N 2P0

官网：https://www.tourismsaskatchewan.com/nationalpark/3047/grasslands

https://www.pc.gc.ca› pn-np› grasslands

门票：见官网

停车：免费停车场

大草原国家公园是萨斯喀彻温省的两大国家公园之一，在这里可以近距离观看野牛（bison）、穴鸮（burrowing owl）、老鹰（eagle）、羚羊（antelope）和黑尾土拨鼠（black-tailed marmot）；探访考古发掘地，听古生物学家讲解或者和牛仔一起骑马驰骋在辽阔的草原；还可登上比周边平原高328英尺的70英里峰（70 Mile Peak），欣赏一览无余的暗夜星空（公园是指定的暗夜星空保护区）。

艾伯特王子国家公园（Prince Albert National Park）

地址：969 Lakeview Dr，Waskesiu Lake，SK S0J 2Y0

官网：https://www.tourismsaskatchewan.com

门票：见官网

停车：免费停车场

艾伯特王子国家公园是加拿大最热门的公园之一，公园占地近1500平方英里，被《国家地理》杂志列入加拿大"一生必去的50个地方"，园内数条自驾线路能让您欣赏沿途美景，或许能够偶遇悠闲漫步的平原野牛。您还可以徒步、骑单车、划船，在僻静的湖中游泳，在六个沙滩上晒日光浴，或者乘坐独木舟探访著名的自然环境保护者灰猫头鹰（Grey Owl）的小屋，他的故事在1999年被改编成同名电影，由皮尔斯·布鲁斯南（Pierce Brosnan）扮演。

小马尼图湖（Little Manitou Lake）

官网：https://www.watrousmanitou.com

小马尼图湖，位于萨斯喀彻温省中部，距离萨斯喀顿（Saskatoon）、穆斯乔

（Moose Jaw）或里贾纳（Regina）仅有1.5至2小时的车程。"Manitou"在克里语（Cree）中是"伟大精神"的意思。这个独特的咸水湖对人的皮肤和身体有天然的护理功效，号称加拿大的死海（The Dead Sea of Canada），湖水中富含矿物盐、镁、二氧化硅、钾等多种矿物质。可以漂浮在水中好好放松，让身体重拾活力，恢复精力。

当地美食

萨斯喀顿莓派（Saskatoon berries pie）

沙省家喻户晓的美食。用萨斯喀顿莓——一种在贫瘠之地长出的野生浆果，甜味中带着杏仁香，富含蛋白质、纤维和铁元素——为原料烘烤制成的派。在很久以前，萨斯喀彻温（Saskatchwn）的原住民会采集这种浆果制茶、熬成果酱，作为冬天食物的储备。

马铃薯甜甜圈（spudnuts）

萨斯喀彻温（Saskatchewan）省盛产马铃薯，不同于精制面粉做成的甜甜圈，用土豆做成的甜甜圈口感更丰富，更蓬松。这种被称为Spudnuts的甜甜圈是萨省当地随处可见的美食。

班诺克面包（bannock）

班诺克面包是原住民的一种面包，用小麦制成，和苏格兰的司康饼（scones）有些相像。班诺克面包的吃法有很多种，一般会配汤或者抹上黄油。

里贾纳式披萨（Regina-Style Pizza）

萨省的Regina-Style Pizza以超大、超厚、超多奶酪和超级厚的料出名。萨斯喀彻温省（Saskatchewan）是加拿大的"粮仓"，省民多以农业与畜牧为生计，劳作需要大量体力，所以这里的饮食比较粗犷，且多以各种谷物为主，热量超高。

避世酒店

埃尔克岭度假村（Elk Ridge Resort）

HWY264，Waskesiu Drive，SK S0J 2Y0，Waskesiu，Saskatchewan

官网：www.elkridgeresort.com

埃尔克岭度假村坐落在北方森林中心一片优美的环境中，配备锦标赛标准高尔夫球场、美食和户外活动场地，毗邻阿尔伯特王子国家公园（Prince Albert National Park）的湖区区域。埃尔克岭度假村是萨斯喀彻温省首届一指的全年开放度假村。

曼尼托巴省
Manitoba

英文缩写MB。
官网：https://www.travelmanitoba.com
　　　www.tourismwinnipeg.com

车牌标语：Friendly Manitoba，意为"友好的曼尼托巴"。

曼尼托巴来自于原住民语言克里语（Cree language），Manitou意思是伟大神灵之峡谷。曼尼托巴境内峡谷纵横，山脉高耸，用Manitoba形容确实很贴切，1870年加入加拿大联邦以后它成为省的正式名字。曼尼托巴省是通往加拿大西部的门户，东边是安大略省，西边是萨斯喀彻温省。加拿大传统民歌《红河谷》就是讲述这里历史的故事。

温尼伯
（Winnipeg）

坐落于草原三省东部，是加拿大第八大城市，设立于1873年，也是曼尼托巴省的省会，位于加拿大地图的中心位置。曼尼托巴省超过半数以上的人口都居住于温尼伯，该市全市人口约71万。温尼伯的名字源于当地原住民的克里语，意为"浑水"的意思。温尼伯在地理上属于西加拿大，接近北美西经中心线。它是运输、经济、制造业、农业与教育的重镇，同时也是西加拿大的重要交通枢纽，距美国国境仅96千米。温尼伯是一个古典与现代相融合的城市，它拥有充满活力的社区、美味的食物和世界一流的博物馆，新旧建筑随处可见。温尼伯的城市中心有原住民接待站，是加拿大原住民聚集地之一。

温尼伯詹姆斯·阿姆斯特朗·理查森国际机场（Winnepeg James Armstrong Richardson International Airport）

地址：2000 Wellington Ave，Winnipeg，MB R3H 1C2

官网：www.winnipeg-airport.ca

机场代码：YWG

温尼伯国际机场是一座军民两用机场，亦是省内唯一的商业国际机场。它是曼尼托巴省的重要交通枢纽，加拿大第七繁忙机场，年客运量约500万人次。机场由加拿大温尼伯机场管理局运营，提供定期飞往国际和国内的客货运航班。温尼伯国际机场是由美国移民局官员驻场直接办理入境手续的八个加拿大机场之一。

福克斯国家历史遗址
（The Forks National Historic Site）

地址：Forks Market Rd，Winnipeg，MB R3C 4S8

官网：https://www.theforks.com

停车：免费停车场

占地9英亩的福克斯国家历史遗址曾经是原住民、欧洲皮毛贸易商、梅蒂斯人（Metis）、水牛猎人、苏格兰移民和铁路建设者的集聚地，当年的老火车站已变身为时尚的购物广场，当年横穿大草原的第一辆蒸汽机车现陈列在广场的中央供大家参观拍照留念。福克斯是当地著名的文化和娱乐场所，有各种当地口味的餐厅和美食，以及当地特色的手工制品和纪念品。这里成为当地人及游客购物、用餐和娱乐的中心。

加里堡
（Upper Fort Garry Heritage Provincial Park）

地址：130 Main St, Winnipeg, MB R3C 1A4

官网：http://www.upperfortgarry.com/

门票：见官网

停车：街边计时停车

加里堡始建于1822年，由哈德逊海湾公司（Hudson's Bay Company）建造用作贸易站，1826年被洪水冲垮，后于1835年重建。1873年温尼伯建市后，加里堡的名字不再沿用。在后来的缅街（Main Street）拓宽工程中，加里堡的大部分被拆除，今天我们看到的是它的部分遗址。

曼尼托巴省议会大厦
（Manitoba Legislative Building）

地址：450 Broadway, Winnipeg, MB R3C 0V8

官网：https://www.gov.mb.ca/legislature/visiting/tour.html

门票：见官网

停车：街边免费停车

曼尼托巴省议会大楼建于1920年，由

于资金的短缺，所以花岗岩石材在走廊处变成了石膏。如果您喜欢《达芬奇密码》或《国家宝藏》，您可能会想在曼尼托巴省议会大厦稍作停留，参观游览。从宏伟的楼梯到精美的野牛雕像，再到所有经典的元素，人们想将它打造成2600年前所罗门王宫殿的再现。这座建筑里隐藏着各种宗教图案和让人百思不得其解的象形文字、共济会符号、数字代码。在大楼的屋顶上坐落着"约柜"（Ark），据说里面有上帝颁给摩西的"十诫"；而穹顶上举着火炬的金孩儿（Golden boy）高5.25米，重1650千克，全身镀金，面朝北面，有希腊神话中的众神使者赫尔墨斯（Hermes）的意思，他是曼尼托巴希望的象征。大厦的神秘代码之旅（Hermetic Code Tour）将带您探索和解密狮身人面像、古老神殿和更多秘境。

怀特堡保护区
（FortWhyte Alive）

地址：1961 McCreary Rd, Winnipeg, MB R3P 2K9

官网：https://www.fortwhyte.org

停车：免费停车场

怀特堡保护区占地640英亩，位于温尼伯市的西南面。它是都市里的一块绿洲。作为户外运动聚集地，这里可以进行丰富多彩的活动：垂钓、划船、雪鞋、滑冰、滑雪和雪橇。还有各种野生动物：野牛、白尾鹿、麝鼠和160多种鸟类，以及农场和餐厅等。

阿西尼博因公园动物园
（Assiniboine Park Zoo）

地址：2595 Roblin Blvd, Winnipeg, MB R3R 2N7

官网：https://www.assiniboinepark.ca

停车：免费停车场

门票：见官网

距离温尼伯下城区几分钟车程的阿西尼博因公园动物园——这座精心设计、模仿动物的自然栖息地的动物园放养着许多珍稀动物。动物园的一大特色是丘吉尔之旅（Journey to Churchill）。在水底观赏隧道——海冰隧道（Sea Ice Passage）观赏北极熊在头顶游泳嬉戏。探访丘吉尔从北方森林到苔原的各种景观，观赏北美驯鹿、麝香牛、北极狐、狼等栖息在这片荒原上的动物。

阿西尼博因公园阁
（Assiniboine Park Pavilion）

地址：55 Pavilion Crescent, Winnipeg, MB R3P 2N6

官网：http://www.mhs.mb.ca/docs/sites/assiniboineparkpavilion.shtml

位于阿西尼博因公园（Assiniboine Park）内，是园内的标志性建筑，也是温尼伯的地标之一。阿西尼博因公园阁建成于

1930年，取代了一年前被烧毁的类似建筑物。它是由建筑师西里尔·奇弗斯（Cyril Chivers）设计的。1997年，该建筑被翻新成一家名为Terrace Fifty-Five的餐厅和艺术画廊，展出三位国际知名的马尼托巴艺术家——伊万·艾尔（Ivan Eyre）、克拉伦斯·提伦尼尤斯（Clarence Tillenius）和沃尔特·菲利普斯（Walter J. Phillips）的画作。阿西尼博因公园阁是市级历史古迹。

英式花园
（English Garden）

地址：460 Assiniboine Park Dr, Winnipeg, MB R3P 2N7

官网：https://www.assiniboinepark.ca/park/gardens/english-garden

门票：免费

停车：免费停车场

英式花园位于阿西尼博因公园内，建成于20世纪20年代末期，由时任公园委员会的负责人景观设计师乔治·香普（George Champion）设计。入口处设有带喷泉雕像的水池和花园。花园的布局体现了英式景观风格，蜿蜒的小径和盛开的花卉是一种感官盛宴。

利奥摩尔雕塑公园
（Leo Mol Sculpture Garden）

地址：Assiniboine Park Dr, Winnipeg, MB R3P 2N7

官网：https://www.assiniboinepark.ca/park/gardens/leo-mol-sculpture-garden

门票：免费

停车：免费停车场

利奥摩尔雕塑公园位于阿西尼博因公园内的西北侧，园内展示有雕刻艺术家利奥摩尔的青铜雕塑作品。所有作品都是由利奥摩尔博士本人慷慨捐赠给他所居住的社区。花园也是利奥摩尔艺术馆和利奥摩尔学校工作室的所在地。20世纪60年代，利奥摩尔购买了此地物业，20世纪70年代和20世纪80年代期间，他的许多作品都在其中完成。校舍内有保存完好的模具和主要作品的石膏模型，您可一睹青铜雕塑的制作过程。

科普小知识

利奥·莫尔（Leonid Molodoshanin）于1915年出生于乌克兰的波隆（Polonne），2009年去世。利奥·莫尔曾就读于列宁格勒艺术学院（Leningrad Academy of Arts）、德国柏林艺术学院（Kunst Academy in Berlin, Germany）和荷兰海牙艺术学院（Academy of Arts in The Hague, Netherlands）。他1948年在加拿大安家，一生获得多个荣誉学位和加拿大勋章。

阿西尼博因公园儿童游乐场
（Nature Playground）

地址：55 Pavilion Crescent, Winnipeg, MB R3P 2N6

官网：https://www.assiniboinepark.ca/park/things-to-do/nature-playground

门票：免费

停车：免费停车场

儿童游乐场位于阿西尼博因公园内，内有众多滑梯和秋千类儿童玩具供儿童玩耍。

贴心小贴士

小熊维尼雕像（Winnie the Pooh）位于儿童游乐场。铜像于1992年由艺术家威廉·埃普（William Epp）制作，旨在纪念儿童故事书中人物科尔伯恩中尉（Lieutenant Colborn）和小熊维尼。

加拿大人权博物馆
（Cadanian Museum for Human Rights）

地址：85 Israel Asper Way, Winnipeg, MB R3C 0L5

官网：https://humanrights.ca

门票：见官网

停车：免费停车场

加拿大人权博物馆是加拿大第一个建在首都区以外的国家级博物馆，博物馆筹备阶段曾经面向全世界广泛收集设计灵感，最终世界知名建筑设计师Antoine Predock的设计入选，而这个博物馆也成为Antoine Predock最满意的作品。它的外观就如一座令人深思铭记却又饱含希望的纪念碑，又像是一只直指向天际的手指，换个角度，又让人想到即将出鞘的利剑。其实设计师最初设计博物馆的草图时，灵感来源是一个端坐着的人，下方由代表着人类共性的多种元素共同组成。

曼尼托巴省博物馆
（The Manitoba Museum）

地址：190 Rupert Ave，Winnipeg，MB R3B 0N2

官网：https://manitobamuseum.ca

票价：见官网

停车：付费停车场

曼尼托巴省博物馆是温尼伯最大的博物馆，展馆规模很大，展品内容丰富。博物馆分为三大部分：展馆，天文馆剧场和科学馆。9个永久展馆展出了从全尺寸大小的17世纪船只，到早期狩猎野牛的场景。天文馆实时呈现夜空，全景星空令人终生难忘。定期巡回展让您每次参观都有新鲜独特的体验。

温尼伯美术馆
（Winnipeg Art Gallery）

地址：300 Memorial Blvd，Winnipeg，MB R3C 1V1

官网：wag.ca

门票：见官网

停车：街边计时付费停车

温尼伯美术馆拥有超过27000件展品，是加拿大历史最悠久的公民美术馆。从古希腊雕像、文艺复兴时期绘画到现代摄影作品，展品跨越各个年代，形式多样。美术馆还收藏了有史以来最伟大的加拿大艺术作品，包括世界上规模最大的当代因纽特艺术品。温尼伯美术馆的藏品曾在世界各地展出，获得了从纽约到东京的世界各地评论界的盛赞，但终究还是要在温尼伯美术馆内浏览欣赏，方能获得全然的精彩感受。所以，来温尼伯美术馆吧，在可俯瞰屋顶雕塑花园的餐厅午餐，然后浏览精彩的艺术展品。

温尼伯皇家加拿大造币厂
（The Royal Canadian Mint）

地址：520 Lagimodiere Blvd，Winnipeg，MB R2J 3E7

官网：https://www.mint.ca

门票：见官网

停车：免费停车场

造币厂位于水边，玻璃外墙拔地而起，

像一个巨大的反光金字塔。加拿大每年价值数十亿的硬币和70余个国家的钱币都在此铸造。温尼伯加拿大皇家造币厂是两个国家造币厂之一，主要铸造硬币。造币厂最新推出在线参观旅游项目，可通过约45分钟的观看，了解硬币铸造的全过程，欣赏2010温哥华冬季奥运会奖牌。礼品店可以选购各种纪念金、银币。

圣波尼法爵圣殿主教座堂
（Saint Boniface Cathedral/Cath é drale Saint-Boniface）

地址：180 Av. de la Cathedrale, Winnipeg, MB R2H 0H7

官网：https://www.cathedralestboniface.ca

圣波尼法爵圣殿主教座堂是罗马天主教的宗座圣殿、天主教圣波尼法爵总教区的主教座堂，位于温尼伯圣波尼法爵区主教座堂大道，面朝红河，河对岸是温尼伯市中心的福克斯历史遗址（The Forks National Historic Site）。大教堂是加拿大西部的主教堂和曼尼托巴省的历史遗址，于1818年在圣波尼法爵大主教管区建立，服务于曼尼托巴省东部以及当地的法曼社区。1968年7月22日的火灾烧毁了之前的教堂建筑。1972年，在1906年大教堂的后墙基础上建造了现在的教堂，由法裔曼尼托巴建筑师艾蒂安·加布

里（Étienne Gaboury）设计，融合了前大教堂的圣器收藏室和外墙，正面是圣波尼法爵主教的陵墓。

曼尼托巴大学
（U of M、UManitoba 或 UM）

地址：HSC Campus: 744 Bannatyne Ave, Winnipeg, MB R3E 0W2

官网：https://umanitoba.ca

校训：Flourish (or Prosper)
蓬勃发展（或繁荣）

曼尼托巴大学是加拿大曼尼托巴省的一所公立研究型大学，始建于1877年，是加拿大西部第一所大学，也是加拿大第17大的大学。曼尼托巴大学有数十个学院和数百个学位课程，有教职人员5548人，行政人员4045人，学生30319人，其中大学生25832人，研究生3761人。其主校区位于温尼伯南部的Fort Garry社区，其他校区遍布整个城市。除了作为中心枢纽的 Fort Garry 校区外，曼尼托巴大学还有其他三个校区：Bannatyne

校区、James W. Burns 高管教育中心和 William Norrie中心。此外，还有法语附属大学圣博尼法斯大学（Université de Saint-Boniface）。曼尼托巴大学拥有世界知名的研究发明，包括在20世纪70年代菜籽油的发现。大学有诺贝尔奖获得者、奥斯卡奖获得者、功勋章获得者和奥运会奖牌获得者。截至2019年，这里共有99名来罗德奖学金获得者，超过加拿大西部其他大学。此外，这里培养了无数政府高层人物，包括省长、最高法院法官和国会议员。

曼尼托巴野牛队是U Sports 和加拿大西部大学体育协会（CWUAA）的成员。

温尼伯大学
（UWinnipeg，UW）

地址：515 Portage Ave，Winnipeg，MB R3B 2E9

官网：https://www.uwinnipeg.ca

校训：Let Light and Truth Flourish
让光和真理蓬勃发展

温尼伯大学是一所公立研究型大学，提供艺术、商业和经济、教育、科学和运动机能学和应用健康等本科以及研究生课程。温尼伯大学的前身是由1871 年成立的曼尼托巴学院（Manitoba College）和1888 年成立的韦斯利学院（Wesley College）于1938 年合并的联合学院（United College）。1967 年升格为温尼伯大学。校董会由负责学术政策的教职员和对资金运用有控制权的市民组成，校长由校董会任命。温尼伯大学有教职员340人，行政人员489人，学生9691人，大学生9396人，研究生295人。

温尼伯大学是加拿大大学和学院协会（AUCC）、英联邦大学协会（ACU）、加拿大大学校际辩论协会（CUSID）的成员和U Sports的成员。

红河学院
（Red River College Polytech, RRC）

地址：160 Princess Street，Winnipeg

官网：https://www.rrc.ca

红河学院是一所位于加拿大曼尼托巴省温尼伯的学院。它是全省最大的应用学习和应用研究机构，可授予200多个学位、文凭和课程证书，在校学生21000名，其中有来自60多个国家的大约1500名国际学生。学院提供生物技术、建筑行业、数字多媒体、商业、航空航天、护理、工程技术等领域共200多个全日制课程并提供一年制证书、两年制和三年制文凭、双学士学位和研究生高级文凭课程。学院为国际学生开设英语作为附加语言课程。红河学院毕业生的就业率达到94％。红河学院的校区分布在温尼伯（Winnipeg）、塞尔柯克（Selkirk）、斯坦巴赫（Steinbach）、Portage la Prairie 和温克勒（Winkler）。

红河学院开办有三个儿童技能营："Girls Exploring Trades & Technologies Camp" 招收12—14岁女童，"Technology Exploration Camp" 招收11—13岁女孩和男孩夏令营，以及 "Saturday Kids Camps" 招收7年级学生学电工技术。

伯德山省立公园
（Birds Hill Provincial Park Beach）

官网：https://www.gov.mb.ca

停车：免费停车场

公园于1967年为庆祝加拿大百年诞辰开放，占地面积约35平方千米。公园以19世纪初在红河（Red River）沿岸定居的詹姆斯·柯蒂斯·伯德家族（James Curtis Bird family）命名。园内有开阔的草地和森林及25条远足径。伯德山湖（Birds Hill Lake）分为两部分：南面较小的湖称为翠鸟湖（Kingfisher Lake），湖里有虹鳟鱼（rainbow trout）和褐鳟鱼（brown trout），适合钓鱼；北面较大的湖称为伯德山湖，适合游泳。湖边适合步行、骑自行车、野餐和烧烤。每年7月，公园都会举办温尼伯民间音乐节（Winnipeg Folk Festival），是北美最大的民间音乐活动之一。

贴心小贴士

离开温尼伯，沿省级59号高速公路（PTH 59）向北行驶24千米，到达公园西入口。

温尼伯湖
（Lake Winnipeg）

官网：https://gov.mb.ca

温尼伯湖位于温尼伯市以北约55千米处。它不仅是加拿大第六大淡水湖，也是世界上最大的淡水湖之一。温尼伯湖属于加拿大南部未经开发水系的一部分，拥有海洋般广阔的水域，湖面积24514平方千米，长度416千米，宽度100千米，平均深度仅达12米。温尼伯湖是马尼托巴省最美的湖泊，拥有超过一千多英里的白沙滩和清澈美丽的湖水。不仅如此，不论春夏秋冬，这里都是当地人的垂钓胜地。温尼伯湖出产一种白鱼（white fish），味道鲜美。

温尼伯湖滨镇
（Winnipeg Beach Town）

地址：3 Hamilton Ave, Winnipeg Beach, MB R0C 3G0

官网：https://www.gov.mb.ca

www.winnipegbeach.ca

温尼伯湖滨镇是曼尼托巴省因特拉克地区（Interlake Region）的一个小镇。面积约4平方千米，人口约1200。该镇由威廉·怀特爵士（Sir William Whyte）于1900年建立，位于温尼伯湖西南岸9号公路和229号公路的交汇处，距温尼伯以北约56千米。

曾经的温尼伯海滩嘉年华游乐园的木制过山车是当时加拿大最大的过山车之一。另有一个1300平方米的舞池，被誉为加拿大西部最大的舞池。温尼伯海滩的浪漫热潮在1950年代开始减弱，尽管海滩本身仍然是一个受欢迎的目的地，但1964年游乐园永久关闭。

在温尼伯海滩的娱乐设施关闭后，曼尼托巴省试图在此创建一座休闲公园——温尼伯海滩省立公园（Winnipeg Beach Provincial Park）来振兴该镇，并对海滩和周围进行了各种改造，现如今公园仍然是游客的热门目的地。

贴心小贴士

离开温尼伯，沿省级8号高速公路（PTH 8）向北行驶45千米，在 PR 229 右转行驶 5 千米，到温尼伯海滩。

马特洛克湖滨
（Matlock Beach）

地址：72 Gimli Rd，Matlock，MB R0C 2B0

马特洛克湖滨是曼尼托巴湖周围的景点，位十怀特沃尔德（Whytewold），靠近图盖拉溪（Tugela Creek）。

赫克拉岛
（Hecla Island）

地址：Manitoba R0C 2R0

官网：https://www.gov.mb.ca/sd/parks/park-maps-and-locations/central/hecla.html

温尼伯湖上的磨石省立公园内（Grindstone Provincial Park）有一座名叫赫克拉的小岛，夏季来到这里，可以从五条步道中选择一条远足，其中最原始的黑狼径（Black Wolf Trail），全长21.6千米；另有一条6.4千米长的步道，可以到达那风景如画的海鸥港（Gull Harbour）和灯塔。

贴心小贴士

离开温尼伯，沿省级8号高速公路（PTH 8）行驶165千米，沿温尼伯湖西岸往北行驶至海鸥港（Gull Harbour）。

吉姆利冰岛小镇
（Gimli）

邮政编码：R0C 1B0

官网：https://www.travelmanitoba.com/places/must-see/gimli/

吉姆利位于马尼托巴省温尼伯湖的西边，小镇于1875年由第一批来自欧洲的冰岛人建立，他们称此地为"新冰岛"（New Island）。小镇面积约3平方千米，人口约2300人。"Gimli"在北欧神话中的意思是比太阳还要美的天堂。冰岛语是小镇的流行语言，商店招牌、街道路牌和港口内停泊的船只的名字处处可见。

❤️ 心动景点 ❤

维京人雕像公园（Viking Park）

地址：104 2 Ave，Gimli，MB R0C 1B0

吉姆利港口（Gimli Port）有一面长977英尺、高6英尺的海堤壁画墙，墙上的壁画绘出了小镇的日常和历史重要事件。

地址：1 Centre St，Gimli，MB R0C 1B0

探索吉姆利艺术馆（Gimli Art Club）

了解早期冰岛移民的生活和艺术家的作品。

地址：3 Centre St，Gimli，MB R0C 1B0

新冰岛文化博物馆（New Iceland Heritage Museum）

了解新冰岛社区的前世今生。

地址：#108 - 94 1st Avenue，Gimli，Manitoba R0C 1B1

加航班机吉姆利紧急滑翔降落事件陈列馆（Gimli Glider Exhibit）

可了解1983年7月的一个晚上，一架加航班机燃料耗尽，在吉姆利机场滑翔迫降的惊心动魄故事。

地址：119B-1st Avenue（within the Lakeview Resort & Conference Centre），Gimli R0C 1B0

官网：https://gimliglider.org/home

曼尼托巴最古老的商店

1898年开业的"特格森父子百货商店"（HP Tergesen & Sons General Store），买点儿心头好。商店于2000年被入选为"曼尼托巴大草原打卡点"（Manitoba Prairie Icons Program）

地址：82 1 Ave，Gimli，MB R0C 1B0

网红餐厅

就餐于Kris'Fish & Chips，品尝一种当地新鲜捕捞的小梭鱼，称为"walleye"

地址：78 1 Ave，Gimli，MB R0C 1B1

就餐于Sugar Me Cookie Boutique，体验一种传统的冰岛甜点"vinetarte"

地址：41 Centre St Unit J，Gimli，MB R0C 1B0

贴心小贴士

离开温尼伯，沿省级8号高速公路（PTH 8）往北行驶，约90千米。

白贝省立公园
（Whiteshell Provincial Park）

地址：Hwy 1，Eastern Manitoba，MB R0E 0N0

官网：https://www.explorethewhiteshell.com

门票：见官网

停车：免费停车场

白贝省立公园位于曼尼托巴省东南区域，温尼伯市以东约 130千米的曼尼托巴——安大略省省界附近，占地约27平方千米。公园以众多湖泊、河流和崎岖的前寒武纪地盾（Precambrian Shield）为特色。森林主要是由黑云杉（black spruce）、白云杉（white spruce）和香脂冷杉balsam fir）组成的北方森林。您可以在公园内远足、划独木舟、骑山地自行车、驾驶雪地摩托和越野滑雪。园内有旅馆、小径、露营地、日间使用区和野餐地点等设施。

猎鹰湖（Falcon Lake）

官网：https://www.travelmanitoba.com/directory/falcon-lake-townsite/

位于曼尼托巴省东南部的白贝省立公园（Whiteshell Provincial Park）内。该湖位于温尼伯以东约152千米，安大略省边界旁的横加高速公路（Trans Canada Highway 1）附近，湖面面积约20平方千米。该湖以梅蒂斯（Metis）诗人兼作曲家皮埃尔·福尔康（Pierre Falcon）的名字命名。它在1865年的帕利斯尔地图（Palliser Map）上被标示出来。

曾经在1967年5月，一名名叫斯蒂芬·米哈拉克（Stefan Michalak）的男子在猎鹰湖度假，他报告说看到上空有2个雪茄形状的发光物体，其中一个降落在附近，在它再次起飞前，他靠近了它并摸到了它。诡异的是，几周后他生病了，症状很奇特，没有医生能确诊他到底得的是什么病。有人说可能是埃隆·马斯克（Elon Musk）回到了地球，他1971年以地球人的身份出生，而他的重型运载火箭就叫"猎鹰火箭"（Falcon Heavy，FH）。

西鹰湖（West Hawk Lake）

官网：https://www.travelmanitoba.com/blog/5-fun-things-to-do-at-west-hawk/

位于曼尼托巴省东南部的白壳省立公园（Whiteshell Provincial Park）内。湖面面积约16平方千米，湖长4.5千米。湖泊的中央部分是由西鹰陨石坑（West Kawk Crater）形成的，陨石撞击到主要由花岗岩组成的古代岩床上，花岗岩峭壁环绕着湖泊的部分。该地区也被称为加拿大地盾的一部分。

卡迪湖（Caddy Lake）

官网：https://www.caddylake.ca/canoe-route/

位于曼尼托巴省东南部的白壳省立公园（Whiteshell Provincial Park）的西鹰湖（West Hawk Lake）附近。湖面面积约为300公顷，最大深度为5.7米。在湖上钓鱼是一项流行的运动，可以钓到白斑狗鱼（Northern Pike）、大眼鲈（Large eye bass）、小口黑鲈（small mouth bass）、白吸盘鱼（white sucker fish）、黑斑刺盖太阳鱼（black spotted spiny sunfish）、岩鲈（rock perch）和黄鲈（yellow perch）等。

独木舟线路推荐

卡迪湖岩石隧道（Caddy Lake Rock Tunnels）

这条美丽的独木舟路线始于卡迪湖岸边的租船处，划独木舟、皮划艇或乘船约2500米，即可到达通往南十字湖（South Cross Lake）的第一条岩石隧道。沿途有机会邂逅在湖边饮水的各种野生动物。继续前往第二条岩石隧道，该隧道通往北十字湖（North Cross Lake），距离第一条隧道约5千米。当铁路投入使用时，是条人工隧道，当年修铁路时为使白壳河（Whiteshell River）水系的水自然流动，这些坚固的花岗岩被炸药爆破穿透。湖边有先到先得、可以欣赏美景的露营地，每个营地都配有一张野餐桌和火塘。北十字湖通向帆船湖（Sailing Lake），这里是行程的最远点和折返点，离出发地约11千米。

贴心小贴士

猎鹰湖和西霍克湖就在马尼托巴省和安大略省边界的西边。从温尼伯出发，沿1号横加公路（HWY1）东行146千米，约90分钟车程。途中和省道206公路交界处有一个加拿大东西中心线标志牌西经96°48′35″（Longitudinal Centre of Canada），这条线将加拿大分成东西两边。

布兰登
（Brandon）

官网：https://www.brandon.ca

布兰登是加拿大曼尼托巴省的第二大城市，成立于1882年，位于该省西南角阿西尼博因河畔，距省会温尼伯以西约214公里，萨斯喀彻温省边界以东120公里，占地77.41平方公里，大都市区的人口为58000。它是萨斯喀彻温省东南部和北达科他州北部部分地区的主要贸易和商业中心。布兰登是曼尼托巴省高等教育网络的一个组成部分，包括布兰登大学（Brandon University）、阿西尼博因社区学院（Assiniboine Community College）、罗伯逊学院（Robertson College）和曼尼托巴紧急服务学院（Manitoba Emergency Services College）。

基石中心
（Keystone Centre）

地址：1175 18th Street, Unit 1, Brandon, MB R7A 7C5

官网：https://keystonecentre.com

基石中心是加拿大最大的综合娱乐、休闲、会议和农业综合体之一，是布兰登麦王少年冰球队（Brandon Wheat Kings）主场和皇家曼尼托巴冬季博览会的举办地。

布兰登大学
（Brandon University）

地址：270 18th Street, Brandon, MB R7A 6A9

官网：https://www.brandonu.ca
校训：Speaking the truth in love
　　　在爱中说真话

布兰登大学前身是基督教浸信会的布兰登学院，成立于1899年7月13日。1967年6月

5日，通过布兰登大学法案授权，时任校长约翰·E. 罗宾斯（John E. Robbins）宣布其升级为大学。布兰登大学是加拿大几所以本科为主的文科和理科院校之一，有3375名全日制及非全日制本科生和研究生。大学是加拿大大学和学院协会（AUCC）和英联邦大学协会（ACU）的成员，加拿大大学校际辩论协会（CUSID）和 U Sports 的成员。布兰登大学的师生比例为 11：1，60%的班级学生人数少于20。在加拿大主要本科大学的2015年麦克林大学排名中，布兰登大学在19所综合大学中排名第16位，在师生比例类别中排名第一，音乐学院被评为加拿大最好的大学之一。大学出版社TheQuill是CUP的成员。

饶丁山国家公园
（Riding Mountain National Park）

地址：135 Wasagaming Dr，Onanole，MB R0J 1N0

官网：https://www.travelmanitoba.com/directory/riding-mountain-national-park-of-canada/

https://www.pc.gc.ca›pn-np

门票：见官网

停车：免费停车场

饶丁山国家公园位于布兰登（Brandon）以北约 100 千米处，于1986年建立，占地面积约3000 平方千米。它是一个荒野岛屿，岛的四周被农田环绕，公园的独特之处在于，它是加拿大仅有的 5 个拥有城镇遗址的国家公园之一。风景如画的瓦萨加明镇（Wasagaming）位于清湖（Clear Lake）沿岸，拥有各种商店、餐厅、沙滩、高尔夫球场、租赁船只等。早期的加拿大公园游客中心仍然保留着，它是以 1930 年代的乡村设计传统建造。园内野生动物丰富，开车穿过公园会看到黑熊（black bear）、麋鹿（elk）、驼鹿（moose）和猞猁（lynx），还有大约三十群被奥迪湖（Andy Lake）圈住的平原野牛（plain bison）。公园内的步道为远足、骑自行车、骑马、越野滑雪和观鸟提供了风景优美的路线。

巨型沙丘
（Giant Sand Dunes）

地址：MB-5，Glenboro，MB R0K 0X0

官网：https://www.gov.mb.ca/sd/parks/park-maps-and-locations/western/spruce.html

位于温尼伯（Winnipeg）以西的云杉森林省立公园（Spruce Woods Provincial Park），在近北纬50度的地方有一大片只有在热带沙漠才会出现的移动沙丘，被称为精灵沙地（Spirit Sands）。在夏秋季节里（秋季为最佳），从斯腾桥（Seton Bridge）开始徒步健行，穿过仙人掌和绿色的森林，深入150英尺深的"魔鬼之碗"（Devil's Punch bowl），会有一条钻入马尼托巴的地下河，你会被沿途多元的景色所惊艳。

贴心小贴士

从温尼伯出发，沿1号横加公路（HWY1）西行，转上省道5号公路往南行驶29千米。单程距离温尼伯约180千米。

丘吉尔
（Churchill）

官网：http://www.churchill.ca

丘吉尔位于哈德森湾（Hudson Bay）的丘吉尔河（Churchill River）口，北纬58度，面积约54平方千米，人口约900人。丘吉尔远离其他城镇或城市，离它南面最近的城镇汤普森（Thompson）约400千米，离省城温尼伯（Winnipeg）约1000千米。

丘吉尔是赏极光的好地方，一年中有长达300天可以看到极光。其实提到丘吉尔，最有名的是北极熊。人称"北极之王"（Lords of the Arctic）的北极熊在全世界一共有19个种群，加拿大就拥有其中13个，而观赏北极熊的最佳地点当属丘吉尔，这是一个北极熊数量超过常住人口数量的神奇地方，被誉为"世界北极熊首府"。每年秋天的10月至11月，丘吉尔都会聚集1000多头北极熊，它们从夏天的栖息地迁徙到丘吉尔河口捕猎海豹。虽然北极熊形象可爱，但它们会出没在镇上搞破坏，威胁人类的安全，于是当地人在此设立了全球唯一一座"北极熊监狱"。捣乱的北极熊会被关禁闭，这座监狱设有20个监仓，可容纳16只单熊和四个熊家庭。每天只喂水不给食物，30天后"行为良好"的熊可获释。工作人员会将麻醉后的北极熊装进大网兜，用直升飞机把它们运到几十公里以外的地方放生。哈德逊湾是许多海洋生物的家园，最有代表性的是白鲸（beluga），它有一对小眼睛、圆圆的额头、微笑的面部表情，看上去总是很好奇的样子。最特别的是，它是唯一可以转动脖子到处看的鲸类，还是"健谈"的鲸类。它们不但用声音定位，还能跟近处和远处的同伴保持联系。

贴心小贴士

丘吉尔没有通往外部的公路，夏天可以选择搭飞机或火车。您可以开车到汤普森，然后从那里搭飞机或火车到丘吉尔。冬天只能从温尼伯搭飞机前往丘吉尔。

推荐行程（丘吉尔六天行程安排）

第1天

自行抵达温尼伯市（Winnipeg），并入住 Four Points by Sheraton 酒店。酒店离温尼伯国际机场出口只有300米。晚上，Frontiers North Adventures 的代表会在酒店与客人见面，介绍本次的行程，并解答疑问。

第2天

早上，乘坐Calm Air的航班一路向北到达丘吉尔（Churchill）。飞行时间为两个小时，大约会在上午9:30抵达。

坐落于哈德逊湾和丘吉尔河之间的丘吉尔小镇是世界上当之无愧的北极熊与白鲸之都。这里令人窒息的美景和丰富的野生动物已经征服了全世界无数旅行者和摄影爱好者的心。

梅里角（Cape Merry）

1746年，出于保护丘吉尔河口的需要，在这里建造了一座石头的炮台。游客不仅可以隔岸观望威尔斯王子堡，还可以将哈德逊湾、丘吉尔河口和亚北极苔原的自然景观尽收眼底。夏季可以在这里观察到乘着潮汐进入丘吉尔河的白鲸和熙熙攘攘的水鸟。

丘吉尔港 （Port of Churchill）

这个港口始建于20世纪20年代，主要用于出口粮食。由于哈德逊湾一年大部分时间都被冰层覆盖，这个港口通常只在7月底至11月初开放。港口在2016年被关闭，在港口运营的时间里，它为小镇提供了可观的就业机会。

北极熊拘留中心 （Polar Bear Jail）

如果一头北极熊被反复驱离人类居住区域却不断返回的话，它会被关进"监狱"长达最多30天。之后，它会被释放到远离小镇的北部海岸或哈德逊湾的冰面上。

居民活动中心（Town Complex）

居住在北极熊出没的地区可并不轻松，特别是在寒冷的冬季，居民外出活动很不方便。为丰富小镇居民的冬季生活，镇政府在1976年建成开放了一个活动中心（Town Complex），包括了舞台剧场、健身房、游泳馆、冰壶馆、保龄球场、电影院和室内游乐场。

上午有一段空闲时间，还可以去看一下因纽特博物馆（Itsanitaq Museum）。这里收藏了加拿大最全的因纽特雕刻、皮划艇和手工艺品，展品的年代可从现代追溯到前多赛特时期。游客可以在这里通过由石头、骨头或海象牙制成的物件了解这些根植于哈德逊湾和亚北极地区的历史和文化。因纽特人起源于亚洲，他们在人类几乎不可能生存的严酷环境里生存了下来，这些手工雕刻和生活、狩猎用品就是了解他们传奇史诗的时光钥匙。

下午，一名向导会带着客人游览小镇和周边区域。2017年夏天，一群艺术家把一个"用艺术保护海洋"的项目带到了丘吉尔小镇。每个赏心悦目的壁画都代表着艺术家对当地人和生态环境的独到理解。这些壁画分布于小镇的各个角落，游客可以去探索一下。

第3天

早上，游客将参观位于 VIA Rail 火车站的加拿大国家公园展示馆，工作人员会介绍一个亲子项目来展示，之后还有时间自由参观。游客可以在这个展示馆了解到丘吉尔的历史、文化和野生动物，瓦布斯克国家公园和威尔斯王子堡国家历史遗迹的自然和历史知识。展示馆中还有一个真实大小的北极熊分娩洞。

下午，游客将乘船游览丘吉尔河，一名加拿大国家公园管理局的工作人员将带领游客参观有三百年历史的威尔斯王子堡。在往返的途中有机会观赏白鲸。

从1731年到1771年的四十年里，哈德逊湾公司因控制哈德逊湾的需要，完全靠人力建造了这个由石头堆砌而成的古堡。城墙厚达十米，想像一下两百多年前这里的生存条件，建造这样一个石头堡垒的艰难程度令人难以置信。

第4天

上午，游客将体验乘坐狗拉滑轮车在北方森林中穿行，雪橇犬专家会介绍与雪橇犬的相处之道和狗拉雪橇运动，游客会被雪橇犬对奔跑的热爱所感染。下午，游客将乘坐 Zodiac 充气快艇往丘吉尔河口观赏白鲸。白鲸的英文名Beluga来自于俄语词Belukha，意为"白色"，它们出生时是灰白色的，然后变成深一点的灰色。随着年龄增长，它们会逐渐变成带有蓝色调的白色，直到变成雪白色。在变成雪白色的同时，它们也达到性成熟。小白鲸通常在4—5月出生，新生小白鲸跟一个人的体型相当。白鲸可以发出1200多种不同的叫声，是鲸类中最健谈的，它们不仅用声音导航，还用声音保持沟通。白鲸依赖回声定位在冰层覆盖的水域找到呼吸孔和食物。它们发出的咔哒声先通过前额的瓜体，然后传向水中一个特定的方向。当声音返回时会先到达下颚中充满脂肪的空腔，然后再传向耳朵和大脑。声音在水中的传播速度是陆地上的四倍，通过返回的声音，白鲸可以判断一个物体的距离、方向、速度、大小、形状，甚至内部结构。

第5天

游客将体验一天的苔原车（Tundra Buggy）探险，在苔原上寻找有趣的野生动植物。苔原车上有暖气设备和洗手间。客人将在苔原车上享用简单的午餐。晚上，乘坐 Calm Air 的航班返回温尼伯（Winnipeg），入住 Four Points by Sheraton 酒店。

第6天

安排回程或继续下一段旅程！

（建议5、6月份游览）

当地美食

蛋奶沙司派（Flapper Pie）

一种用全麦酥饼干碎（Graham Cracker）做皮，搭配奶油蛋羹馅，顶部淋上蛋白霜的甜点。流行于艾伯塔省（Alberta）、萨斯喀彻温省（Saskatchewan）和马尼托巴省（Manitoba）草原三省。

索尔兹伯里汉堡店（Salisbury House）

网址：https://www.salisburyhouse.ca

索尔兹伯里汉堡店是一家能代表马尼托巴（Manitoba）饮食的快餐店。该店创始于1931年，位于省会城市温尼泊（Winnipeg）市中心，简称"Sal"，是第一家把美国的汉堡包引进马尼托巴的餐厅。现已有多家分店。在这家店汉堡包不叫汉堡包，而叫"nip"，点餐时千万不要叫错，当地人对nip这个名字是非常自豪的。这个快餐店，是当地第一间不用反式脂肪烹饪的餐厅，并且还有各种无麸质和素食的菜单，深得当地人的喜爱。

门诺派美食（Mennonite）

1870年代大量的门诺派（Mennonite）从德国涌入马尼托巴省。如今，温尼伯（Winnipeg）是世界上拥有最多门诺派人口的城市之一。德语是该省第二大使用的语言。

门诺派最出名的食物就是"农夫香肠"（Farmer's Sausage），它由瘦猪肉烟熏而成，味道咸鲜适中，便于保存和携带，在冬季寒冷的马尼托巴非常受欢迎。当地人吃面条，甚至汉堡里都爱配上农夫香肠。

门诺饺子（Mennonite perogies），是一种类似饺子和韭菜盒子的食物，馅是菠菜、马铃薯、肉类、干酪、蘑菇、德国酸菜。煮熟或煎熟后配以酸奶油和炸洋葱吃。

Smoked Goldeye 烟熏金眼鱼

金眼鱼是马尼托巴水域的淡水鱼，新鲜打捞上来后腌成橘黄色再用橡木烟熏。吃起来有特殊的香味，是曼尼托巴独有的美食。

甜李子冷汤（Pluma Moos）

一款甜品，用李子做成奶油冻慕斯。

避世酒店

大沙湖旅舍（Big Sand Lake Lodge）

PO Box 155 Stn. L Winnipeg, MB R3H 0Z5

官网：https://www.bigsandlakelodge.com

大沙湖旅舍位于马尼托巴省（Manitoba）的大沙湖（Big Sand Lake），在这片清澈纯净的湖泊包围的沙丘之上，旅馆由原木和玻璃打造而成，住客可以在此俯视湖光山色的美景。如果你喜爱垂钓，可以跟随着博学多才的导游一起享受垂钓的乐趣，享用自烹的新鲜鱼货则是另一种乐趣。

推荐理由

远离尘世享受大自然美景美物。

安大略省
Ontario

简称：安省，缩写ON。
官网：http://www.ontariotravel.cn
www.ottawatourism.ca

车牌标语：Yours To Discover，意为"由你探索"。车牌中央的皇冠代表首都渥太华。

安大略省（Ontario），简称安省，位于加拿大中部，面积 1076395 平方千米，人口约 1480 万。它是加拿大首都渥太华和全国最大城市多伦多的所在地。Ontario 的名字来源于易魁洛语（Iroquoian languages）"skanadario"，意为"美丽的水"（beautiful water）。安大略于 1867 年加入加拿大联邦

联邦。安省共有大小湖泊 25 万余个，在加拿大和美国交界处有五个大湖，这就是闻名世界的五大淡水湖。它们按大小分别为：苏必利尔湖（Lake Superior）、休伦湖（Lake Huron）、密歇根湖（Michigan Lake）、伊利湖（Lake Erie）和安大略湖（Lake Ontario）。这里还有世界自然奇迹"尼亚加拉大瀑布"（Niagra Falls）。

苏必利尔湖
（Lake Superior）

五大湖中最西北、最大的一个，也是世界最大的淡水湖之一。该湖1622年被法国探险家发现，湖名取自法语，意为"上湖"。湖东北面为加拿大，西南面为美国。湖面东西长616千米，南北最宽处257千米，湖面平均海拔180米，水面积82103平方千米，最大深度405米。主要港口有桑德贝（Thunder Bay）和塔科尼特（Taconit）。全年通航期为8个月。

休伦湖
（Lake Huron）

作为五大湖中第二大湖，休伦湖是第一个被欧洲人发现的湖泊，名称源自原住民修伦族（Huron nation）。它由西北向东南延伸，长331千米，最宽处163千米，湖面海拔176米，湖面积59570平方千米，最大深度229米。主要港口有罗克波特（Rockport）、罗杰斯城（Roger's City）。4月初至12月末为通航期。

密歇根湖
（Michigan Lake）

五大湖中面积居第三位，唯一全部属于美国的湖泊。湖北部与休伦湖相通，南北长517千米，最宽处190千米，湖面海拔177米，水域面积57757平方千米，最深处281米。南端的芝加哥为重要的工业城市，12月中至来年4月中港湾结冰，但湖面很少全部封冻，港口之间全年都有轮渡往来。

伊利湖
（Lake Erie）

五大湖的第四大湖，东、西、南面为美国，北面为加拿大。湖呈东北西南走向，长388千米，最宽处92千米，湖面海拔174米，湖水面积25667平方千米，最深处为64米。主要港口有克利夫兰（Cleveland）、阿什塔比拉（Ashtabula）。

安大略湖
（Lake Ontario）

五大湖最东和最小的一个，东西延伸，椭圆形，长约311千米，最宽85千米。湖面海拔74米，湖水面积18960平方千米，著名的尼亚加拉大瀑布上接伊利湖，下灌安大略湖，两湖落差99米。主要港口有多伦多、哈密尔顿、金斯顿和罗切斯特等。全年通航期8个月，港湾每年12月至来年4月不通航。1932年韦兰运河（Welland Canal）的开凿、1959年圣劳伦斯航道（St. Lawrence Waterway）的建成，使安大略湖对世界航运的影响更加重要。

多伦多
（Toronto）

官网：www.SeeTorontoNow.com

多伦多市是安大略省的首府，位于安大略省湖的西端，城市面积约631平方千米，人口约293万。多伦多在印第安语中的意思是"人群聚集之处"。它是加拿大最多人口的城市，也是北美的第四个人口最多的城市。多伦多是国际商业、金融、艺术和文化中心，被认为是世界上最多元文化和国际化城市之一。大多伦多都会区由多伦多市（Toronto）、布兰普顿市

（Brampton）、汉密尔顿市（Hamilton）、伦敦市（London）、万锦（Markham）、列治文山（Richmond Hill）、滑铁卢市（Waterloo）、温莎市（Windsor）和密西沙加市（Mississauga）。

多伦多皮尔逊国际机场
（Toronto Pearson International Airport）

地址：6301 Silver Dart Dr, Mississauga, ON L5P 1B2

官网：https://www.torontopearson.com

机场代码：YYZ

多伦多皮尔逊国际机场是加拿大客运总量最大和最繁忙的机场，也是北美国际客运量第二大机场，世界第十八大机场，每天都有直达全球超过67%的国家和地区的航班。年客流量3480万人次，共有六条跑道。多伦多皮尔逊国际机场是由美国移民局官员驻场直接办理入境手续的八个加拿大机场之一。

好 玩 的 景 点

加拿大国家电视塔
（CN Tower）

地址：290 Bremner Blvd, Toronto, ON M5V 3L9

官网：https://www.cntower.ca

门票：见官网

停车：收费停车场

CN 塔是一座553.3米高的混凝土通信和观景塔，位于多伦多市中心核心地带的加拿大国家铁路（Canadian National Railway, CN）的地盘上，塔由铁路公司建成于1976年，所以称为"CN 塔"。从塔底至塔顶建有1700多级的金属楼梯，装有多部高速观景电梯，只需58秒就可达观景台。在塔的高约335米处，悬挂着一座分为七层高的"空中楼阁"，楼阁中除了电视讯号发射设备外，还设有可容纳600人的观景台和一个旋转餐厅。

❤️旅游项目❤️

乘高速观景电梯升至塔内的"摩天塔台"（Sky Terrace）或者"天空之盖"（Sky Pod）俯视多伦多城市的全貌。

边缘行走（Edge Walk）：在距离地面356米的CN塔冠上，走着宽1.5米的边缘上，无扶手绕塔"天空之盖"一圈，需时30分钟。完成后会向挑战者们颁发证书和纪念品。边缘行走项目按照国际最高级别的安全标准进行设计与运营，有胆你就来放马来体验！预约电话：416-601-3833

罗杰斯中心或称天虹体育馆（Rogers Centre）

地址：1 Blue Jays Way, Toronto, ON M5V 1J1

官网：www.rogerscentre.com

罗杰斯中心是多伦多一座多用途体育馆，也是世界上第一座可全方位自由伸缩开闭圆形屋顶的建筑物，其顶盖主要由四块盖板构成，其中三个可以自如伸出或收缩，若需打开或关闭屋顶只需20分钟，移动的速度为每分钟21米。它坐落在多伦多市中心的CN塔西南面，邻近安大略湖湖岸。体育馆于1989年开幕，时称天虹体育馆（SkyDome），2005年被罗杰斯通讯集团（Rogers Communication）购入后改为现名罗杰斯中心。它是多伦多蓝鸟棒球队的主场。除体育赛事外，罗杰斯中心亦举办其他大型活动，如展览会和音乐会等。

内森·菲利普斯广场（Nessen Phillips Square）

地址：301 Front St W, Toronto, ON M5V 2T6

停车：街边计时

多伦多市政厅（Toronto City Hall）

100 Queen Street West，Toronto，ON M5H 2N1

广场上两座贝壳形状的建筑就是多伦多市政厅（Toronto City Hall）和市议会，这里有多伦多最主要的打卡景点：喷泉和七彩"Toronto"。每年，在广场会举办特别活动和各种的社区活动，如灯光秀、新年庆祝活动、纪念日庆祝活动、音乐会等。

贴心小贴士

进市政厅参观前需要排队安检。

卡萨罗玛城堡
（Casa Loma）

地址：1 Austin Terrace，Toronto，ON M5R 1X8

官网：https://casaloma.ca

门票：见官网

停车：收费停车场

卡萨罗玛城堡位于多伦多的市中心，由金融家亨利·派拉特男爵（Sir Henry Pellat）在20世纪初修建的。这座雄伟的古堡内有98间装饰华丽的房间、神秘的塔楼、长达270米的幽深隧道、规模庞大的马厩，还有隐蔽的暗道、典雅的温室花房和一个面积达五英亩、依山而建的美丽花园，花园每逢夏季（5月至10月）开放。古堡内设有咖啡店、礼品店、停车场和导游导览服务。游客还可免费租用讲解耳机，有八种讲解语言可供选择，包括普通话和广东话。古堡还是许多影视剧和私人活动理想的举办地，奢华而典雅。

安大略游乐宫
（Ontario Place）

地址：955 Lake Shore Btvd W，Toronto

官网：www.ontarioplace.com

停车场：收费停车场

游乐宫建于三个坐落于安大略湖湖畔的人工岛，位于多伦多市中心以西约4千米。于1971年开业，场内的球形影院（Cinesphere）是全球首座永久性IMAX影院。作为一个以安大略省为主题和家庭亲子活动为中心的主题公园运营，直到2012年省政府宣布它将关闭重建，重新开放为公园。IMAX影院、露天音乐圆形剧场——莫尔森剧场（Molson Amphitheatre）、游艇码头和停车场则继续对外开放。

湖心岛公园
（Centre Island）

地址：9 Queens Quay W，Toronto，ON M5J 2H3

官网：https://www.centreisland.ca

停车：收费停车场

森特维尔游乐园是一个儿童游乐园，位于多伦多群岛三座主岛中的湖心岛（Centre Island），这里有风景宜人的自行车道、白色沙滩和森特维尔游乐园，是当地人最爱的周末度假放松地和亲子活动的好去处。

温馨小贴士

岛上不允许机动车通行，提供自行车和划船的租赁服务。

里普利水族馆
（Ripley's Aquarium of Canada）

地址：288 Bremner Blvd，Toronto，ON M5V 3L9

官网：https://www.ripleyaquariums.com

门票：见官网

停车：收费停车场

里普利水族馆是多伦多市的一个公共水族馆，位于多伦多市中心，就在CN塔的东南部，建成于2013年。水族馆分为9个展区，生活着400多个物种、2万多只海洋生物供参观，还有潜水表演供欣赏。

圣劳伦斯市场
（St. Lawrence Market）

地址：95 Front St E，Toronto，ON M5E 1C3

官网：http://www.stlawrencemarket.com

停车：停车场免费停车

圣劳伦斯市场是一家古老而充满当地特色的农贸集市，自1803年开业以来一直为社区和多伦多的市民提供农副产品、新鲜食材和特色商品。它位于前贾维斯街（Front Jarvis Street）和下贾维斯街（Lower Jarvis Street）的西南角，由三部分组成：圣劳伦斯南区市场，有100多家特色摊位；北区市场，有古董古玩摊位和圣劳伦斯大厅；由零售商店组成的圣劳伦斯市场综合体。

多伦多唐人街
（Toronto Chinatown）

位于多伦多市中心的登打士街（Dundas Street）西段和斯帕迪纳大道（Spadina Avenue）交汇处，也是北美最大的唐人街之一。唐人街拥有各种中国、越南、泰国和日

本餐厅，从点心到越南粉应有尽有。斯帕迪纳大道上的亚洲露天市场和商店出售新鲜水果和蔬菜、中草药和纪念品。农历新年庆祝活动吸引游客和当地人观看现场舞台表演、武术表演和舞龙舞狮表演。

安大略省皇家博物馆
（Royal Ontario Museum）

地址：100 Queens Park，Toronto，ON M5S 2C6

官网：https://www.rom.on.ca

门票：见官网

停车：周边收费停车场

安大略皇家博物馆是位于多伦多的艺术、世界文化和自然历史博物馆。它是北美最大的博物馆之一，也是加拿大最大的博物馆。博物馆拥有超过600万件藏品和40个展厅，馆内的收藏品种类非常广泛，包括自然科学、动物生态、艺术及人类学等无所不有。馆内典藏着除中国本土以外最丰富的中国艺术品，并且还有希腊、埃及、罗马等其他国家的珍贵文物、矿物和恐龙化石。此外还有鸟类馆，种类繁多的鸟类标本按顺序整齐地放置在抽屉里。其世界文物的多样化收藏为其在国际上的声誉奠定了基础。

巴塔鞋类博物馆
（Bata Shoe Museum）

地址：327 Bloor St W，Toronto，ON M5S 1W7

官网：https://batashoemuseum.ca/

门票：见官网

停车：周边收费停车场

坐落在多伦多的巴塔鞋类博物馆展示着女主人索尼娅·巴塔（Sonja Bata）夫人用半个世纪的时间收集的一万多双鞋子，包括戴安娜王妃、猫王、玛丽莲·梦露等名人曾穿过的

鞋子，还有中国绑脚鞋、古埃及凉鞋、栗子木底鞋等，最早的鞋子可以追溯至4500年前。

安大略省美术馆
（Art Gallery of Ontario）

地址：317 Dundas St W, Toronto, ON M5T 1G4

官网：https://ago.ca

门票：免费

停车：周边收费停车场

安大略省美术馆是北美第八大艺术博物馆，因收藏有英国雕刻家亨利·摩尔（Henry Moore）的作品而在世界享有声誉。藏品超过四万件，时间跨度从公元一百年至今，其中包括自14世纪至现代的艺术品、绘画等。其中油画有16、17世纪至18、19世纪的古典主义作品、印象派作品，20世纪的后印象主义和诸多现代派的作品。

尼亚加拉大瀑布
（Niagara Falls）

官网：https://www.niagarafallstourism.com

尼亚加拉瀑布位于加拿大安大略省和美国纽约州的交界处，瀑布源头为尼亚加拉河（Niagara River）。瀑布由三部分组成，从大到小排列依次为：马蹄型瀑布（Horseshoe Falls）、美利坚瀑布（American Falls）和新娘面纱瀑布（Veil of the Bride Falls）。主瀑布位于加拿大境内，是瀑布的最佳观赏地。在美国境内的新娘面纱瀑布由月亮岛（Luna Island）隔开，美利坚瀑布由山羊岛（Goat Island）隔开，观赏的是瀑布侧面。"尼亚加拉"在原住民语中意为"雷神之水"，印第安人认为瀑布的轰鸣是雷神说话的声音，故称为"Onguiaahra"，后改称"Niagara"。

尼亚加拉瀑布城
（Niagara Falls）

坐落于尼亚加拉河西岸的尼亚加拉半岛（Niagra Peninsula），和美国尼亚加拉瀑布城隔河相望，通过彩虹桥可与之相连。尼亚加拉瀑布城面积约210平方千米，人口约8万，居民多从事与旅游相关的各项服务类行业。市内最著名的景观是尼亚加拉瀑布。

维多利亚女王公园
（Queen Victoria Park）

停车：收费停车场

位于尼亚加拉峡谷（Niagara Gorge）和尼亚加拉河（Niagara River）沿岸，是观赏尼亚加拉大瀑布的最佳观景点。公园从加拿大瀑布的边缘附近开始，一直延伸到彩虹桥（Rainbow Bridge）附近的奥克斯花园剧院（Oaks Gardens Theater）。公园全年开放。

维多利亚女王公园内有一个打卡景点：百年紫丁香花园和花钟（Centennial Lilac Gardens and the Floral Clock），这里有郁郁葱葱的林木，盛开的鲜花，如茵的绿草。特别是秋季，满园的红枫叶，令人陶醉。

❤心动景点❤

尼亚加拉瀑布夜景灯光秀

入夜后的尼亚加拉瀑布则是另一番景象。当夜幕降临之际，围绕在瀑布周围的巨型聚光灯，齐放绿光，使原已灰暗的瀑布，顿时大放光彩，变得晶莹剔透，熠熠生辉。到处是五颜六色的灯光，瀑布的景色比白天更加多姿多彩。夏季的每个星期五晚上，瀑布上空有焰火表演，五彩缤纷的烟花配上变换颜色的灯光，整个瀑布区域包裹在奇幻梦境中，成为一种独一无二的特色。

霍恩布洛尔尼亚加拉游船（Hornblower Niagara Cruise）

票价：见官网

邮船码头位于维多利亚女王公园（Queen Victoria Park）内。乘坐霍恩布洛尔号游船，开始20分钟的瀑布之旅，让您尽可能接近壮美的尼亚加拉大瀑布，游船穿越美国瀑布、新娘面纱瀑布并进入加拿大马蹄瀑布的中心。游船采用最先进的双体船进行。霍恩布洛尔尼亚加拉游船是尼亚加拉大瀑布公园的官方供应商，游船无须预订，可在任何尼亚加拉公园景点售票窗口购买门票。

温馨小贴士

在尼亚加拉大瀑布，您有两种在瀑布下乘船游览的选择。在加拿大安大略省尼亚加拉大瀑布，您可乘坐霍恩布洛尔的尼亚加拉游船；在美国纽约州尼亚加拉大瀑布，您可乘雾中少女号游船（Maid of the Mist）。

瀑布背后之旅（Journey Behind the Falls）

地址：6650 Niagara Pkwy, Niagara Falls, ON L2E 3E8

票价：见官网

位于维多利亚女王公园（Queen Victoria Park）内，毗邻马蹄瀑布（Horseshoe Falls）。

这是由西尼克隧道（Sinic Tunnel）改建的，用来观赏尼亚加拉瀑布的观景台。瀑布背后之旅的入口位于马蹄瀑布边缘的台岩屋（Table Rock House）。

贴心小贴士

行程开始，在台岩屋（Table Rock House）内的入口处领一件黄色的塑料雨衣，然后搭乘电梯降至约46米深的地下隧道，然后沿着隧道步行，来到瀑布脚下的观景平台上近距离欣赏瀑布的正侧面，在这个伸手即可触摸到瀑布的地方，波澜壮阔的瀑布尽收眼底。整个瀑布背后之旅约需45分钟。门票可在售票窗口购买，无须提前购买。

摩天塔（Skylon Tower）

地址：5200 Robinson St, Niagara Falls, ON L2G 2A2

官网：www.skylonreservations.com

门票：见官网

位于马蹄瀑布的正对面，摩天塔高约159米，搭乘从塔底通往观景台（Observation Decks）的观光电梯（Yellow Bug Elevators）只需52秒。塔里设有放映3D/4D电影《尼亚加拉瀑布传奇》（Legends of Niagara Falls）的影院和家庭娱乐中心（Family Fun Centre）。既可享用位于塔顶的旋转餐厅（Revolving dining Room Restaurant）屡获殊荣的欧陆式美食，或选择价廉物美的塔峰自助餐厅（Summit Suite Buffet Dining Room）享用自助餐，还可以360度观赏瀑布的美景。

暖心小贴士

就餐时可以免费搭乘观景电梯和，免门票体验到顶之旅（Ride-to-the-Top）和观景台（Observation Decks）景点！

尼亚加拉直升机（Niagara Helicopters tour）

地址：3731 Victoria Ave, Niagara Falls, ON L2E 6V5

官网：https://www.niagarahelicopters.com/

票价：见官网

搭乘直升机从几百米上空俯瞰大瀑布的壮美景色，可以清楚看到一条河把安大略湖和伊利湖连通，水流从地势较高的湖中涌出，化作瀑布飞流直下，涌入深深的河谷，可感受大自然的鬼斧神工。飞行时间约10分钟，直升机

上配备了用多种语言解说的耳机。

漩涡空中缆车（Whirlpool Aerial Tramway）或称西班牙式空中缆车（Spanish Aerial Tramway）

地址：3850 Niagara Pkwy, Niagara Falls, ON L2E 3E8

官网：https://www.niagaraparks.com/visit/attractions/whirlpool-aero-car

票价：见官网

漩涡空中缆车，或称西班牙式空中缆车，位于安大略省尼亚加拉大瀑布，于1916年由西班牙工程师莱昂纳多·托雷斯·克维多（Leonardo Torres Quevedo）设计，用于将游客运送到被称为尼亚加拉漩涡（Niagara Whirlpool）的尼亚加拉峡谷（Niagara Gorge）上方约1100米的高空滑行，便可观赏尼亚加拉漩涡和急流的壮观景色。缆车可搭载35名站立的乘客，缆绳长约500米，自1916年以来已多次升级。

瀑布索道（Zipline to the Falls）

地址：5290 Niagara Pkwy, Niagara Falls, ON L2G

官网：https://www.niagaraparks.com/visit/attractions/wildplay-zipline-falls/

票价：见官网

位于大观市场（Grand View Marketplace）的瀑布索道，带您在加拿大马蹄瀑布（Horseshoe Falls）的底部峡谷中滑行，落差670米，可飞越美国瀑布（American Falls），最后降落在马蹄瀑布底部的瀑布观景台上。在冬季，尼亚加拉大瀑布令人惊叹的冰雪之美会一览无余地展现在您的眼前。

温馨小贴士

WildPlay Niagara是尼亚加拉公园（Niagara Parks）的官方供应商，为游客提供经索道到瀑布的体验。

瀑布区景点

尼亚加拉瀑布博物馆（Niagara Falls Museum）

地址：5810 Ferry St，Niagara Falls，ON L2G 1S9

官网：https://niagarafallsmuseums.ca

位于彩虹桥旁边，建于1827年，是北美历史最悠久的博物馆之一。展品包括美洲早期的史迹，古代的武器与石器和许多与1812年战争伦迪巷战役（Battle of Lundy's Lane）有关的重要文物。翻新和扩建后的博物馆，拥有三个独特的展厅，通过互动式的展览来讲述尼亚加拉大瀑布前世今生的故事。

尼亚加拉奥特莱斯购物中心（Outlet Collection at Niagara）

地址：300 Taylor Rd，Niagara-on-the-Lake，ON L0S 1J0

官网：https://www.outletcollectionatniagara.com

停车：免费停车场

尼亚加拉奥特莱斯购物中心位于尼亚加拉地区伊利沙伯皇后大道（Queen Elizabeth Way）和格伦伦代尔大街（Glendale Avenue）交界，圣凯瑟琳斯（St. Catharines）附近，距离尼亚加拉大瀑布仅数分钟路程。这个露天购物中心拥有100多个折扣品牌店。

尼亚加拉瀑布湖区酒庄（Niagara Falls wineries）

官网：https://www.visitniagaracanada.com/taste/wineries/

距离尼亚加拉大瀑布外15到20分钟车程处，有25个葡萄园，安大略湖沿岸的整个尼亚加拉葡萄酒产区拥有50多家酿酒厂。您可以按图索骥去酒庄品酒或参加当地的品酒一日游。

皮利特里庄园酒庄（Pillitteri Estates Winery）

地址：1696 Niagara Stone Rd，Niagara-on-the-Lake，ON L0S 1J0

官网：https://www.pillitteri.com

自1948年搬迁到加拿大尼亚加拉以来，皮利特里家族一直在此深耕。现在，60多年后，皮利特里庄园酒庄自豪地传承了葡萄栽培和酿酒的家族传统。三代人积极参与酒庄的运营，每一瓶葡萄酒都是家族成员辛勤付出的成果。酒庄开放品酒之旅，您可在此品尝各种皮利特里葡萄酒，并了解酿酒的文化。

多伦多大学
（University of Toronto，UofT）

官网：https://www.utoronto.ca

校训：Velut arbor ævo（拉丁文）（As a tree through the ages）如同古树

多伦多大学是从始建于1827年的国王学院（King's College）转变而来，是一所公立医博类研究型大学。大学有3个校区，圣乔治校区（St. George campus，UTSG），密西沙加校区（Mississauga campus）和士嘉宝校区（Scarborough campus）。大学有700类大学本科专业学科，200类研究生学科课程，32座图书馆。在校学生约6.2万人。多伦多大学校友和教职员工中有10名诺贝尔奖获得者、6名图灵奖获得者、5位加拿大总理、3位加拿大总督和17位最高法院大法官。它于过去一个世纪的主要学术贡献包括发现胰岛素及干细胞、发明电子起搏器、多点触控技术、电子显微镜、复制T淋巴细胞、飞行员飞行服，以及发现首个经核证的黑洞。

约克大学
（York University）

地址：4700 Keele St，Toronto，ON M3J 1P3

官网：https://www.yorku.ca

校训：Tentanda via（拉丁文）（The way must be tried）

约克大学位于多伦多的北约克，成立于1959年，是全加拿大第三大的综合类大学，共占地635公顷，设有11个学院、24个研究中心，学生数量超过5万人，教职员工也接近5000人。学校提供5000多门课程，可授予200多个本科与研究生学位。约克大学由两个校区及两个中心组成，它们分别是：基尔校区（The Keele Campus）、格伦登校区（Glendon Campus）、迈尔斯S.纳达尔管理中心（Miles S. Nadal Management Centre）和奥斯古德专业发展中心（Osgoode Professional Development Centre）。基尔校区是约克大学的主校区，绝大多数的学术项目都在这里进行。格伦登校区主要是英法双语教学的文科学院。迈尔斯 S. 纳达尔管理中心位于多伦多市的金融区中心，主要设有舒立克商学院（Schulich School of Business）。此外，约克大学将在大多伦多地区的万锦市（Markham）建设新的校区，成为加拿大除多伦多大学之外的另一所"一校三区"的大学。

瑞尔森大学
（Ryerson University）

地址：350 Victoria St，Toronto，ON M5B 2K3

官网：https://www.ryerson.ca

校训：Mente Et Artificio（With Mind And Hand） 用心用手

瑞尔森大学是加拿大一所著名公立大学，校名是以早年加拿大西部的教育部长 Egerton Ryerson而命名。校址位于加拿大最大城市多伦多的市中心，是一所典型的城市大学。该校的前身是雷尔森理工学院，于1948年创立，并于2002年正式改名为瑞尔森大学。瑞尔森大学也是加拿大大学中有最多本科毕业生的大学，其教学宗旨是"通过实践学习知识"，很多学生选择瑞尔森大学，他们不但可以随时进行实践，而且瑞尔森大学提供的课程给他们将来的就业提供了广泛的前景。该校在艺术设计、传媒领域名列加拿大榜首。大学拥有 909 名全职教职员工。在校全日制本科生28800人，全日制研究生2600人。

西安大略大学
（University of Western Ontario）

地址：1151 Richmond St，London，ON N6A 3K7

官网：https://www.uwo.ca/

校训：Veritas et Utilitas 真理和实用

西安大略大学又称韦仕敦大学（Western University），是位于安大略省伦敦市（London）的一所公立医学博士类研究型大学，于1878 年由主教艾萨克·赫尔穆斯（Isaac Hellmuth）创立，当时名为安大略省伦敦西部大学（University of West London，Ontario）。大学主校区占地 455 公顷，设有12个学院和学校，其中以商学院和医学院最为有名。舒立克医学院（Schulich School of Medicine）在生物医学成像、癌症研究、神经科学等领域上享有国际声誉。在校学生4万，其中包括来自128个国家的5800多名国际学生，拥有政府官员、学者、商界领袖、诺贝尔奖获得者、罗德学者和杰出学者等杰出校友。

京士顿
（Kingston）

官网：https://www.visitkingston.ca

京士顿是安大略省的一座城市，位于安大略湖（Lake Ontario）北岸，圣劳伦斯河（St. Lawrence river）和卡塔拉基河（Cataraqui River）河口。面积约451平方千米，人口约13.7万。 京士顿是一座大学城，城里有著名的皇后大学（Queens University）和圣劳伦斯学院（St. Lawrence College, Ontario）。京士顿历来是"兵家必争之地"，法国人和英国人都在此建造军事要塞。1841年，京士顿成了加拿大的首都，但因为战略位置不佳，不到三年就先后被蒙特利尔和多伦多替代。直到1857年英女王维多利亚将渥太华定为首都。

京士顿市政厅
（Kingston City Hall）

地址：216 Ontario St，Kingston，ON K7L 2Z3

官网：https://www.kingstonmuseums.ca/kingston–city–hall–tours

门票：免费

停车：收费停车场

市政厅自 1844 年以来一直是京士顿海滨的著名地标，它由建筑师乔治·布朗（George Brown）设计，当时京士顿还是加拿大联合省的首府，金斯顿市政厅是加拿大19 世纪最好的建筑之一，也是国家历史遗产古迹。市政厅大楼当年除了是政府和议会所在地，还有许多不同的组织和服务机构，如法庭、银行、美容院、教会和女子医学院等。这座历史悠久的建筑今天仍然是该市的行政中心。

贴心小贴士

参加市政厅导览游，由专业导游给您娓娓道来更多关于金斯顿市政厅的历史、建筑以及与这个国家历史遗址相关的有趣人物、事件和故事。费用：自由捐献。

威尔士王妃御林军团军事博物馆
（Princess of Wales' Own Regiment Military Museum）

地址：100 Montreal Street（in the Armouries）

官网：https://pwor.ca/museum/

威尔士王妃亲军团（PWOR）军事博物馆最初于1969年在亨利堡（Fort Henry）开馆。22年后，它被转移到一座建筑宏伟的石灰岩金斯敦军械库中，并于1991年10月28日由当时的威尔士王妃戴安娜上校团长殿下（Princess Diana）正式揭幕。博物馆的收藏品包括来自1863年1月16日军团成立时的第14步枪营的制服、剑和奖章；来自第21营的第一次世界大战文物，包括从法国寄给金斯敦亲人的明信片；各种制服、步枪、手枪和个人装备物品，以及至今仍然在可使用状态20世纪40年代和50年代的军用车辆；纪念1991年威尔士王妃戴安娜殿下访问她的军团时的照片。

亨利堡
（Fort Henry）

地址：1 Fort Henry Drive，Kingson，ON K7K 5G8

官网：https://www.forthenry.com/

门票：见官网

停车：免费停车

亨利堡位于圣劳伦斯河（St. Laurence River）和安大略湖（Lake Ontario）的交汇处，始建于1812年，材料取自当地的石灰岩石材。亨利堡起到扼守要冲、保护金士顿的作用，现在它是加拿大国家遗址和联合国教科文组织世界遗产地。每年夏秋季节，亨利堡都会在每年的特定时间举行传统的阅兵仪式和火炮射击表演。

女王大学
（Queen's University）

地址：99 University Ave，Kingston，ON K7L 3N6

官网：https://www.queensu.ca

校训：Sapientia et Doctrina Stabilitas（Latin）Wisdom and knowledge shall be the stability of thy times 智慧和知识是一生的保障

女王大学是位于安大略省金斯顿市的一所公立医博类研究型大学，建校于1841年，依照英国维多利亚女王的皇家宪章建立，是加拿大最早的授予学位的院校之一，对加拿大的高等教育影响深远。大学教育包括了人文学科、社会科学、自然科学及艺术相关学科；工程及应用科学学科；另外还有健康学部、法学院、商学院、教育学院。女王大学还有位于英国东萨塞克斯的贝德国际研究中心（BISC），在校学生24000人。女王大学有六个联网的图书馆，艾格尼丝·埃瑟灵顿艺术中心（Agnes Etherington Art Centre）和伊莎贝尔·巴德表演艺术中心（TheIsabel Bader Centre for the Persorming Arts）。

加拿大皇家军事学院
（Royal Military College of Canada）

地址：13 General Crerar Crescent，Kingston，ON K7K 7B4

官网：https://www.rmc–cmr.ca/en

校训：Truth，Duty，Valour 真理，责任，勇敢

加拿大皇家军事学院，简称 RMC，是加拿大唯一的高等军事学府。学院始建于1874年，自1959年学院授予学位。这里提供19个本科学位课程和34个研究生学位课程，其中包括14个博士研究生学位课程，可以提供英语或法语授课，为加拿大武装力量培养战略研究、军事指挥和工程技术军官。校园内建有一座凯旋门，用于纪念在作战中牺牲的战友。军事博物馆位于一座19世纪的碉堡内，博物馆建于1962年，馆内收藏有学员的实物、照片和资料。学院内的大草坪上停泊着不同年代退役的坦克，飞机和潜艇等武器装备。

千岛湖
（Thousand Islands）

官网：https://visit1000islands.com

千岛湖位于美加交界处，两国各占1/3和2/3的水域，加拿大部分位于渥太华（Ottawa）西南约180千米的金斯顿（Kingston）。圣劳伦斯河（St Lawrence River）的河湾处有大小天然岛屿1865座。千岛湖也被称作圣劳伦斯国家公园（St. Lawrence National Park）。在千岛湖的伊微里（ivylea）这个地方，一座连接美国和加拿大的国际大桥横跨千岛湖上，来往的车辆川流不息，很是壮观。

贴心小贴士

坐船浏览千岛湖请到卡纳诺基（Gananoque）码头，这里是豪华游船码头。游湖有两种选择：绕湖一周约3个小时，或在湖上旅游，约一个小时。游船上提供五种语言导游：英语、法语、韩语、西班牙语、汉语普通话。

渥太华
Ottawa

官网：https://ottawa.ca
www.ottawatourism.ca

渥太华是加拿大的首都，位于安大略省东南部，坐落在渥太华河上，面积约2790平方千米，人口约995000。渥太华是全国政治、文化、科学研究的重要城市，渥太华大学（Ottawa University）、卡尔顿大学（Carlton University）等高等学府均设于此。市内还有国家艺术中心、国家美术馆、国家文明博物馆、加拿大自然博物馆、全国科学技术博物馆、国家军事博物馆、国家航空博物馆、邮政博物馆、国家图书馆、皇家制币厂等众多博物馆。里多运河（Rideau Canal）从渥太华出发，绵延200千米通达曾经的首都——京士顿（Kingston）。位于安大略省和魁北克省边界的渥太华河对面是加蒂诺市（Gatineau），尽管行政上分别位于两个不同省份的城市，渥太华和加蒂诺连同附近的一些城市共同构成了国家首都区（Capital Region）。市区中心附近的王马锡街，是华人商店集中区。

渥太华麦克唐纳－卡地亚国际机场（Ottawa Macdonald–Cartier International Airport）

地址：1000 Airport Parkway Private，Ottawa，ON K1V 9B4

官网：https://yow.ca

机场代码：YOW

渥太华麦克唐纳－卡地亚国际机场是加拿大首都主要的国际机场，为国家首都地区提供国际国内客货运航班服务。机场用两位加拿大开国元勋约翰·A.麦克唐纳爵士（Sir John.A. McDonald）和卡地亚（Sir George-Etienne Cartie）的名字命名。机场位于距渥太华市中心以南约11千米，它是加拿大第六繁忙机场，年接待约600万人次。渥太华国际机场是由美国移民局官员驻场直接办理入境手续的八个加拿大机场之一。机场曾经是军民两用机场。虽然它不再是加拿大空军的军用机场，但它仍然是加拿大皇家空军412交通中队的驻地，为加拿大政府和外国政府官员的专机提供服务。

好 玩 的 景 点

议会大厦
（Parliament Buildings）

地址：Wellington St，Ottawa，ON K1A 0A9

官网：https://visit.parl.ca › index–e

门票：免费

停车：街边计时

国会山（Parliament Hill），俗称山丘（the Hill），位于山顶俯瞰着渥太华河（Ottawa River），是一栋由三座青铜顶镀造组成的哥特式建筑。议会大厦（Parliament Buildings），是加拿大国会和联邦政府的所在地，国家的心脏。除了政治中心、文化中心这样的地位之外，议会大厦也是加拿大最古老的地标建筑之一。今天我们看到的议会大厦因为1916年的大火后进行过重建。这里有哥特式建筑和平塔（Peace Tower），有一座4.88米的四面钟以及53个铃铛组成的定期演奏的钟琴，还有精美的浮雕、图腾和石刻。大厦前广场上永不熄灭的百年火焰，纪念为国捐躯的先烈们。

导览游

游客可以在导游的陪同下参观位于中央区的参议院、众议院，圆形大厅有英国维多利亚女王的大理石雕像、历届总理的雕像；在东大厅里还有按原型重建的首任总理约翰·亚历山大·麦克唐纳（John Alexander Macdonald）的办公室，参议院图书馆。位于国会大厦前的广场中心有为纪念加拿大建国百年庆而建的长明火台，火台之火点燃于1967年的跨年夜，并会一直燃烧下去；火台四周雕刻着加拿大各省的徽章，并记载着它们加入联邦的日期。这里导览游免费，但需预约。

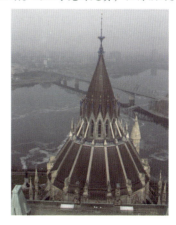

卫兵交接仪式

每年夏季7—8月，在国会山的草坪上举行的卫兵换岗仪式，按照加拿大皇家骑警的仪式来进行；卫兵们身着深红的上衣和黑色裤子，头戴黑皮毛高筒帽。仪式于每个早晨按时举行，仪式持续约30分钟。首次仪式是在1959年英国女王伊丽莎白二世访问加拿大时举行的。

音乐灯光秀（Sound and Light Show）

音乐灯光秀从每年5月初开始至9月初劳工节（Labour's Day）结束，其时国会大厦及周围的雕像全部用灯点亮，并让大厦模拟人讲话的形式，用光与声来讲解加拿大的建国史，用英、法语各叙述一次，持续约45分钟。

里多堂或称丽都厅
（Rideau Hall）

地址：1 Sussex Dr, Ottawa, ON K1A 0A1

官网：https://www.gg.ca/en/visit-us/rideau-hall

门票：免费

停车：收费停车场

里多堂是英国女王及其代表加拿大总督的官邸，由托马斯·麦凯（Thomas MacKay）于1838年建造，多年来，这座老建筑已经进行了多次翻修，以满足现代居住条件的需求。里多堂收藏了精美的加拿大艺术品和家具，有让·保罗·勒米厄（Jean Paul Lemieux）、艾米丽·卡尔（Emily Carr）和艾伦·萨普（Allen Sapp）等著名加拿大艺术家的作品。可导览游参观总督执行公务、欢迎政要和表彰加拿大人的国事厅等。导览游是免费的，但需预约，每次游览持续45分钟。里多堂被联邦遗产建筑审查办公室（FHBRO）指定为"分类"遗产建筑。在里多堂周围32公顷（79英亩）的公园中，可观赏因纽特人的欢迎石碓"因纽舒克"（inukshuk），图腾柱和来自世界各地贵宾们种植的约150棵友谊树。

拜沃德市场
（ByWard Market）

地址：55 Byward Market Square, Ottawa, ON K1N 9C3, Canada

官网：https://byward-market.com

停车：付费停车场

拜沃德市场于1826年由约翰·拜（John By）中校修建，它是加拿大最古老和最大的公共市场之一。市场位于乔治街（George Street）和约克街（York Street）的四个街区内。市场内不仅出售种类繁多、品质上佳的农贸产品，更有许多精品西餐厅集聚于此，咖啡馆、小众食品店、精品店、画廊、餐馆、理发和美容店等应有尽有。

里多运河
（Rideau Canal）

官网：http://www.rideau-info.com

里多运河于1832年竣工，将加拿大首都渥太华（Ottawa）与安大略湖（Lake Ontario）和金斯敦（Kingston）的圣劳伦斯河（St. Lawrence River）连接起来，全长202公千米。1812年英美大战，英国人为了防御美军的进攻，开凿了一条水道当作防御工事。在战后，该水道进行了拓宽修建，最终变成了如今的里多运河，其中一段位于渥太华市区7.8千米长的里多运河（Rideau Canal Cruises）被联合国教科文组织

列为世界文化遗产。进入冬季后里多运河则成为世界最大的户外溜冰场，使渥太华这座城市一年四季都能充满着活力。

渥太华唐人街
（Ottawa Chinatown）

官网：https://ottawatourism.ca/en/about-ottawa/neighbourhoods/chinatown

渥太华唐人街位于渥太华市中心以西的萨默塞特街（Somerset Street），东面从东海湾街（Bay Street）开始一直延伸到西面的罗切斯特街（Rochester St）。2005年更名为唐人街。2010年在布朗森大道（Bronson Avenue）以西的萨默塞特街（Somerset Street），唐人街西段的入口处建造了一座中式牌楼。

卡尔顿大学
（Carlton University）

地址：1125 Colonel By Dr, Ottawa, ON K1S 5B6

官网：https://carleton.ca

校训：Ours the Task Eternal　我们永恒的任务

卡尔顿大学是一所位于渥太华的公立研究型大学。学校于1942年创立，当时名为卡尔顿学院。1957年正式成为大学，大学名称源自男爵盖伊·卡尔顿（Baron Guy Carlton），他曾于1786年至1796年担任加拿大总督。校园占地62公顷，大学有65个科系，包括新闻、电影、大众传媒、电脑工程、生化、语言、建筑和商学院等，教职人员约2000人，在校学生约23000人。卡尔顿大学和渥太华大学合作，开设了多个硕士、博士联合培养项目，它在公共事务与管理、高科技、工程等领域中名列前茅。大学颁发学士、硕士和博士学位证书。

渥太华大学
（University of Ottawa）

渥太华大学简称渥大（uOttawa或UofO）。

地址：75 Laurier Ave. E, Ottawa, ON K1N 6N5

官网：https://www.uottawa.ca/

校训：Deus Scientiarum Dominus Est（Latin）God is the Master of Science）神是科学之主

渥太华大学，位于加拿大首都渥太华，是一所综合性研究型的大学，其前身是天主教修道会"无玷圣母献主会"[Missionary Oblates of Mary Immaculate（OMI）]在1848年创办的拜镇学院（College of Bytown）。渥太华大学是北美历史最古老、全球规模最大的英法双语授课的大学。大学有10个学院设有不同的学位和专业课程，其中包括管理、艺术、教育、工程学、健康科学、法学（普通法和民法）、医学、科学及社会科学。特尔弗商学院（Telfer Business School）是加拿大唯一一所通过全球三大顶级商学院认证的学院。大学有教职员工约8400人，在校学生约43000人。

加拿大国家美术馆
（National Gallery of Canada）

地址：380 Sussex Dr, Ottawa, ON K1N 9N4

官网：https://www.gallery.ca

门票：见官网

停车：收费停车场

加拿大国家美术馆位于首都渥太华，是加拿大最具标志性的公共建筑之一。博物馆建筑面积约47000平方米，其玻璃幕墙和花岗岩结构极具特征。美术馆于1880年由时任加拿大总督约翰·坎贝尔公爵（Duke John

George Edward Henry Douglas Sutherland Campbell）创建，1988年搬入现址。馆内收藏有众多绘画、素描、雕刻、摄影作品，现代艺术家的作品也非常丰富，特别是美国波普艺术即通俗艺术（pop art）的开创者之一安迪·沃霍尔（Andy Warhol）的大量视觉艺术运动的作品。这里当然少不了土著原住民的艺术品收藏。

加拿大历史博物馆
（Canadian Museum of History）

地址：100 Rue Laurier，Gatineau，QC K1A 0M8

官方网址：www.historymuseum.ca

门票：见官网

停车：收费停车场

加拿大历史博物馆是加拿大国家人类历史博物馆，原加拿大文明博物馆（Canadian Museum of Civilization），坐落在魁北克省加蒂诺（Gatineau），位于渥太华河

（Ottawa River）河畔，河对面是安大略省渥太华的加拿大国会山（Parliament Hill）。博物馆创立于1856年，主要收集、研究、保存、展览展现加拿大历史和多元文化的各种实物。馆内最负盛名的是展现加拿大20000年历史的永久性展厅，大堂内有世界上最大的室内图腾柱收藏。亲子活动可在馆内的儿童馆进行互动，在 CINÉ+ 的大屏幕上观看2D和3D电影。

加拿大自然博物馆
（Canadian Museum of Nature）

地址：240 McLeod St，Ottawa，ON K2P 2R1

官网：https://nature.ca

门票：见官网

停车：收费停车场

加拿大自然博物馆是位于渥太华市中心的国家自然历史博物馆。博物馆起源于1856年加拿大地质调查局建立的博物馆。馆内设有鸟类、哺乳动物、矿物、板块构造、北极发

现、巨型恐龙化石、鲸鱼骨架、真实尺寸大小的猛犸象模型等多种主题的长期展览。加拿大鹅（Canada Goose）和北极展厅在真实冰块营造出的寒冷氛围中，让您了解土著传统、北极熊、苔原野花等。您可以探索真实大小的石灰岩洞穴模型，了解地震如何发生或热带绿洲，还可以在美丽的活蝴蝶中漫步。

加拿大农业和食品博物馆
（Canada Agriculture and Food Museum）

地址：901 Prince of Wales Drive, Ottawa ONK2C 3K1Canada

官网：https://ingeniumcanada.org/agriculture

门票：见官网

停车：收费停车场

加拿大农业和食品博物馆位于国家遗址上（National Heritage Site），是世界上唯一位于首都中心的耕作农场。您可以了解加拿大农业的前世今生、食品知识以及农业科技与人类日常生活营养之间的关系和食品保鲜等。农场在约500公顷的牧场上还豢养了各种加拿大优良品种的牲畜，如：荷斯坦奶牛（Holstein dairy cows）、安格斯肉牛（Angus beef cows）以及塔姆沃思猪（Tamworth pigs）等。加拿大农业和食品博物馆是家长带着孩子们一起亲近大自然，享受美妙亲子时光的绝佳目的地。

加拿大独木舟博物馆
（Canadian Canoe Museum）

地址：910 Monaghan Rd, Peterborough, ON K9J 5K4

官网：https://canoemuseum.ca

门票：自由捐献

停车：免费停车场

加拿大独木舟博物馆是北美唯一一家独木舟博物馆，它由9个展厅组成，展出有600多艘各个年代的独木舟和皮划艇以及各种各样的传统水上运输工具。博物馆的使命是保存和分享独木舟的文化和历史。有机会的话，您可以参加博物馆组织的"独木舟之旅"，体验别具一格的划独木舟的感受。参观之余，您还可以在不同的作坊内学习如何制作与独木舟相关的器具，甚至亲手打造一艘杉木独木舟。

加拿大科技博物馆
（Canada Science and Technology Museum）

地址：1867 St. Laurent Blvd, Ottawa, ON K1G 5A3

官网：https://ingeniumcanada.org/scitech

门票：见官网

停车：免费停车场

博物馆位于渥太华（Ottawa）市中心东南边，于1967年建立。博物馆采用最新的数字技术，并提供大量演示和精心布置的科教展览，可以让您亲身互动体验；激发所有年龄段的游客对科学的热情，通过观察和实验对物理和自然世界的结构和行为进行系统研究。天文学展馆播放太空科普影片，让您一览星空的奥秘。

白求恩故居
（Bethune Memorial House National Historic Site）

地址：297 John St N, Gravenhurst, ON P1P 1G4

官网：https://www.pc.gc.ca/en/lhn-nhs/on/bethune

格雷文赫斯特（Granvenhurst）位于多伦多以北约160千米，小镇所在地属于马斯科卡（Muskoka）地区，这里有前寒武纪岩石、三个大淡水湖和许多个小淡水湖，风景秀丽，景色宜人。20世纪初，白求恩医生（Dr.Norman Bethune）成为医学先驱、加拿大全民医疗体系的倡导者和中国人民的老朋友。故居始建于1880年，1890年白求恩医生出生于此。这是一栋经典的19世纪维多利亚风格、两层木结构的建筑，有乳白色贴木外墙，三角形的黑色尖屋顶，梯形的外飘窗和宽大的院落。1973年加拿大联邦政府购得此房，修缮恢复成白求恩出生时的原貌，建成了白求恩故居博物馆，于1976年对公众开放，陈列着白求恩生活的实物和照片。2017年，白求恩故居被列为加拿大国家历史遗产。

霍普港
（Port Hope）

官网：https://www.visitporthope.ca

霍普港是安大略省南部的一个市，位于多伦多以东约109千米，在安大略湖北岸加纳拉斯卡河口（Ganaraska River），人口约17000人。霍普港被称为安大略省的古都，它拥有该省保存最完好的19世纪市中心街景，VIA铁路轨道穿过城中心。您有机会一定要去首都剧院（The Capitol Theatre）看一场电影，因为它是加拿大最古老的剧场。

阿冈昆省立公园
（Algonquin Provincial Park）

地址：Ontario 60，Ontario K0J 2M0

官网：https://www.algonquinpark.on.ca

门票：见官网

阿岗昆省立公园位于小镇惠特尼（Whitney）附近，是安大略省最大、最古老、最著名的郊野公园，距离多伦多市以北350千米，面积约7700平方千米，于1893年设立。公园内有众多湖泊、河流和大片的森林。两河湖（Lake of Two Rivers）区域是驼鹿（moose）、熊（bear）和潜鸟（loon）的家园。园内有多条远足步道，比如沿着牛舌河（Oxtongue River）的威士忌急流小径（Whiskey Rapids Trail）和北缘的巴伦峡谷步道（Barron Canyon Trail）。每当秋季来临，公园就变成了枫叶的海洋，漫山遍野是红色、黄色和褐红色。

贴心小贴士

60号公路是一条全年开放的省道，穿过阿冈昆公园的南部，它涵盖了公园的大部分设施和景点。60号公路走廊是通过从西门到东门56千米的公里数来标记的。

推荐心动自驾线路

亨茨维尔-巴里斯贝（Huntsville-Barry's Bay）

距离：155千米

自驾沿着亨茨维尔和巴里斯贝之间的60号高速公路（Hwy 60）一路东行，感受秋色的浪漫。

您可以先在亨茨维尔镇逛一逛，租一条独木舟或皮划艇到穆斯科卡河（Muskoka River）中挥桨，欣赏两岸秀丽的风景。然后再去网红郊游观光打卡地——狮子瞭望台

（Lion's Lookout）一游。再往东，就进入加拿大最古老、最具标志性的省级公园阿冈昆省立公园（Algonquin Provincial Park）。

贴心小贴士

建议最佳游览月份：10月1日至10月20日
最长街道
央街（Yonge Street）
路线起点：多伦多
路线长度：全长1896千米，市区段56千米

央街是安大略省的一条主要干道，它将安大略湖（Lake Ontario）和西姆科湖（Lake Simcoe）相连接，是通往五大湖上游的门户通道。央街于19世纪末成为多伦多的主要街道，与市中心的其他5条主要街道相交，形成了市中心的商业和娱乐核心商圈。央街是吉尼斯纪录上世界最长的街道。从多伦多市中心点安大略湖边开始，到加拿大安大略省（Ontario）和美国明尼苏达州（Minnesota）边界的雨河（Rainy River），全长1896千米（1178英里），其中央街和11号高速公路（Hwy 11）的交汇处长度为56千米。

多伦多–纽马克特简称新市（Toronto-Newmarket）

距离：25千米（单程）

从多伦多市中心出发，沿央街一路向北自驾前行，穿过北约克（North York）和列治文山（Richmond Hill），抵达目的地——新市（Newmarket）。它是安大略省约克区的一个城镇，属于大多伦多都会区的一部分，面积约39平方千米，人口约85000人。您可以逛逛新市河畔公园（Newmarket Riverwalk Commons），热闹的水边休闲区或加拿大购物中心（Upper Canada Mall）和镇上的独特精品店，也可去荷兰马什酒庄（Holland Marsh Wineries）具有东欧风味的安大略葡萄酒，有或去埃尔曼·W.坎贝尔博物馆（Elman W.Campbell Museum，https://www.newmarket.ca › museum）参观，了解当地的过去。

尼亚加拉瀑布–湖滨小镇（Niagara-on-the-Lake）

距离：22千米（单程）

沿着风景宜人的尼亚加拉公园大道（Niagara Parkway）自驾北行，经过30分钟左右车程即可从尼亚加拉大瀑布抵达尼亚加拉湖滨小镇，一路上可欣赏如画的田园风光，而且公路两边的景色在不同季节呈现出不同的风貌。公路两旁有水果摊，可以停车购买新鲜的食物和蔬果，或去皮利特里庄园酒庄（Pillitteri Estates Winery）品尝加拿大国酒——冰酒（Icewine），了解冰酒的制作过程。

多伦多–汉密尔顿（Toronto-Hamilton）

距离：68千米（单程）

沿着安大略湖（Lake Ontario）一路往南自驾，沿途经过密西沙加（Mississauga）、奥克维尔（Oakville）和伯灵顿（Burlington）等城镇，抵达著名的瀑布之城——汉密尔顿，一座位于安大略湖西端的港口城市，面积约1100平方千米，人口约579000人。城市内拥有超过100处瀑布，遍布健行步道和公园。"海达"号军舰（HMCS Haida）停泊在市内的湖边，加拿大战机遗产博物馆（Canadian Warplane Heritage Museum https://www.warplane.com）位于城市的南部。

贴心小贴士

如想观赏尽可能多的瀑布，请前往布鲁斯步道保护区（Bruce Trail Conservancy），沿途遍布悬崖和瀑布。

布鲁斯步道（Bruce Trail）南始于尼亚加拉大瀑布（Niagra Falls），北及布鲁斯半岛（Bruce peninsula），全长890千米，走完全程，可以说是每一位健行者的梦想！

多伦多–剑桥（Toronto-Cambridge）

距离：103千米（单程）

官网：www.cambridge.ca

剑桥市位于多伦多市西南格兰德河（Grand River）与斯比德河（Speed River）的交汇处，于1973年成立，面积约113平方千米，人口约13万。剑桥小镇有着浓郁的英伦风情，具有历史感的欧式建筑和教堂随处可见。大街桥（Main Street Bridge）是小镇的商业中心区。您可以去设立于1830年的农贸市场（Farmers' Market），还可以逛老街上古色古香的商店，品尝当地特色的小吃和美食。滑铁卢大学（University of Wartloo）在这里设立分校，日本丰田在此建有汽车制造厂。一定要去走走小镇最美的步道–剑桥至巴黎铁路径（Cambridge to Paris Rail Trail）。

贴心小贴士

开车沿着401高速公路（HWY 401）一路向西，在286出口（Exit 286）Townline Road/Regional Road 33下高速，然后按照"Cambridge"路牌指示驾驶。

金斯顿–千岛湖（Kingston-Gananoque）

距离：34千米（单程）

从金斯顿出发，沿着圣劳伦斯河（St. Lawrence River）畔的2号公路（Hwy 2）和千岛湖公园大道（Thousand Islands Parkway）一路自驾东行，前往千岛湖的码头加纳诺克（Gananoque）。这段公路被誉为童话仙境，是最美的自驾公路之一。

贴心小贴士

您可以选择在金斯顿上船游览千岛群岛。也可以驾车前往加纳诺克（Gananoque）上船。

枫叶大道（Maple Route）

加拿大是著名的"枫叶之国"，如果选一处地方来欣赏枫叶秋色，枫叶大道是必选之一。这里西面起始于尼亚加拉瀑布区（Niagara Falls area），向东一直到魁北克城（Quebec City）止，横跨安大略（Ontario）和魁北克（Quebec）两省，由40、417和407号公路（Hwy40，Hwy417，Hwy407）串连，全长约800千米，沿途穿越峡谷、河流、山峦和湖泊，满眼红枫，层林尽染。

建议行程安排

D01➡多伦多—阿冈昆省立公园（Toronto-Algonquin Provincial Park），距离：250千米

D02➡阿冈昆省立公园

D03➡亨茨维尔—诺斯贝（Huntsville-North Bay），距离：166千米

D04➡诺斯贝

D05➡诺斯贝—渥太华（NorthBayOttawa）距离：360千米

D06➡渥太华

D07➡渥太华—蒙特利尔（Ottawa-Montreal），距离：200千米

D08➡蒙特利尔

D09➡蒙特利尔—魁北克（Montreal-Quebec City），距离：259千米

D10➡魁北克克

D11➡魁北克—史密斯福尔斯（Quebec City-Smiths Falls），距离：460千米

D12➡史密斯福尔斯

D13➡史密斯福尔斯—金斯顿（Smith Falls），距离130千米

D14➡金斯顿

D15➡金斯顿—尼亚加拉瀑布（Kingston-Niagara Falls），距离：379千米

D16➡尼亚加拉

D17➡尼亚加拉瀑布—多伦多（Niagara Falls-Toronto），距离：120千米

蓝山度假村
（Blue Mountain Resort）

地址：190 Gord Canning Dr，The Blue Mountains，ON L9Y 1C2

官网：https://www.bluemountain.ca

蓝山度假村坐落在尼亚加拉断崖（Niagara Escarpment）上，因为周边的地貌全是蓝色的黏土，故名。度假村拥有酒店、公寓、商店、餐厅和酒吧，适合一年四季休闲度假。度假村距多伦多约160千米。

❤ 推荐游览项目 ❤

蒙特拉高尔夫球场（Monterra Golf）

度假村里为高尔夫爱好者设计的高尔夫球场。

山脊单轨过山车（Ridge Runner Mountain Coaster）

全长1千米，适合3岁以上人士驾玩，速度可控。

苹果派步道（Apple Pie Trail）

途经村里有名的餐馆、农场、糕点铺和农贸市场。

桃源仙谷探险（Scenic Caves Adventure）

探险几百万年前尼亚加拉断层塑造的峡谷和溶洞。

蓝山斯堪的纳维亚水疗中心（Scandinave Baths Blue Mountain）

位于原始森林中，水疗中心有北欧风格暖水瀑布、芬兰桑拿、桉木蒸汽浴等。

贴心小贴士

蓝山度假村地区拥有悠久的农业历史，更是著名的苹果产区。每年10月蓝山村会举办苹果丰收节（Apple Harvest Festival），您可以沿着苹果派步道（Apple Pie Trail）品尝苹果酒、苹果奶酪和苹果派。

当地美食

黄油蛋挞（Butter Tarts）

一种蛋挞，通常是用加拿大特色枫糖浆加黄油制作。无论是旅行途中，还是节日聚会或普普通通的家宴，Butter Tarts都是加拿大人的标配。在加拿大东海岸，从小镇上最好的面包店到街角便利店，随处都能买到。

海狸尾（Beaver Tail）

安大略省的标志性食物之一，一种似加拿大特有动物海狸（Beaver）扁圆的尾巴而得名的全麦手拉甜面包，里面可以夹你喜欢的馅料，如枫糖培根、苹果、肉桂、"Triple Triple"（榛子巧克力酱、花生酱、巧克力碎）等。

豌豆培根三明治（peameal bacon sandwich）

位于多伦多著名的圣劳伦斯市场（St. Lawrence Market）内的Paddington's Pump餐厅，这家店出品网红"Peameal Bacon Sandwich"，称为豌豆培根三明治。

魁北克省
Québec

简称魁省，缩写QC。
官网：http://quebecoriginal.cn
www.saulttourism.com
www.destinationsherbrooke.com

车牌标语：Je me souviens，意为"我记得"。

魁北克这个名字来源于原住民阿冈昆语（Algonquian languages）"kébec"，意思是河道收窄之处，但实际上背后真正的含义与法国人密切相关。1608年，法国探险家尚普兰（Samuel de Champlain）来到魁北克，开始用Québec来称呼这片法兰西王国的新乐土，同时赋予了魁北克另一个含义：美丽之省（la belle province）。但是后来英法两国交战，法国惨败，于1763年被迫割让魁北克，不过英国得到魁北克以后依旧用Quebec来称呼。魁北克于1867年加入了加拿大联邦。

作为唯一的法语省份，魁北克继承了很多法语文化的特点。车牌上的口号不仅是法语的，而且上升到了哲学高度。"Je me souviens"翻译成英文是"I remember"，可能意在突出魁北克的历史文化底蕴。

蒙特利尔
（Montreal 法语：Montréal）

官网：https://www.mtl.org

蒙特利尔又称满地可，是加拿大魁北克省最大的城市，位于圣劳伦斯河（St. Lawrence River）中的蒙特利尔岛及周边小岛上。"蒙特利尔"一词来源于古法语"Mont Royal"，意思为"皇家山"，蒙特利尔城中心的地标皇家山就以此命名。蒙特利尔是加拿大最重要的经济中心之一，是魁北克省的经济中心和主要港口，是该省面积最大的城市，加拿大第二大城市，其面积约4300平方千米，人口约410万。蒙特利尔有发达的航空、金融、设计和电影等工业。

蒙特利尔–皮埃尔·埃略特·特鲁多国际机场（Montréal-Pierre Elliott Trudeau International Airport）

地址：Romeo-Vachon Blvd N，Dorval，Quebec H4Y 1H1

官网：https://www.admtl.com

机场代码：YUL

蒙特利尔–皮埃尔·埃略特·特鲁多国际机场通常被称为蒙特利尔–多瓦尔国际机场（Montreal-Dorval International Airport），是加拿大最繁忙的国际机场之一，大部分来往欧洲的航班都在此机场升降。蒙特利尔国际机场是美国移民局官员驻场直接办理入境手续的八个加拿大机场之一。

好 玩 的 景 点

皇家山
（英语：Mount Royal，法语：Mont Royal）

位于市中心北侧，最高峰海拔233米。皇家山公园（Mount Royal Park）建成于1876年，它是蒙特利尔最大的公园之一。其设计者是纽约中央公园的设计师弗雷德里克·劳·奥姆斯特德（Frederick Law Olmstead）。山顶有著名的皇家山十字架，高约31米，2009年装上LED灯。在公园外的山坡上，有加拿大最大的天主教教堂圣约瑟教堂（Saint Joseph's Oratory），麦吉尔大学（McGill University）及其蒙特利尔大

学等。夏季每周日山上举办锣鼓节（tam-tams），活动聚集了鼓手、舞者和商贩等，老少咸宜。

圣约瑟大教堂
（Saint Joseph's Oratory of Mount Royal）

地址：3800 Queen Mary Rd, Montreal，Quebec H3V 1H6

官网：https://www.saint-joseph.org

门票：见官网

停车：免费停车场

圣约瑟大教堂，是一座罗马天主教堂，位于蒙特利尔的皇家山西南角，始建于1904年，原是由圣十字架会教士圣安德烈·贝塞（Saint André Bessette）兴建一座小教堂，其后经数次扩建改建，最终于1967年完工。大教堂是一座精雕细作、金碧辉煌的艺术建筑，上盖是铜造的圆拱形屋顶，教堂内陈列着雕刻精致的十字架及雕像。它不仅是北美最大的教堂之一，同时也是蒙特利尔最高的建筑物。高度为150米，分上下两层，共有4000多个座位。它是加拿大国家历史遗址，圣安德烈·贝塞的遗体也安葬于此。

蒙特利尔圣母大教堂
（Basilique Notre-Dame de Montreal,
Notre-Dame Basilica of Montreal）

地址：110 Notre-Dame St W, Montreal，Quebec H2Y 1T1

官网：https://www.basiliquenotredame.ca

门票：见官网

停车：免费停车场

蒙特利尔圣母大教堂是北美最大的教堂，建成于1829年，位于蒙特利尔市旧城区中心的达尔姆广场（Place d'Armes square）对面。圣母大教堂是参照法国巴黎圣母院的样式建造的，所以被称为"小巴黎圣母院"。教堂的正面矗立着两座高耸雄伟的哥特式塔楼，礼拜堂内流光溢彩，金碧辉煌，而又庄严肃穆。教堂内有一座博物馆，馆内陈列着许多制作精致的中世纪宗教银器。

蒙特利尔老港
（Old Port of Montreal）

官网：https://www.oldportofmontreal.com

蒙特利尔老港是当年北美大陆最重要的内陆港，面向圣劳伦斯河（St. Lawrence River），港口长2.5千米。最初的殖民者来到圣劳伦斯河的岸边，建立了港口 Ville-Marie。蒙特利尔早年以皮货和木材交易起家，如今已蓬勃发展成现代国际大都市。

波斯可斯市场
（Marché Bonsecours）

地址：350 St-Paul St E, Montreal

波斯可斯市场为一栋银色圆顶建筑，位于圣劳伦斯河畔，建于1844年，曾经是蒙特利尔市政厅，现在是公共市场。内有游客中心、手工艺品和珠宝饰物商店、时装和鞋类精品店、餐馆、咖啡店等。市场附近的河面已开辟为公众游乐场所，夏季可以划船，冬季成为溜冰场。

老港钟楼
（Montreal Old Port Clock Tower）

地址：1 Clock Tower Quay St, Montreal，Quebec H2L 5C1

钟楼坐落在老港东面圣劳伦斯河畔的 Quai de l' Horloge（被称为维多利亚角），白色的塔楼建筑高45米，建于1919年。为纪念在第一次世界大战中失踪的加拿大水手，钟楼也称为"水手纪念钟楼"（The Sailors' Memorial Clock）。钟楼设计灵感来源于伦敦的大笨钟（Big Ben）。您可以爬上192级台阶的钟楼观看蒙特利尔和圣劳伦斯河全景。

蒙特利尔摩天轮
（La Grande Roue de Montréal）

地址：362 Rue de la Commune E, Montréal, QC H2Y 0B4

官网: https://www.lagranderouedemontreal.com/

门票：见官网

蒙特利尔摩天轮高度60米，是加拿大最高的摩天轮，冬天有供暖，夏天有空调。在慢旋转大轮上，您可以欣赏到老城区标志性的建筑和景色。如果想要更刺激的冒险，可以凭借1200英尺长的MTL高空缆索（Montreal Zipline），以每小时40英里的速度快速穿越前港口区。

太阳马戏团
（Cirque du soleil）

官网：https://www.cirquedusoleil.com/
门票：见官网

太阳马戏团总部位于蒙特利尔市中心的圣米歇尔（Saint-Michel），由两位街头艺人盖·拉利伯特（Guy Laliberté）和吉列斯·史特-克洛伊克斯（Gilles Ste-Croix）于1984年在蒙特利尔创立。太阳马戏团通过天马行空的创作，突破想象力的呈现，为观众带来为之赞叹的惊喜。马戏团现在有近4000名演职员，其中包括来自近50个国家的1300名杂技表演艺术家。

Habitat 67

地址：2600 Av Pierre-Dupuy, Montréal, QC H3C 3R6

官网：https://www.habitat67.com/en/

蒙特利尔赢得了1967年世博会（Expo1967）的主办权后，为呼应该届世博会"人与世界"的主题，当局决定建造一个新型住宅小区，展示现代城市房屋经济、生态、环保的发展趋势。加拿大设计师萨夫迪（Moshe Safdie）的设计最终入选，设计师的设计理念是针对低收入人群，希望他们能用较低的成本过上更舒适的生活。为了达到这个目标，Habitat 67巧妙地利用了立方体坚固的特点，将几百个灰米黄色的立方体错落有致地码放在一起，构成158个单元。每一个小单元方格保证了户户都有花园和阳台的要求，同时更兼顾了隐私性与采光性，就算是房间面积不大，也能让人享受到舒适的生活。Habitat 67是当年世博会为数不多存留下来的建筑之一。

蒙特利尔植物园
（Montreal Botanical Garden）

地址：4101 Sherbrooke St E, Montreal, Quebec H1X 2B2

官网：https://www.britannica.com/place/Montreal-Botanical-Garden

门票：见官网

蒙特利尔植物园建于1931年，占地面积达75公顷，园内主要以法国风格庭园为主，22000个植物种类展示于10个温室、20个主题花园和1个凉亭中。蒙特利尔植物园规模仅次于英国伦敦的皇家植物园，是世界第二、北美最大的植物园。

奥林匹克体育场
（Olympic Stadium）

地址：4545 Pierre-de Coubertin Ave, Montreal，Quebec H1V 0B2

官网：https://parcolympique.qc.ca/

停车：收费停车场

奥林匹克体育场是1976年蒙特利尔夏季奥运会的主场，它是魁北克最大的有盖圆形体育场，可以容纳56000名座席观众和4000名站席观众。体育场每年举办各种各样的世界级的活动、展览、表演、摇滚音乐会、足球和棒球比赛等。

自然生态馆
（Biodome）

地址：4777 Pierre-de Coubertin Ave, Montreal，Quebec H1V 1B3

官网：https://espacepourlavie.ca/en/biodome

门票：见官网

停车：收费停车场

蒙特利尔自然生态馆位于奥林匹克公园附近的Mercier-Hochelaga-Maisonneuve社区，它最初是1976年蒙特利尔夏季奥运会的赛车场，后改造成为展示美洲四种生态的自然生态馆。

蒙特利尔美术博物馆
（The Montréal Museum of Fine Arts）

地址：1380 Sherbrooke St W, Montreal，Que

官网：https://www.mbam.qc.ca/en/

门票：见官网

停车：收费停车场

蒙特利尔美术博物馆位于古老的黄金广场（Golden Square Mile）附近，是艺术爱好者的必游之地。馆内收藏有大量价值连城的画作、雕塑、装饰艺术品、家具、印刷品、素描和摄影作品。其中包括欧洲大师伦勃朗、毕加索和莫奈的作品，加拿大艺术大师如七人画派的风景画，琼·保罗·里奥拜尔（Jean Paul Leo Bair）的佳作，罗伊·迪奥（J.B. Roy Dior）和保罗·肯（Paul Ken）的作品，还有为数众多原住民艺术家的作品等。

蒙特利尔大学
（Université de Montréal/University of Montreal）

地址：2900 Edouard Montpetit Blvd, Montreal，Quebec H3T 1J4

官网：https://www.umontreal.ca/

校训：Fide splendet er scientia（Latin）It shines by faith and knowledge 信仰和知识闪耀光芒

蒙特利尔大学成立于1878年，拥有蒙特利尔理工学院和现代商学院两所附属学院，是魁北克最大、加拿大第二大的大学。该校拥有5.5万名学生，每年各个科系颁发约1万张各级文凭；15个院系几乎提供所有学术领域的课程培训项目。

麦吉尔大学
（McGill University/ Université McGill）

地址：845 Rue Sherbrooke O, Montréal，QC H3A 0G4

官网：https://www.mcgill.ca/

校训：Grandescunt Aucta Labore（Latin）万物因实践而获得提升

麦吉尔始建于1821年，是加拿大一所著名公立研究型大学，设有21个科系和职业学院，为从本科到博士课程教育提供300多个学科和培训项目，在校本科生近2.3万人，研究生约7000人。麦吉尔大学吸引了来自全球150多个国家的知名教授和研究学者。该校拥有加拿大大学最高的博士生比例，培育了加拿大12位诺贝尔奖得主，145位罗德奖得主，11位格莱美奖得主，9位奥斯卡金像奖得主，3位加拿大总理，8位外国元首和28位驻外大使。

魁北克城
（Quebec City）

官网：https://www.quebec-cite.com/en

魁北克城是加拿大魁北克省省会，建城于1608年，它曾是新法兰西首府，也是一座要塞和港口，还是北美唯一有城墙的城市。它坐落在圣劳伦斯河口（Saint Lawrence River）与圣查尔斯河（Saint Chales River）交汇处，"魁北克"在印第安语中就是"河流变窄处"的意思。魁北克旧城（Vieux-Québec）分为上城（Haute-Ville）和下城（Basse-Ville）两部分，上城是宗教和行政区，四周有城墙环绕；下城则为港口和居民区。上下两城由一条空中缆车连接。面积约485平方千米，人口约55万人，大都会区人口约80万人。魁北克城于1985年列入世界遗产名录（UNESCO World Heritage Site）。

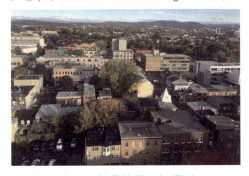

魁北克让·勒萨热国际机场（Quebec City Jean Lesage International Airport/Aéroport international Jean-Lesage de Québec）

地址：505 Rue Principale, Québec, QC G2G 0J4

官网：http://www.aeroportdequebec.com/fr

机场代码：YQB

魁北克让·勒萨热国际机场是魁北克省省会魁北克市的国际机场，机场以该省前省长让·勒萨热（Jean Lesage）的名字命名。属于区域性机场，提供包括飞往美国的国际国内航班客货运服务。

❤ 推荐景点 ❤

魁北克古城区（Fortifications-de-Quebec）占地135公顷，最古老的城市核心集中在下城，皇家广场四周和圣母街两旁均为17和18世纪建筑，其中维多利亚圣母教堂始建于1688年，1759年被焚毁，后重建。眺望下城，房屋、仓库、商店层层叠叠，就像一座大迷宫。

小香普兰地区（Quartier Petit Champlain）是魁北克旧城的发源地，是旧城内最为狭窄的一条街道，却也是整个城镇里非常热闹繁华的地方。在这条有着陡峭台阶狭窄的街道上，集聚了各式各样的贩售纪念品、精品、皮件、手工艺品的商店，画廊，咖啡屋和餐厅。它有着旧城区特有的风情，可以让您体验当地人的生活。

皇家广场（Place Royale），这里是塞缪尔·德·尚普兰（Samuel de Champlain）在美洲建造的第一个法国永久殖民地。广场周围的地方现已成为带有露台的餐馆和纪念品，工艺品商店等的聚集地。

魁北克圣母大教堂（Cathedral-Basilica of Notre-Dame de Québec），教堂建筑朴实典雅，内部设计装饰富丽堂皇。大教堂四柱、华盖、主教宝座讲台、彩绘玻璃窗、宗教壁画、雕塑等艺术品令人印象深刻，许多古老的油画更是无价之宝。

魁北克堡要塞（Citadelle de Québec）是一处现役的军事基地，同时也是加拿大总督的第二处官邸。它位于魁北克市戴蒙岬角（Cap Diamant）的顶部，与亚伯拉罕平原相邻，是加拿大最古老的军事建筑。法国人早在1608年就已经意识到了戴蒙岬角的战略重要性，所以他们在此处修建了防御工事。英国人在征服了新法兰西后，于1820年到1850年期间修建了现在的魁北克堡要塞，目的是防御潜在的来自美国人的进攻。1946年魁北克堡要塞被设立为加拿大国家历史遗迹（Canadian Historic Heritage Site）。

亚伯拉罕平原（Plains of Abraham），是1759年9月13日著名的"魁北克战役（Battle of Quebec）"的战场，这场战役决定了加拿大的命运。法国战败，失去了对城市的控制权。

魁北克李维斯渡轮（Québec City-Lévis Ferry），可选择傍晚的时候坐渡轮到对岸的李维斯（Levis），隔着圣劳伦斯河从对岸看魁北克城的全景，同时可以欣赏落日。

蒙莫伦斯瀑布公园
（Montmorency Falls Park/Parc de la Chute-Montmorency）

地址：490 Ave Royale, Quebec City, Quebec G1C 1S1

官网：https://www.sepaq.com/destinations/parc-chute-montmorency/

门票：免费

停车：收费停车场

蒙莫伦斯瀑布距离魁北克城自驾几分钟远的路程。瀑布高84米（272英尺）。可以选择进入蒙莫伦斯瀑布公园专门修建的几处观景台上近距离欣赏，或乘坐缆车前往瀑布顶端欣赏壮丽美景，还可以选择三条铁索吊桥（Via Ferrata）徒步穿行。登顶后，您可以在蒙莫伦斯庄园（Manoir Montmorency）边享用大餐，边欣赏美景。夏季的时候，有以蒙特摩伦斯瀑布为背景举行烟火比赛，当五颜六色的烟花在空中绽放时，瀑布映出五彩缤纷，非常美丽。

明根群岛国家公园
（Mingan Archipelago National Park）

地址：1010 Prom. Des Anciens, Havre-Saint-Pierre, QC G0G 1P0

官网：https://tourismecote-nord.com/en/discover-our-region/must-see/mingan-archipelago/

门票：见官网

明根群岛国家公园保护区是位于加拿大魁北克东部、圣劳伦斯湾北岸的国家公园保护区。明根群岛由大约40个石灰岩岛屿和上千个花岗石小岛组成，1984年在此设立明根群岛国家公园，面积约150平方千米。加拿大地盾北岸是由极其坚硬的岩石物质组成的，已经有近十亿年的历史，地球上的第一个海洋生物就是在其附近的古老海域中成长起来的。随着地壳运动，海底隆起变为高原，受到侵蚀以及河流的冲刷产生裂缝，裂缝越来越大，从而形成了今天的明根群岛。大自然用鬼斧神工造就了这些岛屿，又在漫长的岁月中将其精心雕刻为伟大的艺术品。

建议线路

国王大道（The King's Road）

路线起点：魁北克城，蒙特利尔

路线长度：280千米

建议天数：一天

这条线路连接了魁北克省最大的两个城市——蒙特利尔（Montreal）和魁北克城（Quebec City）。国王大道建于1737年，是当时格兰德河（Rio Grande）北区最长的公路。沿途您会穿过小镇里彭提尼（Pepentigny）和三河（Trois-Rivieres），参观美丽的圣皮埃尔教堂（Sainte-Anne-de-la-Perade church）、魁北克民俗文化博物馆（Quebec Folk Culture Museum）、美丽的圣皮埃尔湖（Lake Saint-Pierre）等。

环加佩斯半岛自驾游（The Bas-Saint-Laurent - Gaspésie Tour）

路线起点：魁北克城或蒙特利尔

路线长度：1231千米

加佩斯半岛是国家地理推荐的加拿大必去旅行地之一，您可以从魁北克市（Quebec City）或者蒙特利尔（Montreal）出发，沿着圣劳伦斯河（St. Lawrence River）一路向东。

半岛是龙虾和三文鱼的产地，举世闻名的皮尔斯巨石（Perce Rock）就位于加佩斯半岛。在这里您可以潜水、观鲸、钓鱼、玩皮划艇。当然美食也不会缺席。

驱车走来，沿途会遇到不同类型的果园作坊，比如黑加仑作坊、枫糖作坊、苹果作坊等，欢迎品尝和选购地方风味的黑加仑果酒、苹果酒或枫树糖浆。

当地美食

肉汁奶酪薯条（Poutine）

将传统的法式炸薯条配上芝士粒，再淋上肉汁酱。温热的肉汁酱将大块的芝士融化，缠绕在每一根薯条上。吃的时候能拉起长长的丝，简直太美味！

枫糖浆（Maple syrup/Tire sur la Neige）

枫糖浆，是用糖枫树的树汁熬制而成，香甜如蜜，风味独特，富含矿物质，是很有特色的纯天然的营养佳品。魁北克是枫糖浆最重要的产地。

最经典的食用方法有：华夫薄煎饼涂抹枫糖浆、枫糖浆三文鱼、煎培根配枫糖浆、盐焗枫糖烤鸡等。

枫浆太妃糖（Maple Taffy）

将滚热的枫糖浆直接淋在冰上，然后用根小棍卷成一根魁北克人的"棒棒糖"。孩子们一到冬天就会跑到雪地里自制枫浆太妃糖。

烟熏肉三明治（Smoked Meat Sandwich）

被称为"蒙特利尔肉夹馍"，用切片黑麦面包，加上多层蒙特利尔烟熏肉片，配上脆爽的酸黄瓜，再来杯樱桃苏打水，口感奇棒！

枫糖浆三文鱼（Maple syrup fried Salmon）

三文鱼先用胡椒、玉桂粉腌制，煎熟，

配上绵绵的薯蓉和蔬菜丝，然后再淋上枫糖浆而成。

枫糖嫩豆（Fèves au lard）

Fèves au lard直译就是富含脂肪的豆类，将枫糖浆加入烤菜豆，魁北克当地人早餐的餐桌上少不了它。

可颂面包（croissant）

一种用黄油烘烤出来的羊角形法式面包，它的形状据说像蒙特利尔地图。

穷人布丁（Pouding Chômeur）

来自法语的翻译，意为"失业的男人"，是一种甜点，它由面粉、牛奶、黄油、鸡蛋或奶油制成，用枫糖浆作为热焦糖的甜味剂。

虎纹冰淇淋（Tiger Tail Ice Cream）

一款橙色冰淇淋，搭配黑色甘草丝带，呈现出虎状条纹，是一款颜值和口味都不错的甜品。

法式菜肴

除了街头小吃以外，魁北克有着加拿大最多的法式餐厅，这些餐厅有些传承了原汁原味的法式血统，有的则加上当地特有食材，变换成魁北克特有的魁式法餐。优雅和精致是必需的。

避世酒店

冰酒店（Hôtel de Glace）

地址：2280 Bd Valcartier, Saint-Gabriel-de-Valcartier, QC G0A 4S0

官网：https://www.valcartier.com/fr/hebergement/hotel-de-glace/

房价：见官网

冰酒店距离魁北克城30千米，整座童话城堡般的冰酒店，墙壁、天花板和床全部由500吨冰块和40000吨雪打造而成。冰酒店于2000年建造第一间，拥有40间客房和主题套房、户外水疗和桑拿，以及4间餐厅和酒吧，每年1月至3月期间开放入住。冰酒店每年都

会推陈出新，带来新鲜的特色和创意。

推荐理由

全北美洲独一无二。

费尔蒙芳缇娜城堡酒店
（Fairmont Le Chateau Frontenac）

地址：1 Rue des Carrières, Québec, QC G1R 4P5

官网：https://www.fairmont.com › frontenac-quebec

房价：见官网

费尔蒙芳缇娜城堡酒店坐落于魁北克市圣劳伦斯河北岸，是加拿大太平洋铁路公司建于19世纪末的一系列城堡酒店的第一间，并于1981年成为加拿大国家历史遗址。它是由建筑师布鲁斯·派尔斯（Bruce Price）设计，于1893年落成，共有610间客房和套房。每间客房均拥有典雅风格的家具和装饰，而酒店古堡式的外形更成为魁北克城最著名的一景。费尔蒙芳缇娜城堡酒店还见证过无数重要的历史时刻，1943年和1944年，第一次和第二次魁北克会议在酒店召开，同盟国代表美国总统罗斯福、英国首相丘吉尔和加拿大总理麦肯齐在会议上确认了打败日本的最后期限，而且在会议中草拟了美、英、苏、中四国关于创立联合国的宣言稿和四大国战后维持和平责任的宣言稿。

推荐原因

加拿大最受欢迎的酒店。

新布伦瑞克省
New Brunswick

简称新省，英文缩写NB。
官网：https://www.tourismnewbrunswick.ca
　　　www.descoversaintjohn.com

车牌标语：Conservation，意为"保护环境"。这是加拿大唯一的双语车牌（英文NEW，法语Nouveau）地区。2012年新布伦瑞克省取消了原来车牌上的标语，留下空白等待人们探索。

新不伦瑞克省（New Brunswick），是具有德国特征的法国文化传统的加拿大三大海洋省份之首，新不伦瑞克的居民主要以法国后裔为主，说法语的人数在加拿大全国仅次于魁北克，但是名字却来源于德语Braunschweig。Braunschweig是德国的一座城市，所以说新不伦瑞克的名字具有浓郁的德意志风情。美国独立战争以后，一些保皇党人跑来新不伦瑞克避难，使得这片土地又融合了能说英语的居民，并于1867年加入加拿大联邦。新不伦瑞克省北临沙勒尔湾（Chaleurs Bay），东以圣劳伦斯湾（Gulf of St. Lawrence）和诺森伯兰海峡（Northumberland Strailt）为界，南到芬迪湾（the Bay of Fundy），北是阿巴拉契亚山脉的一部分。拥有世界上最高潮汐的芬迪湾，令人惊叹。希迪亚克的龙虾文化非常有趣，阿卡迪亚文化与城市风情更是精彩。

圣约翰市
（Saint John）

官网：https://saintjohn.ca/en

圣约翰市临近芬迪湾（Bay of Fundy），是新不伦瑞克省最大的城市，也是加拿大东部最重要的港口城市。面积约506平方千米，人口约71000人。早在17世纪，就有法国移民与英国移民陆续涌入这里，现在城内还有三分之一说法语的居民，圣约翰市也成为加拿大境内为数不多的双语并用的城市之一。市中心坐落于圣约翰河口和科特尼海湾（Courtenay Bay）间的方形半岛上。国王广场（King Square）是城市的打卡地。旅游景点大多就分布在港口前沿和国王广场的周边。这里拥有加拿大保存最完整的19世纪商业建筑。阳光普照时，城市在远山、海湾、廊桥和古建筑的衬托下笼罩着一层迷人的光晕。雾霭降临的时候，又让人在朦胧中仿佛穿越回到了几百年前的旧梦，置身于历史的厚重悠远之中。

圣约翰机场（Saint John Airport）

地址：4180 Loch Lomond Rd, Saint John, NB E2N 1L7

官网：http://www.saintjohnairport.com/

机场代码：YSJ

圣约翰机场是新不伦瑞克省的一座区域性机场，位于圣约翰市的东北端。机场仅能起降中小型飞机，年接待能力约30万次，它是由非营利组织圣约翰机场有限公司（Saint John Airpot Inc.）负责运营。

好 玩 景 点

圣安德鲁斯海滨城
（St. Andrews by-the-Sea）

官网：https://standrewsbythesea.ca/

圣安德鲁斯海滨城是加拿大第一个海滨度假区，面积约8.4平方千米。每年夏天，小城里都会涌入大批的游客，白天可以在沐浴阳光明媚的海滨和沙滩，畅饮当地精酿的冰镇鲜啤；傍晚时分去码头附近的海鲜餐厅享用龙虾卷和海鲜大餐；夜幕降临，小城内的精美壁画配以历史悠久的老店铺，构成了圣安德鲁斯海滨城的奇幻氛围。

蒙克顿
（Moncton）

官网：https://www.moncton.ca/

蒙克顿是新不伦瑞克省东南的一个城市，面积约142平方千米，人口约86000人。从蒙克顿出发，在新不伦瑞克省与新斯科舍以及美国缅因州之间，芬迪湾是加拿大的自然奇观之一，世界上最雄伟的潮汐地。看着沿途如画风景，只需要一小时，就能到达芬迪国家公园（Fundy National Park）。

芬迪湾-霍普威尔岩
（Bay of Fundy-Hopewell Rocks）

地址：131 Discovery Rd，Hopewell Cape，NB E4H 4Z5

官网：https://www.thehopewellrocks.ca

门票：见官网

停车：景区停车场

只有在芬迪湾，你才有机会看到一场世界上最壮阔的潮汐"演出"（Fundy Treasures & Tides Ride）。15米落差的潮涨潮落冲刷着这片区域，一涨一落之间，超过1000亿吨的海水涌入涌出芬迪湾，形成了世界上最高的潮汐，潮差最高纪录为21米，潮汐的频率为每天两次。经年累月之下，大自然的笔触描绘出了奇特的海岸石林景观，潮退之后，裸露的沙滩上便会有多座怪石矗立，它们就是那汹涌潮水也无法冲刷殆尽的堪称世界奇迹的霍普威尔岩（Hopewell Rocks）。七月盛夏，万千候鸟南迁时将会稍歇于此，为芬迪湾带来一片令人惊叹的蓬勃景象。

贴心小贴士

查询潮汐时间表：http://bayoffundytourism.com

迪克逊瀑布
（Dickson Fall）

官网：https://www.pc.gc.ca/en/pn-np/nb/fundy/activ/activites-plein-air-outdoor-activities/sentiers-trails/dickson

门票：国家公园联票

停车：景区停车场

芬迪国家公园（Fundy National Park）位于新不伦瑞克省东南部的阿尔马小镇（Alma）附近，从圣约翰驱车仅需70分钟即可到达，是加拿大最小的国家公园之一。除了著名的潮汐之外，这里还有大大小小几十条瀑布，著名的迪克逊瀑布（Dickson Fall）就在这满眼的翠绿之中，如一条白色缎带般的清泉奔涌而下，在周围的空气中氤氲出一层薄薄的水雾，旋即又淌落在石头上，发出叮叮咚咚的清脆的响声。

马修斯头步道
（Matthews Head Trail）

官网：https://www.alltrails.com/trail/canada/new-brunswick/matthews-head-and-squaws-cap-look-off-trail

停车：景区停车场

在这苍翠的密林深处，在错落有致分布着的瀑布之后，蜿蜒着一条名为马修斯头步道（Matthews Head Trail）的步道。如果你还没有户外远足的经验，如果你也同样向往纯净而湿润的空气、百年形成的密林、蜿蜒的河谷以及雄伟的悬崖，那么不妨将你的首次远足交给这条难度不算大的步道。步道的终点就是芬迪湾，晚霞将漫天尽染，海面上波光粼粼，天地间的壮阔将在登顶的一瞬间如一幅画卷一般袒露在你面前。

愤怒角
（Cape Enrage）

官网：https://www.capeenrage.ca/en/

停车：景区停车场

愤怒角是芬迪湾生态保护系统（Fundy Biosphere Reserve）的一部分，愤怒角本身其实是一块形成于3.2亿年以前的沉积岩，狂风进入这座漏斗一般的海湾时会发出愤怒的咆哮，故此得名。愤怒角上伫立着一座古老的灯塔，百年间一直守护着过往的船只，在迷雾中为它们指引航向。

推荐项目

滑索（Ziplining）：全长183米，穿好安全设施，被工作人员背对着从高耸的山崖推出，感觉几乎就要坠落到万丈悬崖之下，绳索却稳稳地将你托住，载着你高速滑破天际，滑向另一座山峰。

岩壁速降（Rappelling）：从46米高的岩壁顶部攀绳而下，将海岸山巅的风景都一览无余。

希迪亚克
（Shediac）

官网：https://tourismnewbrunswick.ca/listing/town-shediac

希迪亚克是一座位于新布伦瑞克威斯特摩兰（Westmorland County）的小镇，面积约54平方千米，人口约6700人。网红打卡景点当属那座历时三年制成、重达50吨的巨型龙虾雕塑。这座雕塑长约10米、高5米，在雕塑边的牌子上写着"Shediac-Home of the World's Largest Lobster"（世界最大龙虾的家乡）。

新不伦瑞克省博物馆
（New Brunswick Museum）

官网：http://www.nbm-mnb.ca
门票：见官网
停车：免费停车场

新不伦瑞克省博物馆于1929年正式合并为"省博物馆"，并于1930年获得现名。然而，它的历史可以追溯到1842年，当时盖斯纳自然历史博物馆在圣约翰向公众开放。1996年4月，新不伦瑞克省博物馆在圣约翰（Saint John）住宅区的租赁空间内正式开放了其展览中心。博物馆现在提供三层展览空间和各种公共计划。馆藏中心和档案与研究图书馆位于道格拉斯大街的位置。

新不伦瑞克大学
（University of New Brunswick）

地址：Fredericton：3 Bailey Dr, Fredericton, NB E3B 5A3

Saint John：100 Tucker Park Rd, Saint John, NB E2K 5E2

官网：https://www.unb.ca/

校训：Sapere Aude（拉丁语）Dare to be Wise 敢于明智

新不伦瑞克大学，简称UNB，建校于1785年，是加拿大最古老的英语大学，北美四所最古老的公立大学之一。大学有两个校区，分别位于弗雷德里顿（Fredericton）和圣约翰（Saint John），设5个院系43个学科：工程学院，计算机科学院，工商管理学院，理学院和文学院。弗雷德里顿校区在校学生约9000人，圣约翰校区在校学生约3000人。新不伦瑞克大学在教育、法律、理科和工程课程方面，在加拿大全国综合类大学专业排名中名列前茅，文学院也在加拿大享有盛名。

当地美食

龙虾（lobster）

新不伦瑞克省是加拿大最大的鱼类和海鲜出口省，盛产龙虾、扇贝、生蚝，蛤蜊等极品美味生鲜。而坐落于该省内的希迪亚克（Shediac）则更是有着"世界龙虾之都"的美誉，这里的龙虾加工厂、龙虾节展现了其深厚的龙虾文化底蕴。

蓝莓糕（Blueberry Grunt）

这是大西洋四省的经典甜品，早在18世纪就已经流行。这里有许多法国定居者，他们种植了许多蓝莓，采收后将蓝莓放在明火的罐子里将其烹煮，Grunt是指蓝莓在慢慢烹煮冒泡时所发出的声音。可以用炖熟的果浆加糖再配上饼干享用。

圣鲸酒馆（Holy Whale Brewery）

一对兄弟买下了一座位于阿尔马小镇（Alma）内的旧教堂，并亲自动手花了10年将它改造成一座结合了教堂与啤酒元素的咖啡馆兼啤酒厂，取名圣鲸酒馆（Holy Whale Brewery）。每天钟声会在暮色中敲响，卖点是现场烘焙的咖啡 Buddha Bear、鲜酿啤酒、牛肉和玉米饼。

复合风味果酱（Flavors jam）

当地Tangled Garden内有的一种用覆盆子、薰衣草与大蒜、迷迭香制成的复合风味果酱，味道非常特别，让人回味无穷。

避世酒店

阿冈昆度假村（The Algonquin Resort St. Andrews by-the-sea）

地址：184 Adolphus Street，St. Andrews，New Brunswick E5B 1T7

官网：www.algonquinresort.com

房价：见官网

这个新不伦瑞克省的标志性建筑坐落在迷人的海滨小镇圣安德鲁斯（St. Andrews）海边，是加拿大最豪华、最壮观的度假胜地之一。阿冈昆（Algonquin）度假村历史悠久，始建于1889年，经过不断的更新改造，酒店提供最新的现代便利设施、令人难以忘怀的餐饮、一流的水疗中心、屡获殊荣的高尔夫球场，是家庭或情侣度假的理想之地，也是婚礼或庆典的理想之地。

推荐理由

加拿大最豪华的度假村之一。

爱德华王子岛
Prince Edward Island

英文缩写PEI。
官网：https://www.tourismpei.com/
www.tourismfredericton.ca

车牌标语：Canada's Green Province，意为"加拿大的绿色省"。曾经的车牌：Birthplace of Confederation，意为"联邦的摇篮"。

这里是大西洋上美丽的后花园，也是宣告加拿大联邦诞生之地。

爱德华王子岛省简称PEI，位于加拿大东海岸，月牙形的地理轮廓为海岸线巡游提供了天然优势。这里有延绵数公里的红色岩石、沙丘和缤纷多彩的海滩。岛上在一万年前就有原住民居住。5000年前原本和大陆连接一起的爱德华王子岛因为地壳运动而分离成岛，原住民部落米克马克人（Mi'kmaq）起初将岛称之为Epekwitk，意思是停留在海浪之上。大航海时代，法国人首先发现并命名其为圣让岛（Île Saint-Jean），英国转手得到以后，改名为圣约翰岛（St. John's Island）。后来为了纪念维多利亚女王的父亲、英国爱德华王子肯特公爵（Prince Edward Augustus，Duke of Kent and Strathearn），改名为爱德华王子岛（Prince Edward Island）。

联邦大桥
（Confederation Bridge）

地址：Confederation Bridge，Borden-Carleton，PE

官网：https://www.confederationbridge.com/

停车：免费停车场

联邦大桥（Confederation Bridge）长1.29万米，桥墩最大跨度250米，于1997年开通，如一条架在新不伦瑞克省与爱德华王子岛省间海域上的固定的纽带，连接着这两个海洋省份。这座打破过多项世界纪录的大桥，在建造期间承受过来自自然环境与人为因素的双重挑战。尽管建设周期被一再延长，直到1996年加拿大联邦政府正式命名该桥为"Confederation Bridge"之后，联邦大桥成为两省人民值得无比自豪的象征。

夏洛特敦
（Charlottetown）

官网：https://www.discovercharlottetown.com/

夏洛特敦是爱德华王子岛省省会，也是该省最大的城市，面积约45平方千米，人口约3.7万。1720年法国殖民者首先在其附近定居，1763年的时候这里又被英国占领，并以乔治三世皇后夏洛特的名字命名。1864年，各英属殖民地长官在这里达成共识，签署联邦协议，宣告了加拿大的诞生，因此首府夏洛特敦被誉为"加拿大诞生地"。加拿大联邦诞生之前的重要会议就在这里召开，因此1867年加入联邦后，这里有加拿大摇篮之称。

夏洛特敦机场（Charlottetown Airport）

地址：250 Maple Hills Ave, Charlottetown, PE C1C 1N2

官网：https://flyyyg.com/

机场代码：YYG

夏洛特敦机场是爱德华王子岛的区域性机场，位于夏洛特敦以北约6千米处。机场仅能起降不超过60名乘客的中小型飞机，由夏洛特敦机场管理局负责运营。

好玩景点

省议会厅
（Province House）

地址：165 Richmond St，Charlottetown，PE C1A 1J1

官网：https://www.pc.gc.ca/en/lhn-nhs/pe/provincehouse

https://www.historicplaces.ca/en/rep-reg/place-lieu.aspx?id=5441

门票：见官网

停车：街边计时或收费停车场

位于夏洛特敦老城区（Old Charlottetown）的省议会厅庄严肃穆，这里就是著名的夏洛特敦会议的召开地。省议会厅的整座建筑采用对称式的古典主义设计风格，整齐排列的天窗穿透了恢宏的砂岩壁，使得阳光能够将整栋建筑朗照。走进省议会厅一楼的电影放映大厅，穹顶上高悬着加拿大十省三区的徽章，白天每逢整点时间，这里就会播出一部十几分钟的短片《伟大的梦想》，回顾加拿大联邦建立的历史。议会厅的二楼再现了当年会场的布局，一张长桌、两排靠椅，从环境到色彩都酷似美国费城的独立大厅。历史总是惊人的相似，又耐人寻味——当年的美国独立大厅讨论的是如何建立联邦对抗英国殖民者，而在这个议会厅中讨论的，却是如何建立联邦来对抗新兴的美国。面对会场的大楼另一侧，就是爱德华王子岛省议会会场。会场正中是象征无

上权力的权杖，两边分别是加拿大国旗、爱德华王子岛省旗和省徽。作为加拿大最小的省，只有30个座位的小会场就可以容纳全部的省议员了。省议会厅属于加拿大历史遗址（Canadian Historic Heritage Site）。

维多利亚街
（Victoria Row）

地址：146 Richmond St，Charlottetown，PE C1A 1J1

停车：街边计时或收费停车场

维多利亚街是夏洛特敦的热门购物地。鹅卵石路两边是历史悠久的维多利亚风格建筑，夏季机动车辆禁止进入，变成步行街。漫步街道，流连酒吧、参观画廊和精品商店，如餐厅开放了露台，您可以一边欣赏街头乐手的演奏，一边享受好天气。无论您想在集市购买纪念品，还是只想随意逛逛，众多商铺和精品店里琳琅满目的本地商品都能满足您。

圣邓斯坦教堂
（St. Dunstan's Basilica）

地址：65 Great George St，Charlottetown，PE C1A 4K1

官网：https://www.stdunstanspei.com/

圣邓斯坦教堂是爱德华王子岛省上最重

要的教堂之一，承载着当地的宗教历史。这座充满了哥特风格的宏伟建筑在1913年曾经遭遇了一场大火，当时很多人以为一切都埋葬在灰烬之中了。出人意料的是，在当地人的努力之下，这座教堂在大火的余烬之中又一次拔地而起，浴火重生之后的它英姿不减从前丝毫。如今，教堂上高耸入云的三个尖塔已经成为夏洛特敦的地标式建筑。

维多利亚公园
（Victoria Park）

官网：https://www.discovercharlottetown.com/listings/victoria-park/

门票：免费

停车：收费停车场

维多利亚公园，位于夏洛特敦老城区西南角，是一座滨海公园，和煦的海风和充沛的阳光滋养着这里的植被和树木。

省督府
（Goverment House Charlottetwon）

地址：1 Terry Fox Dr，Charlottetown，PE C1A 8T6

官网：https://www.lgpei.ca/

门票：见官网

停车：收费停车场

爱德华王子岛省省督府就位于维多利亚公园（Victoria Park）中。这座殖民时代建成的官邸拥有辉煌的大厅和充满维多利亚风格的窗棂廊柱。自1835年开始，历任爱德华王子岛省督都住在这里。2003年，当时的省督J.L.伯纳德（Hon. J.L. Bernard）打破了一直以来省督府不对外开放的传统，开放给公众参观。

老炮台
（Old Battery Point）

地址：45 Victoria Park Roadway，Charlottetown，PE C1A 1M6

门票：免费

停车：收费停车场

1805年建成的爱德华王子岛老炮台（Old Battery Point）坐落在维多利亚公园（Victoria Park）里，古老的火炮口都指向夏洛特敦港湾的入口处，在百年的风云变幻中守护着爱德华王子岛。

绿山墙的安妮
（Anne of Green Gables）

地址：8619 Cavendish Rd，Cavendish，PE C0A 1N0

官网：https://www.tourismpei.com/green-gables-house

https://www.pc.gc.ca/en/lhn-nhs/pe/greengables

门票：见官网

停车：收费停车场

不管你是不是安妮的粉丝，卡文迪什的绿山墙都是前往爱德华王子岛省必打卡的景点之一。露西·莫德·蒙哥马利（Lucy Maud Montgonmery）的经典作品《绿山墙的安妮》（*Anne of Green Gables*）自1908年出版以来，已被翻译成20多种语言。随着作品大热，作为故事背景的爱德华王子岛省也越来越受到人们的关注，不少书迷从世界各地赶来，只为一睹绿山墙的安妮遗址。据说她创作与安妮有关故事的灵感来源——绿山墙的前身是Montgomery家的农场，现在是爱德华王子岛省国家公园的一部分，修复后的农舍充满趣味，书迷可以在这里找到不少书中提到的经典场景。游客可以报名参加绿山墙徒步之旅，或是前往博物馆了解岛上居民在19世纪末的生活方式。

匹克码头
（Peake's Wharf）

地址：11 Great George Street, Charlottetown，PE

官网：https://www.discovercharlottetown.com/listings/peakes-wharf-historic-waterfront-merchants/

停车：街边计时或收费停车场

匹克码头凝聚了整个爱德华王子岛海岸线的精华，这里有各式各样的商店和餐厅，你能找到特色伴手礼，并品尝到特色美食。夏日的晚上，这里还会不定时举办各类小型演唱会。

联邦艺术中心
（Confederation Centre of the Arts）

地址：145 Richmond Street, Charlottetown，PE C1A 1J1

官网：https://confederationcentre.com/

停车：收费停车场

1864年，一小部分民选官员聚集在爱德华王子岛省的夏洛特敦（Charlottetown），讨论建国事宜。联邦艺术中心（Confederation Centre of the Arts）为了纪念这一重大历史时刻而建，展出了加拿大最精华的艺术作品。艺术中心占据了一整个街区，由1个艺术馆和5个剧院组成，因此视觉和表演艺

永远在此占一席之地。可以体验原汁原味的爱德华王子岛省，观看加拿大演出时间最久的音乐剧《绿山墙的安妮》（Anne of Green Gables）。夏天到访还可以参加夏洛特敦艺术节（Charlottetown Festival），这个音乐戏剧节自1965年开始举办。艺术馆除永久展出传统艺术、摄影、数字媒体、装置艺术等领域的加拿大最佳杰作之外，还会举办巡回展览。

爱德华王子岛大学
（University of Prince Edward Island）

地址：550 University Ave, Charlottetown, PE C1A 4P3

官网：https://www.upei.ca/

校训：Faith, Knowledge, Service 信仰、知识、服务

爱德华王子岛大学创校于1804年，前身为圣邓斯顿大学（St.Dundstan's University）和威尔士王子学院（Prince of Wales College），1969年合并成爱德华王子岛大学。大学设有文科、理科、商科、教育、护理和兽医等专业。在校学生约4600人。另有网络教学，成人教育和远程教育等相关课程。

桑兹皮特卡文迪什海滩
（Sandspit Cavendish Beach）

地址：8986 Cavendish Rd, New Glasgow，PE C0A 1N0

官网：https://welcomepei.com/feature/sandspit-amusement-park/

停车：收费停车场

卡文迪什海滩是一段绵延在圣劳伦斯湾（Gulf of St. Lawrence）、长达8千米的海滩。这段位于加拿大东海岸的海滩，由于月牙形的地理轮廓为海岸线形成了天然优势，

遍布海岸的红色岩石、沙丘，缤纷多彩的海滩更令人流连。当地另一大特色就是当年苏格兰移民居住在这里盖起的绿色和白色的房屋建筑。

贴心小贴士

海边活动（7月1日至9月3日）
娱乐活动（6月23日至8月25日）。

当地美食

牡蛎（Oyster）

牡蛎的味道主要取决于它生长的水中的矿物质、盐度和营养物质。每一种水都给牡蛎带来独特的味道——爱德华王子岛周围的凉爽浅海湾中茁壮成长的牡蛎被冠以世界闻名的马尔佩克（Malpeque）等名称。该岛每年生产约六百万到七百万磅牡蛎，供应全球的餐馆和牡蛎酒吧。美食家倾向于在半壳上品尝新鲜出炉的牡蛎，但贝类也可以烘烤、蒸制、烤制、油炸或用于其他菜肴。

贻贝/淡菜（Mussel）

爱德华王子岛周围凉爽清凉的海水中养殖的贝类（Mytilus edulis）非常美味，它们含丰富的蛋白质和矿物质，同时脂肪和胆固醇较低。养殖的贝类生长在网状丝袜中，这些丝袜悬挂在水中的长线上。理想的生长条件使养殖的贝类味道更甜、更嫩、更丰满。在收获时，它们通常有两到三英寸长，外壳主要是黑色，带有蓝色高光，具有拉长的三角形形状。

蛤蜊（Clam）

爱德华王子岛被称为是"加拿大的美食岛"。这里的陆地提供新鲜农产品，海洋以渔业为主，物产极为丰富，新鲜食材遍地都是。如果问世界上最好的蛤蜊产自何处，他们会告诉你：爱德华王子岛。在海滩上拿起铁锹铲沙挖蛤蜊，你能挖到最柔软多汁的蛤蜊。

马铃薯（Potato）

爱德华王子岛以生产马铃薯而闻名于世，每年生产约 2500 万磅的马铃薯。岛上种植了许多品种，其中包括赤褐色马铃薯、圆白马铃薯、红色马铃薯、黄色马铃薯、蓝色马铃薯和手指型小马铃薯。这里的人朴实，崇尚自然，喜欢直接在户外用最简单的方式烧烤、烹饪。

爱德华王子岛省传统冰淇淋（Wowie Cowie）

这座岛还因一流的奶制品而闻名。味道浓郁的COWS冰淇淋值得一试，Wowie Cowie是必点的口味。

避世酒店

罗德克洛布斯高尔夫 & 海滨度假村（Rodd Crowbush Golf & Beach Resort）

地址：632 Rte 350 Morell, Lakeside, PEI C0A 1S0

官网：http://www.roddcrowbush.com

房价：见官网

罗德克洛布斯高尔夫&海滨度假村位于著名的克劳布什湾高尔夫球场（Crowbush Cove Golf Course），拥有18洞高尔夫球场、无敌海景和白沙海滩。主酒店拥有25间豪华客房、24间带客厅和按摩浴缸的套房、32间豪华一卧室和两卧室小屋。一卧室小屋设有特大号床、客厅、角落漩涡浴缸、壁炉和小厨房。两卧室小屋设有两层两个浴缸（一个按摩浴缸）、厨房和客厅。距离夏洛特敦25分钟车程。

推荐理由

海滨度假胜地度假村

新斯科舍省
Nova Scotia

英文缩写NS。
官网：http://www.novascotia.com
www.tourismns.ca
www.descoverhalifaxns.com

新斯科舍省又称诺华士高沙。

车牌标语：Canada's Ocean Playground，意为"加拿大的海洋乐园"。

新斯科舍省由新斯科舍半岛（Nova Scotia peninsula）和布雷顿角岛（Cape Breton Island）组成。面积约5.6万平方千米，人口约92万，新斯科舍这个名字的意思在苏格兰语里是"新苏格兰"的意思。在17世纪的法国殖民者统治时期，这里是新苏格兰移民聚居地。新斯科舍、新不伦瑞克、魁北克，以及美国缅因州一部分地方被称作阿卡迪亚（Acadia），意思是"田园天堂"。后来，英国殖民者取代法国统治了这篇土地，命令所有阿卡迪亚人离开。他们在离开之后重新定居在布雷顿角（Cape Breton）。1867年加拿大建立联邦，新斯科舍是首批加入的省份之一。

哈利法克斯
（Halifax）

官网：https://discoverhalifaxns.com/

哈利法克斯是新斯科舍省的省会，面积约5500平方千米，人口约44万。它是大西洋沿岸的深水天然港口，气候宜人，是加拿大第二温暖的城市。哈利法克斯还是加拿大东部地区主要的政府服务和商业部门的集中地。这里有农业、渔业、采矿、林业，天然气提炼是哈利法克斯地区的主要资源类工业部门。

哈利法克斯罗伯特·洛恩·斯坦菲尔德国际机场（Halifax Robert L. Stanfield International Airport）

地址：747 Bell Blvd，Goffs，NS B2T 1K2

官网：https://halifaxstanfield.ca/

机场代码：YHZ

哈利法克斯斯坦菲尔德国际机场位于哈利法克斯，作为加拿大大西洋沿岸地区的主要门户，机场提供通航至北美、欧洲、亚洲等主要城市的定期客货运航班，它是加拿大第八位最繁忙的机场，新斯科舍省最繁忙的机场，同时也是该地区重要的航空枢纽，年接待能力约370万人次。机场由哈利法克斯国际机场管理局运营。

好 玩 的 景 点

哈利法克斯海滨栈道
（Halifax Waterfront Boardwalk）

地址：Lower Water St，Halifax，NS B3H 4P8

官网：https://developns.ca/visit/halifax/

停车：街边计时或收费停车场

哈利法克斯海滨栈道是全世界最长的市区海滨栈道，全长2英里，沿途有各种文化和历史游览项目，如位于21号码头（Pier 21）的加拿大移民博物馆（Canadian Museum of Immigration）和大西洋海洋博物馆（Maritime Museum of the Atlantic）、众多商店和精品店。沿栈道漫步，会有不一样的旅游新体验。

哈利法克斯要塞国家历史遗迹
（Halifax Citadel National Historic Site of Canada）

地址：5425 Sackville St，Halifax，NS B3J 3Y3

官网：网址 https://www.pc.gc.ca/en/lhn-nhs/ns/halifax

门票：见官网

停车：收费停车场

哈利法克斯要塞（Halifax Citadel）俯视着城市。英国于1749年在哈利法克斯建起定居点。两个世纪以来，要塞一直保护着这座海滨城市和生活在此的居民。如今，哈利法克斯要塞国家历史遗迹不再用来保护城池，而是用来帮助人们了解这里的历史。可以在此探索这座始建于1856年的星形军事要塞，游览军事博物馆（Army Museum），观看把守要塞大门的哨兵换岗，倾听皇家炮兵的传统午炮。

泰坦尼克号遇难者之墓
（Titanic Burial Grounds/ Fairview Lawn Cemetery）

地址：3720 Windsor St，Halifax，NS

官网：https://www.halifax.ca/parks-recreation/parks-trails-gardens/municipal-cemeteries

1912年4月15日，世界上最大的豪华游轮泰坦尼克号在北大西洋撞上冰山，作为距离海难事故现场最近的海港，哈利法克斯第一个收到了求救信号，立刻派出船只救援。之后，这座被称为"大西洋的守望者"的城市继续守护着长眠于此的泰坦尼克号和沉睡在海底的人们。今天，仍有无数人前往这里的泰坦尼克号遇难者之墓（Titanic Burial Grounds）悼念在那场灾难中不幸罹难的人们。

大西洋海洋博物馆
（Maritime Museum of the Atlantic）

地址：1675 Lower Water St，Halifax，NS B3J 1S3

官网：https://maritimemuseum.novascotia.ca/

门票：见官网

停车：收费停车场

大西洋海洋博物馆是加拿大最古老、最大的海洋博物馆，您可以在这里了解人类历史上两大灾难：1912泰坦尼克号沉船事件和1917年哈利法克斯大爆炸。超过3万件文物，从小艇、帆船到战舰和邮轮以及同等数量的照片可以供您浏览，展现那段历史。结束参观后，可继续参观停泊在哈利法克斯湾（Halifax Harbour）、有着百年历史的阿卡迪亚（CSS Acadia）号船。或乘上码头之星"Harbor Hooper"号水陆两栖船或双桅帆船游览哈利法克斯港。

卡普顿大学
（Cape Breton University）

地址：1250 Grand Lake Rd，Sydney，NS B1P 6L2

官网：https://www.cbu.ca/

校训：Perseverance Will Triumph 坚持就是胜利

卡普顿大学又称为凯波·布兰顿大学，简称CBU，是加拿大的一所综合性公立大学，始建于1953年，前身为布兰登角学院（College of Cape Breton），于1974年更名为卡普顿大学。大学提供的课程不仅有学位教育（即大学三年合格毕业获学士学位），还有证书教育（大学一年级合格获得证书）、文凭教育（大学二年级合格获得文凭）等，学生可根据自己的情况选择受教育程度，而它的教学模式在加拿大为首创，不分文理科，即融文学、理工、科技贸易于一体。卡普顿大学的酒店管理学士学位课程非常有名。

卢嫩堡古镇
（Lunenburg）

地址：Town Hall，119 Cumberland Street，Lunenburg

官网：https://www.novascotia.com/see-do/attractions/old-town-lunenburg-unesco-world-heritage-site/2615

http://www.novascotiawhalewatching.com/tours.html

卢嫩堡位于新斯科舍省南部的海滨，1995年它被联合国教科文组织列为世界遗产。小镇建筑色彩非常鲜艳、漂亮而且丰富多彩。漫步古镇，您可以看到停靠水边的高桅帆船的桅杆，街道两旁排列着的彩色木屋，以及在店铺和画廊里创作的工匠和艺术家。这里也是加拿大著名的观鲸胜地之一。

蓝鼻子Ⅱ号双桅杆帆船
（Bluenose Ⅱ）

地址：121 Bluenose Dr，Lunenburg，NS B0J 2C0

官网：https://bluenose.novascotia.ca/

1921年，一艘名为"蓝鼻子"的双桅杆帆船从新斯科舍省的卢嫩堡海岸出发，这艘143英尺长的双桅帆船曾经是世界上最快的帆船，并且连续17年保持记录。现在这艘船是原船的复制品，已经完成环球航行，但主要时间都在这里接待到访新斯科舍省的游客。加拿大10分硬币上刻有这艘船。

佩姬湾灯塔
（Peggy's Cove Lighthouse）

地址：72 Peggys Point Rd，Peggys Cove，NS B3Z 3S2

官网：https://www.novascotia.com/see-do/attractions/peggys-cove-village-and-lighthouse/1468

红白相间的佩姬湾灯塔建于1915年，坐落在一块俯瞰巨大海湾的突出的花岗岩上。在新斯科舍省的160多个灯塔里，它是最出名的一座，易于辨识的外观天生就具有明星相。沿着灯塔步道参观灯塔合照，然后去附近渔村品尝新鲜龙虾，购买纪念品。

马洪湾
（Mahone Bay）

地址：165 Edgewater Street，Mahone Bay，NS，B0J2E0

官网：https://www.mahonebay.com/

马洪湾是新斯科舍省一个优美的海上小镇，面积约3平方千米，人口约1100人。该镇标志性的三座大教堂是拍照打卡的网红地。在小镇中心，精品商店和餐馆依次排列在小镇的主街上，这些19世纪的建筑把人带回马洪贝作为木制造船中心的辉煌岁月。小镇周边拥有数英里的小径，可步行或者骑单车去探索马洪湾的南岸风光。

天际线步道
（Skyline Trail）

地址：Cape Breton Highlands National Park，Nova Scotia

官网：https://www.novascotia.com/see-do/trails/skyline-trail-cape-breton-highlands-national-park/6176

布雷顿角高地国家公园（Cape Breton

Highlands National Park）中有一条适合徒步的5英里往返步道"天际线小道"，小道的最后一段是由300级缓坡台阶构成的木质栈道。爬上悬崖，在此观赏圣劳伦斯湾（Gulf of the St. Lawrence）和大西洋（Atlantic Ocean）上的落日，同时这里也是观看座头鲸的好地方。

芬迪地质博物馆
（Fundy Geological Museum）

地址：162 Two Islands Rd，Parrsboro，NS B0M 1S0

官网：https://www.novascotia.com/see-do/attractions/fundy-geological-museum/1554

门票：见官网

停车：收费停车场

芬迪地质博物馆的镇馆之宝是北美洲最大且最古老的恐龙骨架化石。当坐着小船欣赏过整个芬迪湾的美丽风光后抵达这里，一幅神奇的史前世界的画卷展开在了您面前。除了参观各种的生物化石，在每年的特定时间里，您还可以在专业向导的带领下来到万年前恐龙生活过的地方，帮助挖掘恐龙化石。

 心水推荐线路 ❤

卡伯特公路（Cabot Trail）

路线起点：巴德克（Baddeck）

路线长度：297千米

环绕卡伯特岛（Cape Breton Island）的卡伯特公路可以说是加拿大最美的公路之一。它位于布雷顿角高地国家公园（Cape Breton Highlands National Park），从巴德克（Baddeck）出发环岛回到巴德克一共297公里。由于卡伯特公路环绕布雷顿岛，公路有上下陡峭的路况，推荐选择顺时针方向进入布雷顿高地国家公园。谢蒂坎普（Cheticamp）

是布雷顿岛阿卡迪亚（Acadian）海岸最大的村庄，在这里您可以欣赏优美的小镇风光。整条公路风光秀丽，平滑的柏油路面和高低起伏的地形成为驾驶爱好者的梦幻之路。特别是秋天，高地上层次分明的黄色秋叶与蔚蓝色的海洋构成了绝美的对比色，美得很！

芬迪湾（Bay of Fundy）

路线起点和终点：Digby，NS-Saint John，NB

交通工具：渡轮https://www.ferries.ca/nb-ns-ferry/overview/

路线长长：2.5小时

芬迪湾横跨新不伦瑞克省（New Brunswick）与新斯科舍省（Nova Scotia），是联合国教科文组织评定的世界文化遗产，这里拥有世界上最高的海潮，一天两次从不间断的潮汐用几千年的时间将3亿年前的岩石雕琢成了神奇的海岸石林景观。当世界上最高的海潮退去，被千吨海水覆盖着的海底裸露出来，变成地球上最奇妙的海景餐厅。脚踩着柔软的海床，面前是千年潮汐雕琢出来的霍普威尔岩（Hopewell Rocks），品尝海水大火清煮龙虾，给清甜鲜美的龙虾肉加一点点蘸料，配上新鲜时蔬和特色海鲜汤，佐以当地特色葡萄酒，简直不能更惬意！

友情提示

请务必留意涨潮时间表，海潮再次袭来，这里将完全淹没变回海底。

当地美食

龙虾卷（Lobster Roll）

将整条完整的龙虾肉塞进烘烤过的面包里，佐以精心调制的酱汁，既简单又直接，当地称之为龙虾卷。

龙虾（Lobster）

新斯科舍省（Nova Scotia）绵长的海

岸线和优美的芬迪湾为这里送来大量肥美的海鲜。吉尼斯世界纪录里最大的龙虾（20.14千克）就是在新斯科舍省的巴灵顿（Barrington）捕获的。因为当地分别有冬夏两大龙虾捕捞季，有人戏称这里一日三餐都吃龙虾大餐，餐厅里随处可见龙虾菜肴。

亚历山大·基思啤酒（Alsxander Kerth's Brewery）

地址：1496 Lower Water St, Halifax, NS B3J 3R5

官网：https://www.novascotia.com/see-do/tours/alexander-keiths-nova-scotia-brewery-tours/8097

亚历山大·基思啤酒厂自1863年在哈利法克斯成立以来，酿制的啤酒获奖无数，喝上一杯基思牌麦芽啤酒（Mr. Kerth's Ales），感觉非常清爽。

避世酒店

青鹭圆顶帐篷度假村（Blue Heron Dome at Cabot Shores Wilderness Resort）

地址：30 Buchanan Dr, Englishtown, NS B0C 1H0

官网：https://www.cabotshores.com

房价：见官网

青鹭圆顶帐篷度假村位于卡伯特（Cabot）海岸郊野度假村，这个直径16英尺的圆顶帐篷坐落在苹果园的树屋平台上，周围有花园、森林，窗户对着海湾，半个屋顶是天窗，睡在床上可以眺望星空。帐篷里有一张双人床和椅子，底部是一个大甲板，配备有野餐桌和火塘。帐篷里不提供水电，但安装有太阳能灯。去卫生间须步行几步路程，也可另费预订热水浴缸。在公园内圆顶帐篷内露营一晚是很奇妙的体验。

推荐理由

荒野体验。

鳟鱼角旅舍（Trout Point Lodge）

地址：189 Trout Point Rd, East Kemptville, NS B5A 5X9

官网：www.troutpoint.com

房价：见官网

鳟鱼角旅舍位于塔斯凯特河（Tusket & Napier River）岸边一片人迹罕至的原始自然之地，紧邻托比亚蒂克野生区（Tobeatic Wilderness Area），周围围绕着大片的松树、云杉树和白木树的森林，拥有北美最好的空气。因为旅舍所处独特位置的关系，你能享受到这里独一无二的氛围，享受最舒适的居住环境，小屋内的家具由幼木、树节和树叉制成，深门廊、手工切割的石头火炉和燃木炉的设计考虑到了生态环境保护。你可以尝试户外木桶桑拿、室内全身按摩、烧木材的热水浴缸。阿卡迪亚人（Atlantic Acadian）的美食，也会成为你旅行中的难忘记忆。

推荐理由

亲近大自然。

241

纽芬兰与拉布拉多省
Newfoundl&Labrador

简称NF。
官网：http://www.newfoundlandlabrador.com
　　　www.destinationlabrador.com
　　　www.destinationstjohns.com

以前的车牌上标语为A World of Difference，意为"一个不同的世界"；现在的车牌虽然没有了宣传口号，但出现了三朵省花猪笼草（Pitcher plant）点缀。

英文名字Newfoundland由三个词组成，意思是"新发现的土地"，而Lavrador来自葡萄牙语，为了纪念一位早期的葡萄牙航海家João Fernandes Lavrador。纽芬兰与拉布拉多名字放在一起作为该省的正式名字是从1964年开始，即Newfoundland and Labrador。

纽芬兰于1583年就成为英国第一块海外殖民地，1832年有了民选议会，之后又成立了自治政府。纽芬兰与拉布拉多直到1949年才加入加拿大，成为最后加入联邦的省，所以说用"新发现的土地"来形容，的确很合适。

世界上有这样一个地方，仿佛让你看到造物主开天辟地之初。它不但拥有长达两万九千公里的蜿蜒海岸线、1万年前的冰川，以及亿万年前的古老化石，这一切的一切都是那么震撼人心，就像一卷翻开在你面前的自然画卷——它就是纽芬兰与拉布拉多省。

旅游业是该省经济的主要支柱，有水上天堂美誉的纽芬兰与拉布拉多省以三朵猪笼草（Pitcher plant）点缀车牌，代表着这里悠久且珍贵的历史遗址与文明。这种鲜艳而独特的肉食性植物猪笼草是维多利亚女王亲选的这里流通的硬币上的花纹，1954年被选为省花。

圣约翰斯
（St. John's）

官网：http://www.stjohns.ca/

圣约翰斯1600年在此修建了港口。圣约翰面积约450平方千米，人口约114万人，它是豪华大城市和传统小城镇的完美结合。漫步在狭窄、纵横交错的街道上，穿过排列在陡峭的山丘和隐藏在小巷两侧的五颜六色排屋，参观奎迪维迪（Quidi Vidi）——一个城市内的排屋村庄。

圣约翰斯国际机场（St. John's International Airport）

地址：100 World Pkwy，St. John's，NL A1A 5T2

官网：https://stjohnsairport.com/

机场代码：YYT

圣约翰斯国际机场坐落在纽芬兰与拉布拉多省的省会圣约翰斯的西部，距市中心约6千米，属于地区性机场，适合中小型飞机起降，提供国内、国际和美国的定期航班客货运服务。机场由圣约翰斯国际机场管理局负责运营。

信号山国家历史遗址公园
（Signal Hill National Historic Site）

地址：230 Signal Hill Rd，St. John's，NL A1A 1B3

官网：https://www.pc.gc.ca/en/lhn-nhs/nl/signalhill

门票：国家公园联票

停车：收费停车场

信号山国家历史遗址公园，在历史上曾留下了不平凡的一笔。这座公园俯瞰着海港，曾是从17世纪到二战期间一处坚固的要塞。1901年，这里是世界第一例成功接收跨大西洋无线电信号的地方。当你身处信号山遗址公园时，便可鸟瞰圣约翰斯市（St. John's）的城市全景，领略迷人的海岸线和码头风光。每年夏天7—8月，观赏身着19世纪服装的皇家纽芬兰军团（Royal Newfoundland Regiment）仪仗队员在信号山遗址公园举行的军乐表演（Signal Hill Tattoo）。正午时分火炮的轰鸣声，向你诉说着19世纪那些动人心魄的历史故事。

纽芬兰与拉布拉多省立博物馆
（The Rooms）

地址：9 Bonaventure Ave, St. John's, NL A1C 5P9

官网：www.therooms.ca

门票：见官网

停车：收费停车场

历史上，在纽芬兰与拉布拉多省的渔村里，"Room"这个词意指加工海货的沿海房间。经过多年的整修，The Rooms现在已经成为省博物馆、艺术馆和档案馆的所在地，通过艺术品、交流的展览和有趣的活动将省历史重现。这里最精彩的是艺术馆，共有5500多件馆藏。

纽芬兰纪念大学
（Memorial University of Newfoundland）

地址：230 Elizabeth Ave, St. John's, NL A1C 5S7

官网：https://www.mun.ca/

校训：Launch forth into the deep（追根溯源）

纽芬兰纪念大学简称 MUN，是纽芬兰与拉布拉多省最大的一所综合类大学，主校区位于纽芬兰省的圣约翰斯市，另有两个分校区分别位于纽芬兰省的科纳布鲁克（Corner Brook）市和英国英格兰埃塞克斯郡（Essex）的哈洛（Harlow）。纽芬兰纪念大学是加拿大大西洋地区规模最大的大学，设有七个院系，分别是艺术学院、管理学院、教育学院、工程学院、医学学院、海洋学院和自然科学学院。大学有来自115多个国家的约20000名学生。

兰塞奥兹牧草地国家历史遗址
（L'Anse aux Meadows National Historic Site）

地址：Newfoundland and Labrador A0K 2X0

官网：https://www.pc.gc.ca/fr/lhn-nhs/nl/meadows

门票：国家公园联票

停车：收费停车场

兰塞奥兹牧草地国家历史遗址位于纽芬兰和拉布拉多省最北端，北纬51度处，有着数座维京人建筑，并形成了一个完整的村落。建筑以木质材料为主，外墙则覆盖着草皮。11世纪维京人就来到了纽芬兰和拉布拉多，在这里挖掘出的木结构泥草房，与在格陵兰岛和冰岛发现的同时期建筑十分类似，是欧洲人踏上北美洲的最早证据，1978年被联合国教科文组织评定为世界文化遗产。身着戏服的演员让您身临其境地体验历史，可以体验扔斧头、纺纱和制陶等传统的斯堪的纳维亚生活，了解当年维京人的真实生活状况。

格罗莫讷国家公园
（Gros Morne National Park）

地址：Newfoundland and Labrador

官网：https://www.pc.gc.ca/en/pn-np/nl/grosmorne

门票：国家公园联票

格罗莫纳国家公园是加拿大东部第二大国家公园，位于纽芬兰的西海岸，面积约1800平方千米，于2005年设立，并被联合国教科文组织评定为世界文化遗产。超过4亿多年的地壳运动勾勒出的壮观场景，眼前裸露着的岩石陆地，很难想象到它们曾经是埋藏在大洋深海中海底地幔。曾经最接近地核的部位正赫然袒露。这里所见的岩石山峦其实是裸露的地壳，地质学家们在此验证过他们的地壳板块运动理论。格罗莫讷国家公园是徒步者的梦想天堂，有森林、低地和沼泽中栖息着各种珍稀动植物，众多有路标和没有路标的步道等待您的探索和游览。

贴心小贴士

距离鹿湖机场（Deer Lake Airport）30分钟车程，Port aux Basques 渡轮码头约4小时车程。周边有小镇：Cow Head（牛头镇）、Glenburnie（格兰博尼镇）、Norris Point（诺瑞斯点镇）、Rocky Harbour（石头港镇）、Trout River（鳟鱼河镇）和Woody Point（木点镇）。

红海湾国家历史遗址
（Red Bay National Historic Site）

地址：Red Bay，NL A0K 4K0

官网：https://www.pc.gc.ca/en/lhn-nhs/nl/redbay

门票：国家公园联票

停车：景区停车场

16世纪，成千上万的巴斯克捕鲸者（Basque whalers）在红海湾水域捕猎鲸鱼，获取鲸脂。500年过去了，如今，这座猎鲸小镇仍然保持着最初建好时的原貌，以及26英尺的捕鲸船（chalupa）、烤炉等文物。红海湾国家历史遗址（Red Bay National Historic Site）被联合国教科文组织评定为世界文化遗产。

当地美食

纽芬兰拉布拉多既有众多的海岛又有广阔的陆地，食材丰富。也许是因为他们长久独立于加拿大大家庭一隅，又是最后一家加入联邦的省份，相比其他地区，纽芬兰拉布拉多的食物自成一派，菜色偏家庭式。

炸猪油配菜（Scrunchions）：用炸得香酥的猪油渣和润滑的猪油，配鱼吃；

炸面包（Touton）：炸得酥脆的外皮和有嚼劲的内囊，配上一块黄油和糖是纽芬兰人的传统早餐；

海豹脚蹼馅饼（Flipper Pie）：用海豹脚蹼配以浓厚酱汁做成的馅饼，是纽芬兰人离不开的食物；

鳕鱼（Cod Fish）：松脆可口的鳕鱼舌、鲜美多汁的鳕鱼肉配以紫甘蓝沙拉、驼鹿派，纽芬兰人传统美食；

咸牛肉炖菜（Jiggs Dinner）：腌制的草养牛肉配以各种蔬菜用大锅煮，被称为"星期天晚餐"；

冰山啤酒（Quidi Vidi's Iceberg Beer），每年的4月—5月，纽芬兰和拉布拉多省附近的海域会漂浮着冰山，这是在地球上最低纬度能看到冰山的地方了！当地Quidi Vidi's啤酒公司用2.5万年冰山融化的淡水精心酿造啤酒。正如啤酒瓶的设计一样，蓝色的瓶子代表水质的冰纯，味道自然清新。

避世酒店

福戈岛酒店（Fogo Island Inn）

地址：210 Main Road，Joe Batt's Arm，NL，A0G 2X0，Newfoundland and Labrador

官网：www.fogoislandinn.ca

福戈岛酒店，这座小木屋酒店地处福戈岛（Fogo Island）名为冰山巷（Iceberg Alley）的悬崖上，这里是大西洋四省最边缘的地方，是名副其实的世界的"天涯海角"。酒店由Saunders Architecture设计，仅用一年的时间就建成了，周边大自然未经人工修饰的蒿草和杂乱的碎石，与前卫而现代的像盒子一样极简组合的建筑一起，非常吸睛，就像外星人给予地球的神来一笔。酒店里的所有客房都面朝大海，可以饱览福戈岛的远景，直达大西洋。

推荐理由

大西洋天涯海角边的酒店

❤ 心动推荐线路 ❤

拉布拉多海岸公路（Labrador Coastal Drive）自驾

大西洋四省十三天，体验海洋风情行程。

D01 多伦多（Toronto）—圣约翰斯（St. John's）

搭乘飞机抵达圣约翰斯。

参考航班：AC 1534 16:00-20:29

D02 圣约翰斯（St.John's）

游览信号山国家遗址公园（Signal Hill National Historic Site）和Johnson GEO Centre，下午游览斯必尔角灯塔国家历史遗址（Cape Spear Lighthouse），与佩蒂港（Port Petty）合影，随后参观奎迪威迪村（Quidi Vidi Village）

D03 圣约翰斯（St.John's）

游览圣约翰斯城市，漫步乔治街（George Street），随后参加观鲸之旅（约2小时），参观The Rooms省博物馆。

D04 圣约翰斯（St.John's）-哈利法克斯（Halifax）—卢嫩堡（Lunenburg）

搭乘飞机抵达哈利法克斯（Halifax），游览佩姬湾灯塔（Pegg's Cove Lighthouse），随后前往卢嫩堡（Lunenburg），途中可游览马洪湾（Mahone Bay），参观教堂。

参考航班：WS3421 09:50—11:22

D05 卢嫩堡（Lunenburg）—佩姬湾（Pegg's Cove）—基金库吉科国家公园（Kejimkujik National Park）—圣约翰（Saint John）

清晨游览卢嫩堡港，随后参观大西洋渔业博物馆（Atlantic Fisheries Museum）。驱车前往基金库吉科国家公园（Kejimkujik National Park）游玩，可选择体验皮划艇，随后驱车前往安纳波利斯山谷（Annapolis Valley）游览。前往迪格比（Digby），搭乘轮渡前往圣约翰（Saint John）。

D06 圣约翰（Saint John）—霍普威尔岩（Hopewell Rocks）—芬迪国家公园（Fundy National Park）—愤怒角（Cape Enrage）—蒙克顿（Moncton）

游览霍普威尔岩（Hopewell Rocks），漫步海床之上；前往阿尔马（Alma），欣赏落潮中的船只；然后前往芬迪国家公园（Fundy National Park），参观不同类型的住屋，可推荐游客体验徒步游览；告别芬迪国家公园，前往愤怒角（Cape Enrage）体验高空滑索，随后前往霍普威尔岩，在涨潮时体验皮划艇。随后前往蒙克顿（Moncton）。

D07 蒙克顿（Moncton）-希迪亚克（Chidiac）

参加蒙克顿（Moncton）街头艺术之旅，随后前往萨古尼村（Saguni Village）游览。继续前往布克塔谢沙丘（Buchtucker Dunes），体验"加拿大最温暖的水"；再前往希迪亚克（Chidiac），搭乘希迪亚克湾游轮，欣赏迷人景色，参观世界上最大的龙虾雕塑，最后返回蒙克顿（Moncton）。

D08 蒙克顿（Moncton）—爱德华王子岛省（PEI）—夏洛特敦（Charlottetown）

前往爱德华王子岛省，中途可短暂停留，与联邦大桥（Confederation Bridge）合影。参观绿山墙遗址地（Anne of Green Gables House），继续前往卡文迪什，随后参观科夫海德灯塔和码头，游览海边达尔维。

D09 夏洛特敦（Charlottetown）—乔治敦（Georgetown）—夏洛特敦（Charlottetown）

游览夏洛特敦，漫步乔治街和维多利亚街（Victoria Row），随后参观联邦艺术中心（Confederation Centre of the Arts）。驱车前往乔治敦，体验海星沙滩狩猎（约2小时），随后游览格林尼治爱德华王子岛国家公园（Greenwich PEI National Park）。

D10 夏洛特敦（Charlottetown）—伍德群岛（Wood Islands）—英戈尼什（Ingonish）

前往野牛省立公园（Buffalo Provincial Park）拍照打卡，随后游览伍德群岛省立公园，近距离欣赏灯塔。搭乘轮渡前往新斯科舍省，在皮克陶（Pictau）游览，随后前往英戈尼什（Ingonish）欣赏落日。

D11 英戈尼什（Ingonis）—卡伯特公路（Cabot Trail）—巴德克（Baddeck）

游览布雷顿角高地国家公园（Cape Breton Highlands National Park），观赏瀑布，随后前往天际线小道（Skyline Trail）。下午驱车前往巴德克（Baddeck）游览，参观贝尔国家历史遗址（Bell National Historic Site）。

D12 巴德克（Baddeck）—哈利法克斯（Halifax）

驱车前往哈利法克斯，参观哈利法克斯要塞国家历史遗迹（Halifax Citadel National Historic Site of Canada），搭乘码头之星号水陆双栖船"Harbour Hopper"欣赏城市美景。之后游览大西洋海事博物馆（Maritime Museum of the Atlantic），参观泰坦尼克号特展。晚上可自行游览，享受哈利法克斯的夜生活。

D14 哈利法克斯（Halifax）—居住地（Sweet home）

搭乘航班返回居住地，结束旅程。

卷 后 语

　　夫君潘维克，是一位才华横溢、坚韧不拔又有浪漫情怀的旅游达人。我认为，他对旅游事业的热爱，好比遇见爱情一样奋不顾身和执着！二十多年来踏遍加拿大的山山水水，把自己和来自世界各地成千上万的游客带进大自然，让心灵与天地交融，让足迹与生命连线……

　　人生如旅，众人皆为行者，而他则是游者、导者。与他同行，总是陶醉于他博学丰富的讲解中，如享精神盛宴……

　　恭贺他完成了这部《加拿大自驾游宝典》，给喜爱旅行的人们提供了方便，带来了帮助！

王　琳

鸣　谢

加拿大旅游局（Destination Canada）

加拿大国家公园管理局（Parks Canada）

加拿大原住民旅游协会（Indigenous Tourism Association of Canada）

不列颠哥伦比亚省旅游局（Destination British Columbia）

不列颠哥伦比亚省温哥华，沿岸和山区区域旅游局（Vancouver, Coast & Mountains Tourism Region）

不列颠哥伦比亚省原住民旅游局（Aboriginal Tourism BC）

温哥华旅游局（Destination Vancouver）

列治文旅游局（Tourism Richmond）

温哥华岛旅游局（Tourism Vancouver Island）

育空地区旅游局（Tourism Yukon）

阿尔伯塔省旅游局（Travel Alberta）

班芙和露易丝湖旅游局（Banfflakelouise）

贾斯珀旅游局（Tourism Jasper）

西北地区旅游局（Northwest Territory Tourism）

努纳武特地区旅游局（Destination Numavut）

萨斯喀彻温省旅游局（Tourism Saskatchewan）

曼尼托巴省旅游局（Travel Manitoba）

安大略省旅游局（Destination Ontario）

尼亚加拉瀑布旅游局（Niagara Falls Tourism）

京士顿旅游局（Tourism Kingston）

渥太华旅游局（Ottawa Tourism）

魁北克省旅游局（Tourisme Qebéc）

蒙特利尔旅游局（Tourisme Montréal）

魁北克城旅游局（Quebec City Tourism）

新布伦瑞克省旅游局（Tourism New Brunswick）

爱德华王子岛旅游局（Tourism Prince Edward Island）

新斯科舍省旅游局（Discover Nova Scotia）

纽芬兰与拉布拉多旅游局（Destination Labrador）